高职高专能力导向市场营销学科规划教材

营销心理学

（第2版）

刘树 马英 著

电子工业出版社
Publishing House of Electronics Industry
北京·BEIJING

未经许可，不得以任何方式复制或抄袭本书之部分或全部内容。

版权所有，侵权必究。

图书在版编目（CIP）数据

营销心理学 / 刘树，马英著. —2 版. —北京：电子工业出版社，2019.4
高职高专能力导向市场营销学科规划教材
ISBN 978-7-121-36178-4

Ⅰ. ①营… Ⅱ. ①刘… ②马… Ⅲ. ①市场心理学－高等职业教育－教材 Ⅳ. ①F713.55

中国版本图书馆 CIP 数据核字(2019)第 053417 号

策划编辑：晋　晶
责任编辑：杨洪军
印　　刷：北京捷迅佳彩印刷有限公司
装　　订：北京捷迅佳彩印刷有限公司
出版发行：电子工业出版社
　　　　　北京市海淀区万寿路 173 信箱　　邮编 100036
开　　本：787×1092　　1/16　　印张：13　　字数：333 千字
版　　次：2011 年 4 月第 1 版
　　　　　2019 年 4 月第 2 版
印　　次：2024 年 8 月第 8 次印刷
定　　价：39.00 元

凡所购买电子工业出版社图书有缺损问题，请向购买书店调换。若书店售缺，请与本社发行部联系，联系及邮购电话：(010) 88254888，88258888。

质量投诉请发邮件至 zlts@phei.com.cn，盗版侵权举报请发邮件至 dbqq@phei. com.cn。

本书咨询联系方式：(010) 88254199，sjb@phei.com.cn。

编委会名单

总主编：苏兰君（北京信息职业技术学院）
总指导：赵志群（北京师范大学职业与成人教育研究所）
编委会主任：赵宏大（中国市场学会、中国市场营销课程标准开发中心）
编委会成员（以汉字拼音为序）：

曹　源（漯河食品职业学院）	刘柏霞（沈阳大学职业技术学院）
曹成喜（泰州职业技术学院）	刘广深（廊坊职业技术学院）
曹印革（石家庄职业技术学院）	刘厚钧（鹤壁职业技术学院）
陈　明（北京化工大学）	刘建梅（首都经贸大学）
程劭薇（河北机电职业技术学院）	刘　瑶（四川财经职业学院）
崔　平（无锡职业技术学院）	罗碧华（湖南工程职业技术学院）
戴广忠（河北经贸大学）	马　英（河北科技学院）
樊　华（重庆工商大学）	苗成栋（威海职业学院）
傅伟如（石景山业余大学）	平　怡（长江职业学院）
高凤荣（顺德职业技术学院）	平建恒（北京财贸职业学院）
高慧云（北京信息职业技术学院）	唐　平（北京青年政治学院）
胡艳荣（南阳理工学院）	王　方（山西省财政税务专科学校）
黄　尧（南宁职业技术学院）	王　瑶（四川财经职业学院）
江国全（吉林工业职业技术学院）	王春萍（济南职业学院）
孔　锐（中国地质大学）	王宏伟（湖南铁路科技职业技术学院）
乐诗婷（咸宁职业技术学院）	王令芬（台州职业技术学院）
李　冰（北京劳动保障职业学院）	王庆波（大庆职业学院）
李冬芹（商丘职业技术学院）	王新山（浙江台州广播电视大学）
李留法（许昌职业技术学院）	徐国良（大连职业技术学院）
李世炜（台州科技职业技术学院）	杨　静（河南职业技术学院）
李玉凤（海南大学）	杨　凯（北京商贸学校）
李玉祥（徐州建筑职业技术学院）	杨　烨［自个儿品牌（中国）有限公司］
李兹强（合肥通用职业技术学院）	杨灿荣（泉州经贸职业学院）
刘　树（保定理工学院）	杨肖丽（沈阳农业大学）

杨再春（温州科技职业学院）　　　　赵　敏（河南商业高等专科学校）

于　莉（首钢工学院）　　　　　　　赵胤淳（湖南工程职业技术学院）

余　葵（北京语言大学）　　　　　　朱保芹（衡水学院）

张　晓（长春大学）　　　　　　　　朱美光（郑州大学）

张大林（中国策划年鉴社）　　　　　邹　莘（广州铁路职业技术学院）

序

提高职业教育的人才培养质量，更好地满足学生高质量就业和职业生涯发展的需要，已经成为各级各类职业院校的一项重要工作，广大教师在课程和教学改革方面做了很多努力。然而，想要开发高质量的职业教育课程并非易事，因为这需要对"工作要求和学习过程的关系"进行深入的分析，即进行科学的职业资格研究，而对此绝大多数教师并无经验。

目前，大多数职业院校采用行为主义的岗位分析方法。其基本假设是：① 人类的职业活动可以分解为一系列基本单元，专家能对其进行把握和分析；② 工作任务和工作行为之间有特定的联系，相同的岗位要求导致相同的工作行为。这种分析方法对于具有确定性和重复性的"操作技能型"岗位来说有其合理的一面，但是对于商业营销领域的"知识技能型"岗位来说却有很大问题。例如，商业工作中的很多操作活动都是填写表格，但分析人员却无法准确分析填写表格时的智力活动（行为主义理论中的不可测因素），而这恰恰是职业教育最重要的学习内容。行为主义的岗位分析忽视了工作行为的"思维背景"，破坏了对学习最为重要的"情境"，其分析结果往往集中在程序化的操作技能上，反而忽视了更高层次的行为调控，弱化了职业教育课程的教育性和发展性。

在"北京市职业院校教师素质提高工程"工作中，我认识了市场营销专业创新团队的老师，他们承担着市场营销专业的工作过程导向课程的开发任务。这是一个科学敏感性很强的团队，他们敏锐地意识到了上述问题，试图寻找更加科学、完善的课程开发方案和技术，以保证他们的课程开发质量。

职业教育不仅是训练学生机械性的技能技巧，更是培养他们应对困难，完成具有一定知识和经验要求的综合性工作任务的能力，商业类的专业更是如此。职业教育中的学习任务应当满足哈维格斯特提出的发展性任务的要求，并符合德来福斯提出的职业发展的逻辑规律。以职业教育为目的的工作分析，也必须考虑"人"的职业发展规律，并深入到个性化的工作层面。可以看出，市场营销专业创新团队在这方面进行了大量的尝试。他们通过"营销实践专家研讨会"等程序化的质性（Empirical）资格研究方法，提炼出了营销专业的"典型工作任务"，通过广泛征求多方面专家的意见，建立了一套比较完整的课程体系，并进行了相应的教学实验。

我们欣喜地看到，市场营销专业创新团队在专业化发展方面取得长足进步的同时，其工作成果也得到了职教界和行业专家的广泛认可。目前，全国各地有 60 多所高等院校，特别是职业院校的市场营销教师主动加入了团队的活动，从而形成了一个跨区域的课程开发实践共同体。大家发挥各自优势，集中集体的经验、智慧和力量，共同打造了一个工作过程系统化的市场营销系列课程平台，这在一定程度上有助于解决目前单所院校独立开发课程师资力量有限、调研企业面窄等问题。

　　希望这套教材的出版，能够帮助职业院校更快、更好、更优地培养社会所需要的高素质人才；也衷心希望通过教师的改革实践活动，帮助学生通过对商业服务工作的任务、过程和环境所进行的整体化感悟和反思，实现知识与技能、过程与方法、情感态度与价值观学习的统一，并为建立适合中国国情的、符合工学结合要求的新型课程和教学模式提供有价值的经验。

北京师范大学职业与成人教育研究所所长、教授

前　言

营销心理学是介于心理学和市场营销学之间的一门边缘性学科，是研究营销的心理现象，揭示营销现象的产生、发展及其规律的一门学科。心理学研究表明，消费者行为、决策受到需要、动机、认知、态度和人格等心理因素的影响和制约。在以消费者需求为导向的市场经济条件下，研究消费者心理活动已成为企业开展营销活动的基础。营销心理学就是将普通心理学的一般原理应用于营销领域，研究在营销活动中如何针对消费者的心理特点采取相应的营销心理策略等问题。

本着"以能力为本位，兼顾知识教育、技能教育和能力教育"的精神，编者在内容结构和表述方式等方面做了精心策划，力争使本书具有较强的职业特色。

1）在内容方面，本书秉承简洁实用的原则，选取最贴近学生生活的案例作为课堂实际案例，通过案例扮演可以更好地理解理论内容。

2）在结构方面，本书采用了以"任务"代替"章"，以"情境"代替"节"的方式，呈现给学生全新的结构安排，体现任务教学法、情境教学法的要求，更加接近职场实际。

3）在知识方面，为了满足一部分学生对于本课程知识更深层次的需要，增加了"延伸阅读"部分。

本书既可作为高职高专、大专本科类市场营销专业的教材，也可用于企业管理人员、市场营销人员和消费者个人的学习与研究。

本书由保定理工学院刘树、河北科技学院马英主编，并由刘树、马英负责拟订提纲、统稿和定稿。编写的具体分工如下：安海峰编写学习任务一和学习任务九；王磊编写学习任务二和学习任务六；马英编写学习任务三、学习任务四、学习任务五和学习任务八；徐娜编写学习任务七。

本书在编写过程中参考了众多学者、专家的著作和论文，在此一并表示感谢！2018年编写组与时俱进，结合当前社会生活发生的变化，调整了部分案例和内容。由于能力和水平有限，以及编写时间短促，不足之处在所难免，敬请广大读者提出宝贵意见和建议，以便进一步修订和完善。

编　者

目　录

绪 论

学习目标

知识目标： 通过本任务的学习，认识营销心理学，了解营销心理学及其发展，掌握营销心理学的概念及其作用。

技能目标： 能够将营销心理分析的基本原则和基本方法在实践中加以运用。

CASE 实际案例

某天，刘某去某卖场买东西。他需要买的东西很多：6 听啤酒、20 多个文件袋。结账时，由于刘某正在接电话，所以他没有购买塑料袋，而是随手拿着东西就往外走。

当他刚在一家皮具店门口停留 10 秒时，店主大哥就拿出一个"超大"的袋子给刘某，对刘某说："先生，您拿的东西太多了，我给您一个手提袋吧！"刘某回答道："真是不好意思，太谢谢您了。但是您给了我手提袋，我也不一定在您这买东西。""没关系的！买不买都无所谓。我们这里经常为购物出来的人送袋子。"店主大哥回答道。这个手提袋又宽又大又结实，如果按照市价估算，最少也值几元。刘某曾关注过塑料袋的行情，有些地方兜售纸质的礼品袋，比店主大哥给的手提袋小 1/5，还需要两元。所以，在拿到这个袋子后，刘某感到很不好意思。最令刘某"惊奇"的是，店主大哥直接接过刘某的东西，把它们放进袋子里。这时的刘某还沉浸在"幸福的喜悦"中，不知道怎么一回事。

刘某对店主大哥说："您太好了，看来今天不在您这里买些东西，真是说不过去了。"大哥笑着说："没事没事。什么都不买也没事儿！"最后，刘某还是买了一个手提包。

资料来源：http://blog.sina.com.cn/vie。

？ 思考

案例中的店主大哥利用了消费者的什么心理？

学习档案

情境一　营销心理学及其发展

【导读案例】美国某企业在推出某婴儿纸尿裤品牌时针对的是母亲们"方便"的诉求，但是最初的市场反响很不好。调查后发现，原来母亲们的普遍心理是觉得以"方便"作为选择纸尿裤的标准会显得她们很懒很不负责任，好像她们只图方便而不是真的关爱孩子——因为真正关爱孩子的母亲是不会嫌麻烦的。于是该企业把广告卖点改为"宝宝舒适、开心"，结果销售效果奇佳。

请问：此案例中的经销商是如何在销售中体现"方便"的？

一、营销心理学的概念

"营销心理学"一词的英文表达是 Marketing Psychology，翻译为市场经营销售心理学。它是一门以心理学、经济学、社会学和文化人类学为理论基础，专门研究参与市场营销各环节中人的行为与心理活动规律的科学。了解市场营销活动参与者的心理活动规律，提高市场营销的绩效是营销心理学的主要目标。

营销心理学虽是应用心理学的分支，但也是当今市场营销活动中必不可少的理论工具。其作用主要表现在以下几个方面。

（一）营销心理是制约营销绩效的重要因素

人类的心理活动是支配人类行为活动的主要因素，而心理活动又取决于各种外界环境的变化。市场营销活动作为一种人类的社会经济活动，是以买卖双方作为主要参与者的营销活动，也是受到各种心理活动的作用的。因此，研究市场营销活动首先就要对参与者的心理活动进行研究。

人们对市场营销的理解是随时代而变化的。科特勒认为，市场营销是个人和集体通过创造、提供出售、同别人交换产品和价值，以获得所需之物的一种社会和管理过程。概括来说，市场营销是一种促进交换的管理活动。要成功达成交换，交易双方的沟通必不可少。美国市场营销协会（American Marketing Association，AMA）于 1985 年对市场营销下了当时最完整和全面的定义：市场营销"是对思想、产品及劳务进行设计、定价、促销及分销的计划和实施的过程，从而产生满足个人和组织目标的交换"。在中国比较公认的市场营销定义是以满足人类各种需要和欲望为目的，通过一系列有组织的活动来创造、沟通和传递消费者价值，以维系企业和消费者的关系，从而使企业和相关者都受益的一种社会和管理过程。不论是哪种定义都可以看出，营销沟通应从产品的设计开始，一直到售后服务等环节，而有效沟通则是市场营销活动成功的关键。如果要做出有效沟通，首先就要了解市场营销活动参与者的心理活动。所以对市场营销活动参与者的心理研究就变得尤为重要，其目的在于更好地了解对方的心理活动，以及在这种心理活动下产生的行为和结果。

营销心理是指市场营销活动中营销人员和营销对象对客观现实的主观反映。所谓的客观现实，是指营销活动中必须让消费者通过感觉器官能够了解的部分，如被销售产品的特征、类型、价格，在何地可以购买，进行何种方式的广告宣传，销售人员如何面对面地对消费者进行促销等。不同类型的消费者面对各种客观现实会有不同的反应，非目标消费者可能对眼前的产品不屑一顾，而潜在目标消费者则表现出一定的兴趣，目标消费者就有可能当时购买。这种行为与心理的差异可能来源于行为消费者不同的背景，如消费者自身的社会地位、经济状况、消费需求和购买动机，也可能来源于消费者的性别、年龄和偏好等个人因素，还可能来源于社会文化背景、政治经济发展状况等外部影响因素。

随着社会经济的发展和市场环境的完善，消费者的行为和心理变化程度也随之发生了变化。私人汽车刚刚进入美国家庭时，由于供应不足，无论什么阶层的人，都希望得到汽车。这是因为在当时汽车不仅仅是一种代步工具，也是一种时尚。但是，随着外部环境的变化，一部分人开始追求标新立异，希望自己的汽车能够显示自己的某些特征，如身份、地位和爱好等。按照马斯洛需求层次理论，人的需求是有层次的而且是逐层推进的。如果把生理需求和安全需求视为满足生存的功能需求，那么社交需求、尊重需求和自我实现需求可看成个人的心理需求。如果消费者的经济状况不好，他在选择产品时首先考虑的是功能，采用的是经济上的理性标准，其购买行为建立在经济逻辑之上。如果企业的目标市场大多是这类消费者，企业就会用理性观念来解释和分析这一消费行为，以理性营销作为指导。例如，在卖方市场条件下，企业不存在产品销售问题，可以奉行生产观念，不必考虑甚至完全忽略市场营销心理的存在。在买方市场条件下，生产相似产品的企业竞争激烈，产品的技术水平相当，消费者评价产品功能性的理性标准就会失去方向。那些家庭经济状况较好的消费者在选择产品时就不再主要从"经济"的角度看问题，而更多地从心理满足的角度来评价购买行为。

消费者让渡价值理论很好地说明了这一点。消费者在实施购买行为时，总是希望以最低的成本获得最大的满足。他们在购买时都并不仅仅考虑货币成本，还要考虑时间成本、精神成本和体力成本；他们希望得到的也不仅仅是产品价值，还包括服务价值、人员价值和形象价值等。消费者总价值与消费者总成本之间的差额就是消费者让渡价值。由此可见，为消费者提供产品功能之外的其他心理满足，能够增加消费者让渡价值，促进交易的尽快实现，甚至让消费者自愿多支付货币成本。

总之，对于产品，如果从设计、生产和销售各环节都考虑如何满足消费者的心理需求，那么等于不花成本而创造了更高的价值。所以，营销心理是制约营销绩效的重要因素。

（二）营销核心理论与心理学息息相关

市场营销学可以看成市场营销理论的核心。市场营销对心理学知识的运用，在所有社会科学的分支中仅次于经济学。心理学研究心理、意识和行为，以及个体如何与其周围的自然环境和社会环境发生关系。这些知识对市场营销的重要性是显而易见的，因为心理学研究的对象即个体正是市场交易的当事人。市场营销思想对心理学知识的应用可分为以下4类。

1. 动机

动机也可以理解为消费者购买的原因，在市场营销中它就是销售吸引力。动机代表了企业或销售商只要进入市场就一定会有某种动机的支配，并且这种动机可以影响企业在市场中的销售行为。在一些早期的市场营销著作中，本能欲望和冲动被视为购买动机；满意、舒适和方便则被解释为从感觉中产生的动机。

2．沟通及教育的心理功能

随着时代的发展，心理学的应用被逐步扩展到其他行业。商家也逐步开始将心理学应用到市场营销的过程中，但是相对来说应用比较简单，主要是通过功能心理学来引导消费者。功能心理学解释了人们的学习过程：某种想法通过知觉、顿悟和直觉被意识接受，通过思考、推理、联想被理解和发展，通过记忆来保留和回忆，通过判断被应用。利用功能心理学，销售人员把产品的特点、功能及消费者感兴趣的部分进行重点介绍，让消费者觉得产品正好能够满足自己的需求，产生购买动机。

3．信息有效传递的方式

在信息传递过程中，要注意两个主要问题：一是如何使潜在目标得到想要得到的信息，二是如何降低传递过程中的"杂音"。例如，销售过程分为知晓、兴趣、欲望、确信和行为5个阶段；在某种环境下，个体因为冲动而不是按照逻辑推理来采取行动。心理分析的对象是整体的个人，是有个性的人。个性的概念也被用于无生命的市场营销机构。还有一个被运用的概念是意象，即仅仅由于心目中对某人的印象而形成对他性格特征的认识。意象是由暗示、教育和经历发展而来的，意象的存在仅仅是一种心理现象。

4．心理学的研究方法

心理学的研究方法主要是在市场调查或确定目标市场时使用。例如，利用观察法、实验法、投身法、问卷调查法和深度访谈等进行市场调查。

（三）营销心理学与市场营销学在相互促进中共同发展

市场营销学与营销心理学的产生是在相同市场条件下企业营销实践的客观要求，它们是为满足同一营销实践需要而提出来的不同理论体系。二者的不同之处在于侧重点不一样。市场营销学并不忽视参与者的行为与心理活动规律的研究，但更侧重于营销各环节整体的把握；营销心理学则侧重于对参与者的行为与心理规律的深入分析，因而在形式上成为一门新的学科。然而，每个时期心理研究的侧重点是不一样的，这种差异是由企业市场竞争的需要来决定的，是市场营销实践发展的需要与结果。

二、营销心理学的发展阶段

营销心理学形成于20世纪60年代的美国，但其渊源却可以追溯到市场营销学发展的早期，即19世纪末20世纪初，是同市场营销学共同产生和发展并相互促进的。为了清晰地了解营销心理学的产生与发展，深入探讨它与市场营销学的关系，以下回顾它的发展史。

（一）第一阶段：雏形——广告心理研究时期（19世纪末20世纪初）

这一时期，西方企业刚刚经历了一个飞速发展的黄金时期，进入产品相对过剩阶段。此前，由于西方资本主义经济迅速发展，消费需求极度膨胀，形成卖方市场格局，企业奉行生产观念，完全忽视消费需求的研究和其他营销手段的配合。面对工业产品系统"分销"方面的难题，人们首先想到的是广告术。1895年，美国明尼苏达大学的盖尔采用问卷调查法了解消费者对广告的看法和态度。1901年，美国西北大学心理学家瓦尔特·狄尔·斯科特在芝加哥的一次集会上，首次提出了要把现代广告活动和广告工作的实践发展成为科学；1903年，他编著了《广告原理》，第一次把广告当作一种学术理论来探讨；1908年，他撰写了《广告心理学》，运用心理学的原理分析了消费者的接受心理，开始了对广告理论较为系统的探索。同一时期，美国哈佛大学的闵斯特伯格对广告的面积、色彩、文字运用和广告编排技巧等因素与广告效果之间的关系进行了系统的实验研究。心理学对市场营销中的问题进行研究的结果促进了市场营销学的发展。这一时期，市场营销理论开始形成，并开始注意心理学知识在市场营销中的应用问题。市场营销的初创阶段以大学开设营销课程最为瞩目。

不过，这一时期的市场营销不仅被看作在产品流通领域里的企业活动，还包含在销售学中。韦尔德认为，制造过程创造形式效用，而市场营销创造时间、地点和占有效用，市场营销开始于制造过程结束之时。阿切·肖把原料采购、中间商、广告、市场和价格政策等产品分销活动从生产活动中分离出来，第一次从整体上考查分销职能。受市场营销学基本理论框架的影响，营销心理学研究也基本上是以广告心理学和销售心理学的形式出现的。

（二）第二阶段：发展——销售心理研究时期（20世纪20～40年代）

第一次世界大战的爆发，给美国工商企业带来了前所未有的发展机遇。1921年，经历了战后的短暂经济萧条之后，1923—1929年秋萧条爆发之前的6年间，出现了工商企业的极度繁荣，在广大消费者中蕴藏着巨大的消费需求。1929年秋开始的大萧条，使企业面临前所未有的困难，一方面产品过剩，另一方面消费者的潜在需求未得到满足，迫使企业不得不采取各种方式加大产品的推销力度，使企业尽快摆脱危机和萧条的影响。这种社会现实，使美国学术界和企业界空前重视推销理论的研究和推销技巧的运用。这一时期，市场营销理论开始对市场营销职能进行深入研究，将销售看成同生产一样重要的环节，并将市场营销系统的目标定位为使产品从生产者顺利地转移到使用者手中，企业市场营销活动的中心应由卖方向买方转移。与此同时，对销售中的心理现象的研究也受到重视。美国西北大学的贝克伦在《实用心理学》中用两章内容专门论述了销售心理学的问题，提出了解消费者的需求是做好推销工作的核心环节。

（三）第三阶段：形成——消费者心理研究时期（20世纪50～70年代）

这一时期，世界经济发生了一系列重大变化，市场营销理论也从定型走向成熟。首先是第二次世界大战以后，以美国为首的资本主义世界市场变得相对狭小，而在战争中急剧膨胀起来的美国大企业集团及其过剩的生产能力却需要寻找新的出路，市场竞争日益激烈。这种情况使市场营销理论得以整合，形成一门科学，市场营销被定义为满足人类需求的一种活动。市场营销研究在企业经营活动中受到广泛重视，市场营销的社会效益也开始受到人们的关注。其次是20世纪40年代中期的第三次科技革命，使美国企业经历了20年的繁荣期，买方市场全面形成，市场营销也开始进入一个新的发展阶段，即营销管理导向阶段。最后是新技术革命浪潮使传统工业企业相对衰落，新兴工业、高技术部门企业崛起。市场营销学逐渐从经济学中独立出来，吸收了心理学、社会学、行为科学和管理科学等学科的理论精华，抽象出宏观营销、市场定位、社会营销和市场营销系统等新概念。市场营销理论进一步成熟，市场营销概念和原理的运用日益普及。

与此同时，这一时期，营销心理学的研究呈现繁荣景象，发表了大量有关营销心理学方面的论文，出版了大量营销心理学方面的专著。不过，直到 20 世纪 60 年代末，在经济发达的西方国家先后经历了"营销革命"的洗礼之后，营销心理学的研究才逐步摆脱单个领域的束缚，从流通领域进入生产领域，正式以一门完整的学科提出来，成为参与指导整个市场营销活动的一门学科。

（四）第四阶段：完善——市场营销心理学研究时期（20 世纪 80 年代至今）

20 世纪 80 年代开始，西方经济在经过了 80 年代的缓慢发展后，90 年代进入了一个全新的电子商务（Electronic Commerce，EC）时代。市场营销进入了一个伟大且具有划时代意义的时期，营销理念、营销运作策略和营销组织发生了深刻的变化，由此引起的对营销心理的研究更加深入，范围也不断扩大。

营销理念最先发生变化，主要表现在两个方面：① 营销基本概念的拓展。营销任务被提升到"需求管理"的层次，营销的核心概念从 6 个增加到 12 个（需要、欲望和需求，产品，效用、费用和满足，交换、交易和关系，市场营销和市场营销者）。② 消费者导向营销思想的确立。强调经营理念中首先要以消费者满意为目标。企业在逐步改变自己的营销策略，由最初的 4P 观点逐步向 4C 转变，甚至有些企业开始有 4R 和 4S 的观点。企业越来越重视消费者的情感份额，在消费者与产品中要寻找平衡点。

营销运作策略随着营销观点的变化也发生了变化。将市场咨询、传统的销售和售后服务整合为客户关系管理系统（Customer Relationship Management，CRM），同时随着网络的普及，电子商务和网络营销开始流行，并对传统营销和传统的购买行为形成冲击。在这种环境中，各种销售策略如雨后春笋般出现在各种营销类书籍中。但是在确定消费者为导向的营销思路的同时，消费者需求差异的问题，导致企业无法分辨主要需求者和潜在需求者，为企业的营销和生产带来一些不便。为了解决"以消费者为中心"的营销思想带来的负面影响，美国唐·舒尔茨提出了 4R（关联、反应、关系和回报）营销新策略，即通过在业务和需求等方面与消费者建立关联，形成一种互助、互求、互需的关系；以此为基础，与消费者建立长期而稳固的关系，形成短期或长期的收益和赢利能力。

情境二　营销心理分析的基本原则和基本方法

> **【导读案例】**大多数企业的小老板是从销售负责人的位置上走出来的。从本质上说，分配不公是一个核心因素。如果销售干到一定程度，即掌握一个大客户，就存在一个问题，即销售负责人认为自己的所得与付出不相符，这时他们就会自己单干。这是一个普遍现象，不是个人的品德问题，而是分配制度和激励机制方面的问题。而对许多 SOHO 起家或小规模起家的公司来说，销售是生命线，如何经营销售，非常关键。
>
> **请问：**作为 SOHO 的经营者应如何把握销售这一条生命线？

一、营销心理分析的基本原则

（一）客观性原则

客观性原则是如实反映营销心理发生、发展和变化的规律。这就要求尊重客观实际，按照事物的本来面目去反映事物，不做丝毫的主观臆断。研究营销心理学，首先必须按这一原则办事。人的心理是客观事物的主观反映，一切心理活动都是受外界刺激所引起的，并通过一系列的生理变化加以实现，同时在人的各种实践活动中表现出来。研究营销参与者的心理活动，就是要研究这些可以观察到的现象，客观地、全面地分析特定经济环境下影响营销参与者心理因素的背景，以便研究营销心理发生、发展和变化的规律。

（二）发展性原则

任何事物都是不断发展变化的，作为营销活动反映的营销心理，也处于变化之中。这就要求人们要用发展和变化的眼光去看待营销参与者的心理，善于根据事物演变的可能性，去预测营销心理变化的趋势，或运用已经被证明了的营销心理规律去推断新的营销心理变化的可能性。

（三）联系性原则

每个人都生活在复杂的自然环境和社会环境中，因而任何一个心理现象的产生都受到环境的影响和制约，而这种影响和制约在不同时间、不同地点和不同条件下的反映又有所不同。所以，在研究营销参与者的心理现象时，不仅要考虑与之相联系的多方面因素，还要分析引起营销心理现象的原因和条件等。总之，要注意研究社会环境诸多因素对营销参与者心理的影响，不能孤立地、片面地看问题。

二、营销心理分析的基本方法

（一）实验法

在控制条件下对某种行为或心理现象进行观察的方法称为实验法。在实验法中，研究者可以积极地使用仪器设备干预被测试者的心理活动，人为地创设某些条件，使得被测试者做出某些行为，并且这些行为是可以重复出现的。

实验法有自然实验和实验室实验两种。自然实验也称现场实验，是指在实际营销环境中，由实验者创设或改变某些条件，以引起被测试者某些心理活动进行研究的方法。在这种实验条件下，由于被测试者处于自然状态中，不会产生很强的紧张心理，所以得到的资料比较切合实际。但是，自然实验中由于实验环境不易控制，在许多情况下，需借助专门的实验设备引起和记录被测试者的心理现象。营销心理学的许多课题都可以在实验室中进行研究，通过实验室严格的人为条件控制，可能获得较精确的研究结果。另外，由于实验条件严格被控制，运用这种方法有助于发现事件的因果关系，并可以对实验结果进行反复验证。但是，实验者严格控制实验条件，导致实验情境带有很大的人为性质。被测试者处在这种情境中，意识到自己在接受实验，就有可能干扰实验结果的客观性，并影响实验结果在实践中的应用，因此这种方法有一定的局限性。

实验法主要用于市场营销中的感知觉分析、营销沟通研究和购买决策研究。

（二）观察法

观察法是研究者依靠自己的视听器官，在自然环境中对人的行为进行有目的有计划的系统的观察并记录，然后对所做记录进行分析，以期发现心理活动变化和发展规律的方法。所谓自然环境，是指被观察者并不知道自己的行为正在被观察。观察法一般适用研究的对象处于因多种原因无法控制的情况，以及研究对象在控制条件下会发生质的改变，或出于道德伦理等因素的考虑，不应该对之进行控制的那些行为。

观察法的优点是使用方便，所得材料真实。观察法的缺点：首先，在观察时，观察者只能被动地等待所要观察的事件出现。在事件出现时，所能观察到的是消费者如何从事活动，并不能得到消费者为什么这样活动及当时其内心是怎样想的资料。其次，观察资料的质量在很大程度上也受到观察者本人的能力水平和心理因素的影响。最后，为了使观察得来的资料全面、真实和可靠，被观察的人和事数量要多，面要广，而且为了取得大量的资料，所需的人力和时间也相对要多。因此，观察法有它的局限性。鉴于此，只有当研究的问题能够从消费者外部行动得到说明时，才适宜应用观察法。

观察法一般用于研究：消费者的需求与动机、消费行为与态度、购买决策等；广告、商标、包装、橱窗和柜台设计在营销沟通中的效果；产品价格对购买的影响，商店的营销状况和某种新产品是否受消费者的欢迎等方面。

例如，要了解路牌广告设计的效果，可以在竖立的广告牌前观察行人注意广告或停下来观看广告的人数，以及观看广告人数在路过行人中所占的比例；还可以通过重新设计广告牌，再观察统计观看的人数占路过行人的比例，以此来比较两种设计效果的优劣。又如，要了解一种新产品投放市场后销售量上不去的原因，企业可以在销售现场或广告牌前听听、看看消费者的反应。原因可能是：性能不优越；广告制作得不好，信息不为消费者所知；包装不好，未能引起消费者的注意；档次偏高或偏低，价格不合适；与消费者已有的消费观念相抵触；等等。

运用好观察法，需要有明确的观察目的和较详细的计划，包括确定观察内容、选择恰当的观察策略和制定观察记录表等。如果借用观察人员，还必须对其进行认真培训，使其熟悉所要观察的内容和要求，以便能够保证观察的客观性，并且不会错过有价值但转瞬即逝的事件。在确定观察的时间和地点时，要注意防止可能发生的取样误差。此外，这种方法比较简便易行，花费也比较低廉。

（三）调查法

调查法是通过晤谈、座谈或问卷等方式获得资料，并加以分析研究的方法。

1. 晤谈法或座谈法

通过与被测试者晤谈，了解其心理信息，同时观察其在晤谈时的行为反应，以补充和验证所获得的资料，进行描述或记录以供分析、研究。晤谈法的效果取决于问题的性质和研究者本身的晤谈技巧。

座谈法也是一种调查访问手段。通过座谈可以从较大范围内获取有关资料，以供分析、研究。这种方法的优点是简单易行，便于迅速获取资料；缺点是具有较大的局限性。

2. 问卷法

问卷法是运用内容明确的问卷量表，让被测试者根据个人情况自行选择回答，通过分析这些回答来研究被测试者心理状态的方法。常用的有是非法、选择法和等级排列法 3 种。问卷法的优点是能够在短时间内取得广泛的材料，且能够对结果进行数量处理；缺点是所得材料较难进行质量分析，难以把所得结论与被测试者的实际行为进行比较。

在许多情况下，为了使调查不至于遗漏重要内容，往往事先设计调查表或问卷，列好等级答案，当面或通过邮寄供被测试者填写，然后收集问卷对其内容逐条分析，进行等级记录并研究。例如，调查住院病人对护理工作是否满意、哪些满意和哪些不满意，以及其等级程度。问卷调查的质量取决于研究者事先对问题的性质、内容、目的和要求的明确程度，也取决于问卷内容设计的技巧性及被测试者的合作程度。例如，问卷中的问题是否反映了所要研究问题的实质，设问的策略是否恰当，对回答的要求是否一致，结果是否便于统计处理，以及内容是否会引起被测试者的顾虑等。

学习反馈

一、简答题

1. 营销心理学的含义是什么？
2. 为什么要对营销心理进行研究？
3. 营销心理研究遵循的原则和使用的方法各是什么？

二、分析题

在为某产品进行促销策划时，应考虑哪些心理活动？

三、案例分析题

公元 1140 年，千锤百炼出来的民间武装力量由岳飞带领，进行南宋王朝的北伐，进攻河南郾城（《倚天屠龙记》中郭靖镇守的襄阳城的东北方向）。女真首领完颜兀术集合重兵进行镇守，南宋百姓皆为岳飞加油，当时的皇帝宋高宗赵构也提醒岳飞，令他小心应对。决战开始后，兀术使用拐子马（相当于冷兵器时代的坦克车，2 000 匹马相当于 600 多辆坦克）进行攻击，岳飞使用钩镰枪，专门砍马腿。结果岳飞全胜。兀术悲痛地说："自从故乡起兵，靠此制胜，今竟如此。"兀术再集合部队反击，结果 12 万金兵在小商桥遇到岳飞部下杨再兴的 800 名士兵，激战之后杨再兴的 800 人全部战死，金损失 2 000 多人。

兀术大惊，退避开封，岳兵团追到离开封 40 里的朱仙镇。问题在这时产生了。岳飞没有和宋高宗沟通，不请示、不报告，擅自对部队说："弟兄们！让我们打到黄龙，把两个皇帝接回来，然后我们庆功！"兀术此时心慌了，准备北退，放弃黄河以南地区，退到燕京（今天的北京）。但他的一个军师阻止了他，对兀术说："首领，不急！世界上从来没有听说过，当权人物在内部猜忌掣肘时，而大将能够在外面建立功勋的。岳飞生命都有危险，岂能有所作为！"兀术一听，心里顿时明白。

兀术的军师判断得完全正确。岳飞的宣言刺痛了宋高宗的隐痛。宋高宗有两大恐惧：一是两个被金抓走的皇帝突然回来了，自己怎么办；二是发生类似"陈桥兵变"的事情，自己怎么办。在国家利益的大我和自己能不能继续当皇帝的小我之间，宋高宗是有难言之隐的，但岳飞却没有领悟。

而此时有一个人洞察了宋高宗的难言之隐，这个人叫秦桧。秦桧抓住宋高宗的心理要害，提出与金和解，并说和解只是一种手段，目的是解除帝位的威胁。宋高宗喜出望外，任命秦桧当宰相，负责与金谈判。

当谈判进入关键阶段时，岳飞的部队已经打到了朱仙镇。怎么办？宋高宗一天发了 12 道金牌，要求岳飞撤兵，不听就是叛变。岳飞持忠孝观念，只能服从。

宋高宗对将领进行论功行赏，趁机解除了岳飞和韩世忠的军权。可此时的岳飞在政治上还是不明白，反对和解，坚持要接回两个皇帝。金国不得不威胁秦桧，如果宋高宗没有能力整顿内部，他们就把两个皇帝放回来整顿，于是宋高宗下决心要铲除岳飞，并由秦桧办理此事。秦桧以谋反之罪逮捕了岳飞。韩世忠询问秦桧："岳飞真的叛变了吗？"秦桧说："莫须有。"秦桧是南京人，"莫须有"可能是当地方言，大约是"不见得没有"的意思。这种事情不能公开处决，只能秘密处决。

公元1141年岳飞被杀害了。公元1142年宋金和解，宋称臣，每年缴纳白银25万两，两国以淮河和大散关（今天的陕西宝鸡）为界。

岳飞遇害时年仅39岁。人们没有问责最高责任人宋高宗，而只是认定秦桧是坏人。直到今天，秦桧的铁像还跪在杭州西湖岳飞的坟墓前，经常被游客乱砸，以至于这些铁像必须被不断地重新铸造。

现在我们重新思考：如果没有宋高宗的支持和指挥，秦桧杀得了岳飞吗？两人既没有私仇，也没有公仇。根本原因是岳飞的政治主张时刻威胁宋高宗的皇帝位置。

请问：岳飞之死给营销心理学带来什么启示？

实务操作

根据老年人的消费心理和购买行为，营销者应该采取哪些营销措施？
实训目的：熟悉特定人群的消费心理。
实训要点：
1. 老年消费者的购买行为；
2. 老年消费者的消费心理。

延伸阅读：厚利之策：让一分利给顾客

鲍洛奇从不使用廉价竞销的方式，他的方法是"厚利多销"，希望自己的每件产品都能带来最大限度的利润。他认为，对于一个没有多大实力可言的企业来讲，每一笔生意都应当尽可能地多多获利，这样才能迅速地增加资本积累，从而扩大生产规模。鲍洛奇非常清楚，优质高档产品所带来的利润是低档产品所无法比拟的。所以，他总在绞尽脑汁地想，如何才能在产品的形象上大做文章。他认为，中等收入的人家，一般都挺讲究面子。他们花起钱来固然心疼，但在虚荣心的支配下，往往要硬着头皮买高档品，竭力把自己装扮成上等人家的样子。因此，每当新产品上市之初，鲍洛奇就会针对这一类消费群体，把产品的价格定得偏高。

著名的例子就是"杂碎罐头"。按惯例，这种罐头价格每听不应超过50美分。负责经销的经理里万提议将价格定在47~49美分之间，而鲍洛奇却将价格定在59美分。

里万一听，简直不敢相信自己的耳朵，急忙找到鲍洛奇理论。鲍洛奇却自有他的道理："49美分的价格在市场上已被用得太滥，顾客早已感到厌烦。顾客会把50美分以下的产品视作低级品，一般家庭也都避免买50美分以下的廉价品，以免被人笑话；将价格定在59美分，并不显得太贵，又易于被人视作高级品，销路必然会好。"为达到目的，鲍洛奇还掀起了一场大规模的促销活动，口号是"让一分利给顾客"，似乎他的杂碎罐头完全可以卖60美分，之所以卖59美分，是出于给顾客让一分利的考虑。果不出鲍洛奇所料，59美分的高价非但没在顾客心理上造成任何障碍，反倒诱发了顾客选购的欲望。

营销心理分析的理论基础

学习目标

知识目标： 通过本任务的学习，掌握心理学和消费者心理的一般内容。

技能目标： 掌握营销心理的发展渊源并掌握一定的营销策略。

CASE 实际案例

有一则故事，一家著名的跨国公司高薪招聘营销人员，要求每位应聘者，在10日之内，尽可能多地把木梳卖给和尚，为公司赚得利润。出家和尚，剃度为僧，六根已净，光头秃顶，要木梳何用？莫非出题者有意拿众人开涮？

原先门庭若市的招聘大厅，一时间应聘者作鸟兽散。仅剩下A、B、C三君知难而进，奔赴各地，闯江湖，卖木梳。

期限一到，诸君交差。面对公司主管，A君满腹冤屈，涕泗横流，声言：十日艰辛，木梳仅卖掉一把。自己前往寺庙诚心推销，却遭众僧责骂，说什么将木梳卖给无发之人是心怀恶意、有意取笑、羞辱出家之人，被轰出山门。归途之中，偶遇一位游方僧人在路旁歇息。因旅途艰辛，和尚头皮又脏又厚，奇痒无比。自己将木梳奉上，和尚试用木梳刮头，果然解痒，便解囊买下。

B君闻之，不免有些得意。B君声称，已卖掉10把。他为推销木梳，不辞辛苦，深入远山古刹。此处山高风大，前来进香者，头发被风吹得散乱不堪。见此情景，自己心中一动，忙找到寺院住持，侃侃而谈：庄严宝刹，佛门净土，进香拜佛，理应沐浴更衣。倘若衣冠不整，蓬头垢面，实在亵渎神灵。故应在每座寺庙香案前，摆放木梳，供前来拜佛的善男信女，梳头理发。住持闻之，认为言之有理，采纳了此建议，总共买下10把木梳。

轮到C君汇报，只见他不慌不忙，从怀中掏出一份大额订单，声称不但已经卖出1 000把木梳，而且急需公司火速发货，以解燃眉之急。听此言，A、B两人啧啧称奇，公司主管也大惑不解，忙问 C 君如何取得佳绩。C 君说，为推销木梳，自己打探到一个久负盛名的名刹宝寺。找到庙内方丈，向他进言：凡进香朝拜者无一不怀有虔诚之心，希望佛光普照，恩泽天下。大师为得道高僧，且书法超群，能否题"积善"二字并刻于木梳之上，赠予进香者，让这些善男信女，梳却三千烦恼丝，以此向天下显示，我佛慈悲为怀，保佑众生。方丈闻听，大喜过望，口称阿弥陀佛，不仅将自己视为知己，而且共同主持了赠送"积善梳"首发仪式。此举一出，一传十，十传百，寺院因此而香火兴旺、盛誉远播，进山朝圣者为求得"积善梳"，简直挤破了脑袋。为此，方丈恳求自己急速返回，请公司多多发货，以成善事。

若按常理，想将木梳卖给和尚赚钱，简直是天方夜谭。但若掌握了消费者的心理，换一种思路，就能做到"柳暗花明又一村"，从看似不可能的情境中发现商机，开发出广阔的潜在市场，挖掘出发家致富的生财之道。思想创造财富的能力是难以想象的，思想观念的更新带给人类的进步更是超越任何束缚。

🔲 思考

1. 该公司是处于一种什么心理状态来招聘营销人员的？
2. 诸君是怎样掌握消费者心理活动的？

🎵 学习档案

情境一　心理学概述

【导读案例】第二次世界大战即将结束时，反法西斯联盟的三巨头——美国总统杜鲁门、英国首相丘吉尔和苏联主席斯大林齐聚波茨坦进行会谈。会议进行期间，杜鲁门别有用心地对斯大林说："美国已经研制成功一种新式杀伤武器，其威力比最先进的导弹还要大许多。"他暗示这种新武器就是原子弹，并且重复着原子弹的杀伤力。

说完之后，杜鲁门聚精会神地观察着斯大林的面部表情，希望从那张沉稳得如同一潭静水的脸上看出一些变化，但是，杜鲁门失败了。坐在远处的英国首相丘吉尔也从另一个角度对斯大林的神态进行了仔细观察，但结果和杜鲁门的完全一样。

事后，丘吉尔对杜鲁门说："自始至终我都在盯着他的一举一动，但他没有丝毫的变化，好像一直在倾听你的谈话，仿佛对你们的新武器早有所知。"本来杜鲁门和丘吉尔打算以此来要挟、恐吓斯大林，想在战争结束时多捞点好处，但见斯大林对此无动于衷，只得作罢。

其实斯大林当时的神情全是伪装出来的，对于杜鲁门的暗示他听得明明白白，但他努力控制自己的情绪，采用攻心策略消磨对方的锐气。很显然，丘吉尔与杜鲁门之所以没有达到预期的目的，是因为他们首先在心理上自动瓦解了。

请问：他们的心理活动如何？

一、心理学的含义

心理学是研究心理现象发展的科学。

心理现象人人都有，比较复杂。人的心理，即意识，是心理发展的最高层次。但是，其本质是什么；现象是怎么发生的，在什么条件下得以发展和完善的，最后达到了怎样的意识水平；应该遵循什么样的规律，掌握这些规律怎样为人的活动服务。所有这些问题都是心理学研究所要解决的。

心理现象可以从它的发生和发展上进行研究，这方面的研究构成了心理学中动物心理学和比较心理学两个分支；从人类个体心理的发生和发展上进行研究，构成了发展心理学和儿童发展心理学；研究社会对心理发展的影响，构成了社会心理学；研究心理现象产生的神经机制，构成了生理心理学；把心理学研究的成果运用于解决人类实践活动中的问题，以提高人的工作水平，改善人的生活质量，这又构成了心理学众多的应用分支。

把上述研究成果集中起来加以概括，总结出人的心理活动的最一般的规律，这就是普通心理学。普通心理学所总结出来的规律对心理学的各个分支的研究都具有指导意义。

二、普通心理学的内容

普通心理学的内容可以分为4个方面：认知，需求和动机，情绪和情感、意志，能力和人格。

（一）认知

认知是指认识外界的整个过程，或对作用于人的感觉器官的外界事物进行信息加工的过程，包括感觉、知觉、记忆、表象、言语、思维和想象等心理现象。

（二）需求和动机

需求是人内心的一种不平衡，是对维持和发展其生命所必需的客观条件的反映；动机是推动人从事某种活动的内部心理动因。当有需求时，需求就成为活动的动力。

（三）情绪和情感、意志

情绪和情感是在认识和意志过程中产生的对外界事物的态度和体验，是对客观事物与主体需求之间关系的反映；意志是思维决策行为的过程。

（四）能力和人格

能力是完成某种活动所必须具备的心理条件；人格也称个性，是指一个人区别于他人的、在不同环境中一贯表现出来的、相对稳定的、影响人的外显和内隐行为模式的心理特征的总和。能力、气质和性格都是人格的组成部分。气质是心理活动动力特征的总和，即表现在心理活动的速度、强度和稳定性方面的人格特征；性格是表现在对事物的态度和习惯化了的行为方式上的人格特征。

上述心理现象又可分为两大类，即心理过程和人格。认知、情绪和情感、意志是以过程的形式存在的，它们都要经历发生、发展和结束的不同阶段，所以属于心理过程。需求和动机是人的心理活动的动力，表现了人格的倾向性；能力、气质和性格是人格的特征。在人的发展过程中，先有心理过程，而后逐渐形成人格。人格形成以后，又会对心理过程具有制约的作用。

情境二　消费者心理活动过程

【导读案例】海尔集团之所以能够发展成如今的航母企业，与其消费者满意措施是密不可分的。海尔集团的市场理念是：先卖信誉，后卖产品。这在很多企业中是无法做到的，需要一整套完善的内部机制来支撑。在海尔集团内部，确立了一系列服务理念：① 真诚到永远；② 消费者永远是正确的；③ 产品设计人性化；④ 创造消费者的最大满意度；⑤ 消费者买的是享受不是产品；⑥ 您的满意就是我们的工作标准。海尔集团正是在这样一套服务理念之下，才赢得了消费者对其服务的认可。

请问：你认为他们的理念如何？谈谈自己的观点。

消费者采购产品的心理是从对产品的识别过程开始的。在通常情况下，往往是先对某一产品有认识，接着去收集产品的信息，然后调动自己原有的知识和经验，进行初步的分析，最后综合地加以理解。因此，从一般意义上讲，对产品的认识是指消费者对产品信息的接收、分析和理解过程。从心理学角度看，这个过程包括消费者对产品的感觉、知觉、记忆、注意、想象和思维等心理过程。

一、感觉

（一）感觉的本质

消费者要认识周围的客观世界，要分辨产品的颜色、气味、软硬、粗细、温度和重量等具体特性，就要用眼睛看、用耳朵听、用鼻子闻、用口尝、用手摸，并通过神经系统将信息从感觉器官传递到大脑，产生对产品个别的、表面的心理反应，形成印象等。这里所探讨的感觉，主要是指消费者对产品的外部感觉。感觉虽然是对客观事物的简单认识，反映的不是事物的全貌，但一切较高级、较复杂的心理现象都是在感觉的基础上产生的。

人的感觉器官的灵敏度通过锻炼是能够得到提高的。消费者对产品的感觉，不仅源于属性，而且还会有主观的看法。

（二）感觉的意义

在心理学中，感觉虽然是一种简单的心理过程，却有非常重要的意义。感觉是消费者认识产品的开始，是整个过程的心理基础。在销售中，消费者对产品的第一印象是十分重要的。消费者首先相信自己对产品的感觉，正因为如此，有经验的商家总是想方设法突出自己产品与众不同的差别和特点；在出售散装或小件产品（尤其是水果或糕点）时，总是将最好的摆在最引人注目之处，有时还会请你"先尝后买"。"先尝后买"即试吃，近几年来，在中国香港和中国台湾已逐渐风行，更成为一种流行的促销手法。对于他们销售的大多数"新面孔"食品，任何消费者均可品尝，因为一些食品由于采用不透明包装，消费者无法了解内里，更不知道好不好吃，而试吃可以解决消费者的疑虑。他们认为，以"试吃"推销新食品，业绩往往可以增加 5 ~ 6 倍，并能马上得知产品被接受的程度。国外有人利用感觉的作用创造"气味推销法"。伦敦的一家超市在店内释放一种人造草莓香味，把消费者吸引到食品部，结果连橱窗里陈列的草莓样品也被抢购一空。正因为如此，商店的感官物质给第一次上门的消费者造成的第一感觉，有时会给消费者产生"先入为主"的效果。感觉不仅是获得外部信息的来源，也是对待客观事物的情感依据。因为客观存在的事物赋予主体感觉的差异，会引起情绪的不同感受。

据研究，在从外部感觉器官产生的视觉、听觉、触觉、味觉和嗅觉中，以听觉、视觉获取的信息量为最多，约占80%，触觉占15%，而味觉、嗅觉仅占5%。感觉是各种复杂心理过程的基础，没有感觉就没有知觉，没有知觉就不能形成一系列复杂的心理过程；感觉越丰富，知觉越完整，记忆才有内容，才能进行准确的抽象概括。因此，人们探索商业经营活动中人的心理过程，就必须从感觉研究开始。

二、知觉

（一）知觉的本质

在实际生活中，人很少有纯粹的感觉。人总是以知觉的形式直接反映客观事物的。知觉和感觉是不可分离的，感觉信息通过感觉器官传到大脑，知觉也就随之产生了。因此，在心理学中，感觉和知觉常称为感知。

感觉和知觉同属于认识过程的感性阶段，但它们又是不同的心理过程。知觉比感觉复杂得多，它不是感觉的机械总和，还包含心理成分，如过去的经验、思维和言语活动等。知觉具有以下特征。

1. 主观性

消费者在知觉事物的过程中，经常把知觉到和观察到的客观事实与他们本人的自我想象、猜测及其一定的信念、态度和偏好等混淆在一起，使知觉的结果带有很多不真实的成分，这就是主观的知觉。例如，有些消费者在选购产品之前就表现为事先倾向于接受某些信息而抵制另外一些信息，在选购中易从主观意志出发评价产品的优劣。

2. 选择性

在任何场合，知觉客体都是有主有次的。消费者不可能在一个特定时间内同时接受所有刺激感官的感觉，而只能有一部分刺激作为信息被接收、加工、储存或引起行动，这就是知觉的选择性。例如，美国哈佛大学有人做过统计，平均每个美国人每天要接触150个广告，但能记住的不足30个，而能诱发行为的仅12个。知觉的这种选择性特征告诉人们：商业广告不仅要注意产品的整体形象，而且要突出产品的主要特点，使之具有新奇、独特、醒目的特征，赢得消费者的注目。

3. 连贯性

消费者容易根据原有的信息解释新的信息，凭借以往的经验确认当前的事物，把有相似特征的事物看作相同的。

4. 整体性

一般来说，消费者不会孤立地认识事物。他们总是把一种产品的名称、颜色、包装、价格、质量和经验等综合在一起，形成对产品的知觉；把营业员的姿势、表情、动作、语言和服饰等综合在一起，形成对其服务态度的知觉。

5. 防御性

防御性会使消费者对某些信息做出反应的程度降低，会使消费者只看见他们所要见的东西，只听见他们所要听的声音。例如，一台制冷性能很好的电冰箱仅因为外壳某处不够光洁而被拒绝购买，因为此时的消费者首先要求得到完美的外观，而面对其他信息，他还无法吸收进去。

（二）知觉的意义

知觉使消费者得到有关产品的直观、形象的反映。它比感觉深化了一步。它能刺激人们为满足需求而进行实践活动。在购买活动中，消费者只有对某种产品掌握一定的知觉材料，才能进一步通过思维去认识产品，并且随着对产品知觉程度的提高形成对产品的主观态度，从而确定相应的购买决策。

三、记忆

（一）记忆的本质

在生活活动中，人对感知过的、思考过的事物的印象总是或多或少地、不同程度地保留在头脑中，即使这些事物不在眼前，还会重新显现出来，这个过程就是记忆。记忆中所保留的印象就是人的经验。记忆主要以回忆和再认的方式表现出来。你从商场回来向别人介绍所见所闻的产品或复诵曾听过的商业广告，就是回忆。在购物中，你从许多营业员中认出一个过去相识的人，就是再认。人的记忆力十分惊人。据专家估计，人脑可容纳 10^{15} 比特的记忆单位。

（二）记忆的意义

记忆在人的生活实践中有着重要的意义。它既可以积累个人实践过的直接经验，又可以巩固学习前人的间接经验。

人们如果没有对事物个别属性的记忆，就不可能产生感觉的印象；没有对事物整体的记忆，就不可能产生对事物的知觉；没有对事物之间相互联系及其规律的记忆，就不可能进行思维；没有对以往知识经验的记忆，人的情感过程和意志也不可能实现。所以，有了记忆，人们的各种心理活动才能成为一个统一的、发展的过程，才能有助于对外界事物的深入认识。记忆在商业营销中也有广泛的应用。心理学研究告诉人们，人一般习惯于记忆具体形象的东西，如新颖的产品造型、鲜艳夺目的装潢色彩、对比强烈的橱窗陈列、传统特色的产品包装、简明易记的产品命名和形象鲜明的产品广告等，这些都会给消费者留下较深的记忆痕迹；凡是能够唤起人的情绪的语言，都能增强记忆。因此，营销服务人员热情待客、礼貌用语，可使消费者产生满意的情绪体验，从而留下深刻的印象。

四、注意

（一）注意的本质

一位消费者走进百货商店，面对的产品琳琅满目，但能引起他注意的仅是少数产品。这就告诉人们，人在同一时间内，不可能感知周围的一切事物，而只能感知其中的少数对象。曾有学者说："注意是一扇门，凡是外界进入心灵的东西都需通过它。"这是说，注意是指对某事物的指向和集中。注意能保证消费者及时地集中自己的心理活动，从而强化对产品的认识。注意的中心总是清晰的，注意的边缘总是模糊的。当消费者在选购产品时，他的注意力总是集中于某一产品，而对其余产品的注意则受到抑制，以便对该产品获得明确的反应，从而决定买还是不买。

（二）注意的意义

在营销活动中，正确发挥注意的心理功能，有着引发消费需求、提高销售效率的实际意义。

例如，某百货公司新进了一批高级玻璃刻花酒杯，尽管它造型优美、质量上乘，但上柜之后很少有人问津，每天仅销2~3套。有位营业员想了个办法，把酒杯在橱窗里摆开，并在每个杯子里斟上红色的液体，这样一来，把晶莹剔透的刻花、高雅动人的造型衬托得清清楚楚，使人见了格外喜欢，购买愿望油然而生。结果，销售量一下升到每天30~40套。这实际上是运用了注意中的增强刺激物的强度，以吸引消费者的注意力。在营销活动中，还可运用巨幅的广告牌、明亮的橱窗来增强刺激物的强度；陈列产品经常变化、举办新产品展销是利用刺激物的新异性；时装表演、闪动的霓虹灯则是运用刺激物的运动性等方法引起消费者的注意。但在营业时间内工作人员接待消费者时三心二意、心不在焉、东张西望，也会造成很坏的后果。

五、想象

（一）想象的本质

人不仅能回忆过去，还能展望未来。人脑对通过感知得来的，并通过记忆保留下来的客观事物的形象进行加工改造而形成新形象的过程称作想象。想象是一种特殊形式的思维，它带有生动形象和间接概括认识事物的特点。想象似乎给人超现实的感觉，但绝不是凭空产生的。想象和其他心理现象一样，也是人脑对客观现象的反映，还是以现实中已有的事物为依据的，因此，它仍是反映现实的一种形式。例如，《西游记》中的猪八戒是猪头人身的组合；千手观音是许多只手和身体的组合；等等。

（二）想象的意义

想象对于认识和改造世间万物具有极大作用。想象活动可以使人认识无法直接感知的事物形象，使人认识宏观世界和微观世界，回忆过去，展望未来。

想象使人的认识超出时间空间与具体条件的限制，可以极大地丰富人们的精神世界，大大提高人们改造世界的能动性，成为推动人类社会不断前进的精神力量。

想象在营销活动中也有其独特的功能。消费者在选择产品时，尤其是购买那些能使生活水平提高的高档耐用消费品时，想象力的参与和发挥更加突出。

例如，购买到一套盼望中的居室后，必然伴随对居室的装修和布置的整体想象；购买一套西服，往往想要配一条相宜的领带；看到奶粉包装袋上人见人爱胖胖的婴儿形象，就会想象购买此种奶粉后，自己孩子健康成长的情况；见到"快克"胶囊（感冒药），使人想到"快除症状，攻克病毒"。因此，服装设计师设计服装、广告设计师设计广告、商店布置橱窗等，都可以用多种方法来丰富消费者的想象力，以达到宣传产品的目的。例如，日本有则广告，介绍营养饮料"阿力那敏"：一个年轻人背着身体虚弱的老太太行路，待老太太喝了"阿力那敏"以后，竟背起小伙子走路了。又如，中国某地一家锁厂，以一则让孙悟空抡起金箍棒狠砸"鱼牌"挂锁而锁纹丝不动的广告来宣传锁的牢固。

六、思维

（一）思维的本质

思维是事物在人脑中的反映。它可以揭露事物的本质和规律，借助言语实现人的理性认识过程，是人们认识世界的高级阶段。

思维具有概括反映事物的特点，即它是对一类事物共同本质特征的反映。例如，不同形状的飞禽都可以称作鸟；把樟树、枣树、杨树、松树等依据其有根、茎、叶等木本植物的共性归在一起称作树。思维还具有间接反映事物的特点，即通过其他事物的媒介来反映客观事物，如地震工作者可以根据动物的反常现象或其他仪表的数据来分析与预报震情；医生可以根据体温、验血结果、心电图和病人的自诉等做出疾病及预后的诊断。由于有这两个特点，人可以认识那些没有直接作用于人的种种事物或事物的属性，也可以预见事物发展变化的进展，指导实践。思维的领域比感知的领域要广阔得多。

（二）思维的意义

人的思维具有广阔性、深刻性、独立性和灵活性的特点，因此每位消费者在这些方面都有各自的差异。这在营销活动中是需要加以注意的。例如，由于思维独立性的差异，有的消费者不易受广告宣传和口头宣传的影响；有的则易受外界诱因的影响。又如，有的消费者思维敏捷，往往能当机立断，迅速确定购买决策；反之则犹豫，拿不定主意。一般来说，消费者在购买活动中经过对产品的思维过程，就易做出购买决策，但由于消费者各自思维方法和思维能力的差异，其购买决策的方式和速度是不同的。例如，有的消费者思维的独立性与灵活性很强，就易做出购买决策；有的消费者思维的深刻性与广阔性很强，挑选产品慎重严格，往往经过反复对比才做出购买决策。由此，产品的生产者和经营者也需根据产品的性质和购买对象，在产品生产与销售的各环节和各方面，采取图文寓意等方法，为消费者提供思维的感知材料，使之产生丰富的、美好的想象，从而引起其强烈的购买欲望。

综上所述，消费者对产品的认识过程，是一个从感性上升到理性、由感觉发展到思维的过程。但到了思维阶段并不是不再需要感知了，因为认识的感性阶段和理性阶段是相互转化、相互制约并交织在一起的。这个过程是购买的前提。但并不是说，只要有了认识过程就必然采取购买行为，这中间还须对积极情绪进行促进和推动。

情境三　市场营销学与营销心理分析

> 【导读案例】营销工作不能忽视色彩的心理作用。一家多年来生意一向很好的肉制品店为了招徕更多的顾客，决定修缮店堂。可是装修一新的店铺重新开张后，销售量不仅没有增加，就连一些老顾客也常常摇头而去。为了查明原因，店主请来了专家。原来是新油漆的明亮橙黄色墙壁把新鲜的肉衬托成了腐败的紫红色，吓跑了顾客。
>
> 请问：如果给你一家店面，你会怎么做呢？

市场营销理论是对市场营销实践的高度概括和总结，是市场营销的精髓。它来源于市场营销实践，又用于指导市场营销实践。此情境着重探讨市场营销定义的演进、市场营销思想的发展轨迹，以及20世纪80年代以后国际上出现的市场营销的新的理论观点。

一、市场营销思想的萌芽

20世纪初，美国市场正处于迅速成长时期，西部开发运动和铁路向全国各地的延伸，使美国国内市场迅速扩大，加之市场竞争日趋加剧，促使企业越来越重视广告宣传和分销活动，从而为市场营销思想的萌生奠定了客观条件。

最早涉足市场营销思想领域的是美国学者阿切·肖，他在1915年撰写的《关于营销分配的若干问题》一书中，首次把产品分销活动从生产活动中分离出来，单独加以考察，系统地论及了原料、中间商、广告、市场、价格政策及其他有关问题。尽管书中没有使用"市场营销"一词，但实际上这里所述的产品分销与市场营销在内容上基本相同。同时，肖还注意市场细分问题，认为市场并非铁板一块，它是由不同的经济和社会层次所构成的。这一看法比温德尔·史密斯于1956年提出的市场细分早40多年。肖还指出，商人应像工程师那样，在广告、促销方案和定价政策等正式实施之前进行预试。肖的这些重要思想对日后美国市场营销思想的发展具有十分重要的影响。

随后，拉尔夫·斯达·巴特勒、约翰·斯威尼、韦尔达等正式涉足市场营销思想领域的研究。这一时期的市场营销思想多以生产观念为导向，以传统经济学为依据，以供给为中心。

二、市场营销理论的形成

20世纪30年代到50年代初是市场营销理论形成的最重要阶段。这一时期，通过对市场营销功能的研究和认识，确立了以需求为导向的现代营销观念，奠定了现代营销研究的理论基础。1932年，克拉克和韦尔达在《美国农产品营销》一书中，把市场营销功能概括为7个方面：集中、储藏、财务、承担风险、标准化、推销和运输。1943年，美国市场营销学教师协会定义委员会提出市场营销具有9个功能——商品化、购买、推销、标准化和分级、风险管理、集中、财务、运输管理及储藏，并指出其中有些功能是市场营销特有的，如购买、推销等；有些是商业活动共有的，如财务、运输管理等。

1942年，克拉克在《市场营销原理》一书中，把功能归纳为3类：交换功能——销售（创造需求）和收集（购买）；实体分配功能——运输和储藏；辅助功能——金融、风险承担、市场情报沟通和标准化等。20世纪50年代初，美国学者范利等人将功能研究作为市场营销的核心研究内容，他们在1952年撰写的《美国经济中的市场营销》一书中把功能排列为购买、销售、定价及地区内或地区间的交换，并强调销售是市场营销中一个十分重要的功能，如果没有这一功能，就谈不上市场营销。在该书中，范利等人还提出了一个相当重要的观点，即用心理价值来解释消费行为，此前无人对此明确提出。

梅纳德和贝克曼则在他们所著的《市场营销原理》一书中，归纳了市场营销研究的5种基本方法——商品研究法、机构研究法、历史研究法、成本研究法和功能研究法，并强调市场营销的研究已经从描述性方法过渡到分析性方法。他们还认为，定义在市场营销研究中是十分重要的，市场营销原理是对市场营销一般规律的阐述，当各个市场营销原理组合在一起时，便构成了市场营销理论。由上述可知，市场营销理论在这一时期已开始形成，市场营销已被确认为是满足人们需求的一种行为。

三、现代市场营销理论趋向成熟

20世纪50年代中期至70年代是市场营销思想趋于成熟的时期。这一时期，市场营销学者们提出了许多重要的概念，大大丰富了现代市场营销学的内容，形成了现代市场营销学的理论框架：现代市场营销学以企业营销活动中目标市场的确定、市场营销组合的设计为基本研究内容；不仅要注重战术营销，而且要注重战略营销；不仅要注重有形产品的营销，而且要研究无形服务的营销；不仅要注重营销的微观效益，而且要注重营销的社会宏观效益。

（一）市场细分与目标市场

1956年，美国市场营销学者温德尔·史密斯提出了一个重要的概念——市场细分。史密斯认为，一个市场的消费者是有差异的，他们有不同的需求，寻求不同的利益，企业不应停留在产品的差异上，而应当根据消费者的不同需求对市场进行细分。

另一著名市场营销学者麦卡锡则提出应当把消费者看作一个特定的群体，称作目标市场。通过市场细分，有利于明确目标市场，通过市场营销策略的应用，有利于满足目标市场的需求。

（二）市场营销组合——战术营销与战略营销

市场营销组合这一概念是由尼尔·鲍顿最早采用的，并确定了营销组合的12个要素。

1960年，麦卡锡提出了著名的4P组合。麦卡锡认为，企业从事市场营销活动，一方面要考虑企业的各种外部环境；另一方面要制定市场营销组合策略，通过策略的实施，适应环境，满足目标市场的需求，实现企业的目标。

麦卡锡绘制了一幅市场营销组合模式图，图的中心是某个消费群，即目标市场，中间一圈是4个可控要素——产品、渠道、价格和促销，即4P组合。在这里，产品就是考虑为目标市场开发适当的产品，选择产品线、品牌和包装等；渠道就是要通过适当的渠道安排运输储藏等把产品送到目标市场；价格就是考虑制定适当的价格；促销就是考虑如何将适当的产品按适当的价格、在适当的地点通知目标市场，包括销售推广、广告和培养推销员等。图的外圈表示企业外部环境，它包括各种不可控因素，如经济环境、社会文化环境和政治法律环境等。麦卡锡指出，4P组合的各要素将受到这些外部环境的影响和制约。

以后，市场营销组合又由4P发展为由科特勒提出的6P，它是在原4P的基础上增加了政治和公共关系。6P组合主要应用于实行贸易保护主义的特定市场。随后，科特勒又进一步把6P发展为10P。他把已有的6P称作战术营销组合，后增加的4P即研究、划分或细分、优先或目标选定、定位，并称作战略营销。他认为，战略营销计划过程必须先于战术营销组合的制定，只有在制定好战略营销计划过程的基础上，战术营销组合的制定才能顺利进行。科特勒在《日本怎样占领美国市场》一书中当讲到战略营销与战术营销的区别时指出："从市场营销角度看，战略是企业为实现某一产品市场上特定目标所采用的竞争方法，而战术则是实施战略所必须研究的课题和采取的行动。"现在，战略营销与战术营销的界限已日趋明朗化，通用汽车公司等已按这两个概念分设了不同的营销部门。

（三）产品市场生命周期

美国学者乔尔·迪安最先采用产品市场生命周期的概念，随后西奥多·莱维特对这一概念给予了高度的肯定，从而使产品市场生命周期在市场营销学中得到了广泛的运用。以后该概念也经历了多次修正。目前，比较流行的是把产品市场生命周期划分为 4 个阶段（导入期、成长期、成熟期、衰退期）或 5 个阶段（投入期、发展期、成熟期、饱和期、衰亡期）。

（四）市场营销近视症

1961 年，西奥多·莱维特发表了著名的"市场营销近视症"，震惊了美国企业界和企业管理理论界。文中指出，市场营销近视症是指企业在经营中视野狭隘、目光短浅，看不到消费者需求的日益变化，看不到市场的动态发展，不知道随着消费者需求的变化而改变自己的经营策略。一些企业只知道重视"产品"，不知道重视"消费者需求"，一味埋头开发产品而置市场需求于不顾，从而陷入困境，导致失败。所以，莱维特强调：企业一定要用消费者导向代替产品导向，并开出预防和治疗"市场营销近视症"的"处方"。

（五）市场营销系统

1971 年，乔治·道宁在《基础营销：系统研究法》中，首次提出市场营销系统概念。他认为应把市场营销视为"企业活动的总体系统，通过定价、促销、分销活动，把产品和服务供应给现实的和潜在的消费者"；并指出，公司就是一个市场营销系统，它同时又存在于一个由市场、资源和各种社会组织等组成的大系统中，它将会受到大系统的影响和制约，同时又反作用于大系统，而从公司系统内部看，它又是一个由若干相对独立且又以一定方式相互联系的部门所组成的有机整体，这些部门是公司这个系统中的子系统。

20 世纪 80 年代以后，美国国际企业研究所所长颜彼得教授进一步将企业营销活动比拟成一个人体系统，从人体结构来强调企业各项营销活动在整体系统中的地位及其关联性。

（六）营销定位

1972 年，阿尔·赖斯和杰克·特鲁塔发表了名为"定位时代"的系列文章，引起了强烈的反响，并流行开来。它不仅用于广告定位，还用于产品定位，并发展形成营销定位。赖斯和特鲁塔认为，定位是"给产品在有可能成为消费者的人的心目中定一个适当的位置"；即使公司没有在广告中为产品定位，这些产品在消费者头脑中也是有一定位置的，并系统阐述了公司应如何运用定位去创立产品在消费者心目中的特定形象。

（七）社会营销和宏观营销

1971 年，杰拉尔德·蔡尔曼和菲利普·科特勒提出了社会营销的概念，促使人们将营销学运用于环境保护、计划生育、改善营养和使用安全带等具有重大推广意义的社会目标方面。这一概念的提出，得到了世界各国和有关组织的广泛重视。斯堪的纳维亚地区、加拿大、澳大利亚和若干发展中国家率先运用这一概念。一些国际组织，如美国的国际开发署、世界卫生组织和世界银行等也开始承认，这一理论的运用是推广具有重大意义的社会目标的最佳途径。在此基础上，营销学家们进一步对"社会营销"的概念进行了扩充，认为企业应负一定的社会责任。同时，还出现了"社会的营销""人道营销""社会责任营销"等相关概念。这些概念要求企业在决策时，不仅应考虑消费者需求和公司目标，还应考虑消费者和社会的长远利益。

20 世纪 70 年代，趋于严重的保护消费者权益和保护环境等社会问题，促使营销学者们再次将注意力转向营销活动的宏观效果，强调了宏观营销的概念。宏观营销与微观营销有很大差别，尤金·麦卡锡在《基础市场营销学》中，是这样对两者分别进行定义的："宏观营销是指社会经济过程：引导某种经济的货物和劳务从生产者流转到消费者，在某种程度上有效地使各种不同的供给能力与各种不同的需求相适应，实现社会的短期和长期目标。""微观营销是指某一个组织为了实现其目标而进行的这些活动：预测消费者或委托人的需求，并引导满足需求的货物和劳务从生产者流转到消费者或委托人。"里德·莫那和迈克尔·赫特则在《宏观营销学》中，认为宏观营销与微观营销有两个区别："第一是微观与宏观，前者与小规模的个别企业有关，后者与总体有关；第二是在每个水平上所进行的活动的福利焦点的区别。一般来说，微观营销活动面向的是企业福利，而宏观营销的焦点是社会福利。"科特勒认为，"宏观营销的研究提醒人们经常检查营销组合活动对消费者的福利和价值的总体影响"（《市场营销思想的新领域》）。

（八）服务营销

20世纪70年代后期，美国服务经济的快速发展引起了美国营销学者的关注。1977年，林恩·肖斯塔克在《营销杂志》上撰文，阐述了她对服务营销的独特见解。她认为，服务营销应从产品营销思路的束缚中解脱出来。此后，不少营销学者涉足这一领域，并为此做出了重要贡献。尤尔和乌帕把产品与服务进行了较为严格的区分，指出两者之间有4个显著差别：

1）产品有形，而服务无形。

2）产品可以储藏，而服务具有易逝性。

3）产品能运输，而服务不能运输。

4）产品能大量销售，而服务相对于不同对象会有所不同。

为了进一步明确服务营销的研究范围，洛夫洛克提出了5个用以区别产品营销的标准：

- 什么是服务行为的本质？

- 服务组织与消费者存在一种什么样的关系？

- 从服务的供给讲，服务的规范性有多大及判别标准有多少？

- 服务的供求特点是什么？

- 服务是如何传递的？

通过这5个问题的解决，服务营销的特点也就会自然形成。莱维特对把产品与服务决然地分开表示异议，认为应用"有形与无形"来取代。另一些美国营销学者，如伊奈斯、勒林和蔡萨姆尔等也都先后提出了有关服务的一些特性，以及营销方面的特殊问题和相应的举措，但指出这些均起源于产品与服务的共同属性，它们都要求以相同的营销战略做指导。值得指出的是，服务营销在今天仍是市场营销学界研究的热门课题。

（九）营销审计

早在1959年，哥伦比亚大学的艾贝·肖克曼就提出了"营销审计"的概念。他认为，众多的公司被关在生产产品或推销导向的圈子里，不知如何去寻找公司的发展机会和途径；许多公司濒临倒闭或正在走向死亡却浑然不觉。公司应该定期进行营销审计，以检查它的战略、结构和制度是否与其最佳的市场机会相吻合。

此后，菲利普·科特勒进一步对营销审计进行了界定，指出"营销审计是对一个公司或一个业务单位的营销环境、目标、战略和活动所做的全面的、系统的、独立的和定期的检查，其目的在于确定问题的范围和机会，提出行动计划，以提高公司的营销业绩"（《营销管理——分析、计划和控制》），并详尽归纳了营销审计的六大组成部分（营销环境审计、营销战略审计、营销组织审计、营销制度审计、营销效率审计及营销功能审计）的具体内容。

情境四　营销策略与消费者心理

【导读案例】刘先生在市场上很难为儿子买到大号鞋，于是他找到了石家庄某鞋厂，想定做一双大号鞋。结果遭到该厂的拒绝，因为厂方认为这是桩赔本生意。于是，万般无奈的刘先生试着给远在千里之外、素不相识的青岛双星集团老总写了一封信，看能否解决儿子的大号鞋问题。信寄走了，但他没抱多大希望，因为他认为像双星这样的大企业是不会关心这样的小事的。但令他喜出望外的是，双星开发部很快与他取得联系，表示愿意为他特制大号鞋，并很快将两双大号鞋快递到他手中，这使得他感慨不已，感动之余，他成为双星的忠实用户。

虽然只是小小的一双鞋，但商家却能做到如此服务，这使我们从中得到一个启示：怎样认识"赢心"与"赢利"。经营的目的必然是产生经济效益，但如果一味认"钱"不认"人"，就大错特错了。俗语说："君子爱财，取之有道。"其"道"一是指道德，即要具有为消费者着想的商业道德意识和良心；二是指经营方法和理念。当今的市场经济就是竞争经济，市场竞争中优胜劣汰的规律制约着每个企业。企业只有赢得人心，才能赢得支持；只有赢得消费者的支持，企业才有长久不衰的生命力。从这一点来看，只有赢得人心，才能最终赢利。时时想着赚钱，"见谁宰谁"，那最终结果是"宰了自己"。如果经营者能时时站在消费者的立场上考虑，消费者就会不请自到，想不赚钱都是件很"困难"的事。

时下，人们耳边常听到有人感叹"钱越来越不好'赚'了""生意越来越难做了"。值得提醒经营者的是：在瞬息万变的市场上处处蕴藏着商机，这就要求经营者要有鲜明的态度，千万别把消费者当"傻瓜"。"赢心"与"赢利"两者的辩证关系，企业经营者必须慎重考虑。

请问：请你站在不同的角度，谈谈你的心理变化。

消费者的心理本质上是社会经济生活和市场营销过程的一种客观存在的反映。人们通常说人改造社会，事实上社会也改造人。分析和研究市场营销活动中消费者的心理特征，实际上是在揭示角色与社会的关系，这对于人们更深刻地理解消费者角色的心理过程、更好地满足消费者的需求有着重要意义。

一、从外部特征判别消费者心理

营销人员在与消费者打交道时，要学会"察言观色"。消费者的外部特征既是指其整体形象，也包括局部特征。它有助于营销人员在一定程度上判别隐藏在逸闻背后的消费者的个体心理。

（一）相貌

人的相貌不仅具有生物性，也具有表现情感的功能，而表情本身又是个体心理的反映。因此，它可以显示出一种神韵和风采。这就为理解消费者提供了一种线索，透过一个人的相貌能够获得对消费者的如职业、修养、情绪、感觉和需求的急迫程度及成交的可能性方面的信息。

（二）体型

体型和肤色如同人的相貌一样，不仅具有审美价值，也能反映个体的心理特点。例如"心宽体胖"，这就是经验性地说明体型和心理特点之间的关系。法国心理学家克雷奇默尔在《体型与性格》中将人的体型分为瘦弱型、肥胖型和健壮型3种，它都和人的性情有关：瘦弱型的人内向、乖戾；肥胖型的人达观、饶舌；健壮型的人则死板、坚毅。美国心理学家谢尔顿在进一步探讨体型、心理和内在生理机制关系的前提下，指出：肥胖型的人属于内脏器官发达，所以体型圆浑、为人随和、行动迟缓、贪图享受；健壮型的人属于骨骼、肌肉发达，所以精力充沛、冲动好斗、喜欢冒险；瘦弱型的人属于神经系统和皮肤发达者，所以多思多虑、个性内向、行动谨慎。

（三）发型和服饰

发型和服饰都是现代社会人们表现自我的重要手段，是对相貌和体型进行加工、掩饰、衬托的最普通、最常见的方法。一个人是不修边幅还是注重仪表，是善于打扮还是不善修饰，这和他的心理特征与心理倾向直接相关。一个人平时的穿戴是写在人体外部的心理符号。

（四）肢体语言

肢体语言是指通过身体姿态的变化表现出来的一种带有特定含义的信息，包括体姿与手势。手势帮助人们强调所要表达的意思，体姿则更能够反映人的真实情感：紧抱双臂或紧叠双足往往是心理紧张的反映；身体不断变换姿势表示不耐烦；握紧拳头或脚的大拇指猛然跷起反映心中的愤怒；等等。心理学家在告诉人们不要为表情、手势和体姿的假象所迷惑时，提出了4条原则：① 离面部越远发生的动作越真实；② 越不自觉的动作越真实；③ 越不明确的动作越真实；④ 越不自然的动作越真实。运用这4条原则可以帮助营销人员更准确地认知消费者的心理。

二、从消费者权利理解消费者心理

"消费者是上帝"已经成为一句耳熟能详的口号，但如果不站在消费者的立场上来认知消费者心理，要"达到消费者满意"仍然是一句空话。

消费者具有以下3种权利。

（一）知晓的权利

消费者有权知道有关购买的一切。以产品为例，消费者应当知道产品的用途、质量、使用方法、保养和维修、产地、牌号、厂名、价格等信息；以服务为例，消费者有权知道服务的地点、服务的方式、服务的质量和服务的费用等。如果不让消费者真实地知道这一切，就会产生消极、反感、不信服甚至愤怒的心理态度。

（二）选择的权利

消费者有权选择购买什么和是否购买。在选择购买方面，消费者不仅可以在不同种类的产品和服务之间进行选择，而且可以在同类产品和服务之间进行选择；在是否购买方面，消费者有权选择在不同时间、不同地点、不同场所来买或不买。尊重消费者的选择权利，尽可能地扩大消费者的选择范围，就可能赢得更多的消费者。

（三）要求公平的权利

消费者有权要求买卖公平。这种权利不仅存在于交换之前、交换之中，也存在于交换之后。公平交易是实质上的公平而不是表面上的公平，因此，当表面上的公平被事实上的不公平揭穿之后，消费者仍然有要求公平的权利，而不论交易是否已经完成。消费者要求退货、赔款，一般来说，都发生在发现不公平之后。挽救措施既是对消费者实际损失的补偿，也是对消费者心理上的安慰。

三、克服认知过程中的障碍

营销人员主观方面的因素，可能导致对消费者心理认知的障碍。要提高对消费者心理认知的准确性，就要从以下 4 个方面提高营销人员的修养。

（一）注意在动态中观察与研究消费者的心理变化

消费者在不同时间、不同地点和不同环境中的心理表现是不一样的，情境影响认知过程的主客体两个方面，这就需要营销人员养成随时随地观察和研究消费者心理的习惯。克服片面性的根本方法在于认知活动的持久性。

（二）要以真诚的态度赢得消费者的信赖

要赢得消费者的信任，首先要有与人为善的态度，真诚地关心消费者，站在消费者的立场上想问题，这要通过日常的经营活动反映出来。遵循主动接近、积极参与、平等待人和乐于助人的原则，会赢得消费者的信赖。

（三）通过理论学习提高消费者心理识别与认知能力

市场营销活动是大量琐碎的日常经营性活动，理论是提高人们实践能力的捷径。重视理论知识的学习，并运用于市场营销的实际过程，就能够在比较复杂的情况下辨别和认知消费者的真实心理状态，提高市场营销的效率和效益。

（四）自我反省有助于克服自我认知方面的弱点

市场营销人员自身素质是造成消费者心理认知障碍的一个重要原因。认知者的兴趣、需求、价值取向和自我意识等心理倾向不同，气质和性格等心理特征不同，文化知识和经验能力不同，都会影响营销人员同消费者的沟通和理解。因此，经常性的自我反省，有助于克服营销人员自身的心理弱点，逐步完善自己的个性，改进思想方法和工作方法，是营销人员提高消费者服务水平和营销能力的重要途径。

四、个性心理特征

消费者的个性心理特征是指表现于消费者个体身上最稳定、最根本的心理特征。它主要包括能力、气质和性格 3 个方面。作为个体必备的心理特征，它们贯穿于营销心理活动的全过程，制约着消费者的各种心理活动。

（一）能力

1. 能力的概念

能力是完成任务并影响任务效果的特征。能力只有在活动中才能得到表现，也只有在活动中才能发展和完善。例如，消费者的购物能力只有在购物和消费的过程中才能体现出来。心理学中把各种能力的结合称作才能。

2. 衡量能力的标准

第一，处理和解决问题的质量；第二，处理和解决问题的种类；第三，处理和解决问题的速度；第四，处理和解决问题的代价。

3. 能力的分类

能力一般分为一般能力和特殊能力两种。一般能力，是指符合许多基本活动要求的能力，如观察力、思考力、记忆力、注意力、判断力和想象力等。特殊能力，是指完成某种专业活动（如美术、音乐和体育等）所需要的能力。

（二）气质

1. 气质的概念

气质是指心理过程的速度、强度、稳定性和内外倾向性的心理特点的总和。通俗地讲，气质就是一个人的脾气和性情。

2. 气质的分类

现代心理学认为，气质是高级神经活动类型的表现，高级神经活动具有兴奋和抑制两个基本过程。有人兴奋性强，有人兴奋性弱；对外部刺激有人反应速度快，有人反应速度慢；有的人兴奋强度和抑制强度相平衡，有的则不平衡。正是由于这些区别，产生了 4 种典型的高级神经活动类型。

（1）兴奋型

通常称为胆汁质，表现为精力过人，不易疲劳，争强好胜，不怕挫折，大喜大怒，难以控制，办事果断，但容易急躁，具有明显的外倾性。

（2）活泼型

通常称为多血质，情感易于转换，反应机智灵敏，兴趣广泛，善于交际，热情活泼，容易沟通，但不够踏实，举止轻浮，具有外倾性。

（3）安静型

通常称为黏液质，一般表现为沉静稳重，忍耐性强，情绪不外露，反应从容，不喜欢表现自己，但比较固执，言行拘谨自制，具有内倾性。

（4）抑制型

通常称为抑郁质，表现为行为孤僻，表情腼腆，郁郁寡欢，多愁善感，观察细致，行动迟缓，优柔寡断，具有明显的内倾性。

以上 4 种气质类型的划分只是一个粗略的划分。事实上，生活中绝对属于某种气质类型的人并不多见，大多数人是以某种气质为主，兼具其他气质的混合类型。

（三）性格

1. 性格的概念

性格是人的个性中最主要的心理特征。它是人们在对待客观事物的态度和社会行为方式上表现出来的稳定倾向。性格就是特征、标志、属性和特性的意思。气质与性格的区别在于：气质主要是由生理特点决定的，而性格主要是在社会实践中形成的；气质的稳定性比较强，甚至一生不变，而性格可能由于生活中的突发事件和重大挫折而改变。

2. 性格的分类

性格有以下两种基本分类。

（1）内向型和外向型

内向型沉默少语，动作迟缓，内心活动丰富而不露声色；外向型热情活跃，善于交流，反应敏锐，喜怒形于色。

（2）理智型、情绪型和意志型

理智型长于理性思维，决策慎重稳妥，办事严谨周密；情绪型带有浓厚的感情色彩，易受环境影响，反应快但容易冲动；意志型目标明确，积极主动，决策果敢，且能够忍耐，不受一时环境的影响而改变决定。

五、角色心理特征

归纳消费者的角色心理特征首先要考虑的是年龄特征，在按此标准形成的消费者群体中，尤以儿童、青年和中老年的消费者群体具有代表性。

（一）儿童消费者（1~15岁）的心理特征

1. 从纯生理性消费向社会性消费过渡

儿童的婴幼儿时期的需求主要是生理性需求。随着年龄的增长，外界环境对他们不断刺激，使其对环境作用的反映日益加深，需要从本能发展为有自我意识加入的社会性需求。

2. 从模仿性消费向个性消费过渡

儿童的消费具有很强的模仿性。随着心理的成熟，购买和消费行为开始有一定的动机、目标和意向。

3. 消费情绪从不稳定发展到比较稳定

不稳定的消费情绪在学龄前儿童中表现得相当突出。随着年龄的增长，对社会环境的接触增多，有了集体生活的锻炼，控制感情的能力得到发展，消费情绪就会逐渐稳定下来。

（二）青年消费者（16~40岁）的心理特征

1. 追求时尚，表现时代

青年消费者的典型心理特征之一就是内心丰富，热情奔放，思想活跃；对新事物、新知识充满好奇，具有冒险性，富于幻想和探索精神。所以在消费心理和行为方面，表现出强烈的追求新颖时尚、追求美的享受的倾向，成为消费趋势和潮流的领导者。

2. 追求个性，表现自我

青年消费者处于不成熟向成熟阶段过渡的时期，一个重要的特点是自我意识的觉醒和加强。他们追求独立自主，每句话语、每个行动都力图表现出"我"的内涵。体现在消费心理上，就是喜欢具有个性的产品，要求与别人相区别。所谓"另类""叛逆"，就是这种心理的突出表现。

3. 追求感性，容易冲动

青年消费者因为处在成长过程中，这种不成熟性决定了他们在思想情感、志趣爱好和性格气质等方面都不稳定，重感情、易冲动、走极端。所以，客观条件和外界环境会对他们的消费心理与购买行为产生突出影响。

（三）中老年消费者（41 岁以上）的心理特征

1. 理性购买，经济实惠

中老年消费者具有丰富的人生阅历和知识经验，考虑问题周到，不会太多地追求时尚，更讲求实效。

2. 注重便利，讲求实效

中老年消费者对过于花哨的产品包装和繁复的功能不感兴趣，而比较关注产品的便利性。由于工作、生活的负担较重，对半成品、方便食品和耐用消费品有强烈的消费兴趣。

3. 需求单一，惯性较强

中老年消费者随着年龄的增长，需求日趋简单，很少会产生冲动性的购买；同时，一旦习惯了的消费品牌很难轻易改变，尤其是对老字号及青少年时代偏爱的品牌和商标记忆犹新。

学习反馈

一、单项选择题

1. 最基本的心理过程是指（　　　）。

A. 认识过程　　　　　B. 情感过程　　　　　C. 意志过程　　　　　D. 个性心理

2. 销售心理学的变革时期是指（　　　）。

A. 从 19 世纪末到 20 世纪 30 年代　　　　　B. 从 20 世纪 30 年代到 60 年代

C. 从 20 世纪 70 年代到现在　　　　　D. 从 20 世纪 50 年代到现在

3. 销售心理学研究任务中最主要的内容是（　　　）。

A. 销售策略心理　　　　　B. 消费者心理

C. 销售者心理　　　　　D. 产品价格心理

4. 我们研究消费行为的最基本方法，也是现代科学运用最广泛的方法是（　　　）。

A. 实验法　　　　　B. 问卷法　　　　　C. 访谈法　　　　　D. 观察法

5. 由访问员于适当地点，如商场出入口处等，拦住适当受访者进行访问的问卷法是指（　　　）。

A. 邮寄问卷法　　　　　B. 入户问卷法　　　　　C. 拦截问卷法　　　　　D. 集体问卷法

6. 反应灵敏，外表活泼，能较快地适应变化了的外界环境。这种气质特点属于（　　　）。

A. 兴奋型 B. 活泼型 C. 安静型 D. 抑郁型

7. 消费者在购物决策时举棋不定，优柔寡断，从不草率做出决定。这类消费者属于（ ）。

A. 快速型 B. 随机型 C. 缓慢型 D. 激动型

8. 在购买活动中，目标明确，行动积极主动，按照自己的意图购买产品。这类消费者属于（ ）。

A. 意志型 B. 独立型 C. 外向型 D. 理智型

9. 人们在社会活动中表现出来的处理各种社会关系的能力是指（ ）。

A. 特殊能力 B. 认知能力 C. 社交能力 D. 创造能力

10. 能力发展的基本前提、能力形成的自然物质条件是（ ）。

A. 教育 B. 环境 C. 实践 D. 素质

二、判断题

1. 从某种角度说，一切销售活动的最终目的都是为消费者服务。（ ）

2. 个性心理倾向性主要包括人的能力、气质、性格等方面的特征。（ ）

3. 销售心理学是普通心理学在市场销售活动中的应用。（ ）

4. 有效观察最为重要的条件是观察所得的材料的真实性与代表性。（ ）

5. 实验法的优点是一般较容易取得所预期的资料，准确性高。（ ）

6. 在现实生活中，典型的具有某一气质类型的人并不多见，大部分人都具有混合型的特点。（ ）

7. 性格的情绪特征是指个人对自己行为的自觉调节方式和水平方面的个人特点。（ ）

8. 对于性格多疑的消费者，销售人员切忌弄虚作假，欺骗消费者，以免损害自己的形象。（ ）

9. 能力不同的人，其购买行为也往往各具特色。（ ）

10. 识别力的强弱直接影响消费者对产品的感受和评价。（ ）

三、名词解释

感觉　　知觉　　记忆　　角色心理特征

四、简答题

1. 普通心理学包括哪些内容？

2. 消费者的个性心理包括哪些内容？

五、分析题

有一对港商夫妇一起来到广州友谊商店选购首饰，他们对一只 9 万元的翡翠戒指很感兴趣，只因价格昂贵而犹豫不决。这时一旁察言观色的售货员走了过来，她向两位客人介绍说，东南亚某国总统夫人来店时也看过这只戒指，而且非常喜欢，爱不释手，但由于价格太高而没有去买。经售货员这么一说，这对港商夫妇二话没说，当即掏钱买下了这只翡翠戒指。

这对夫妇为什么经过售货员介绍后，毫不犹豫地买下了这只翡翠戒指？试从营销心理学角度分析，简要加以阐述。

六、案例分析题

买伞避邪的启示

2009 年，在南方的某个城市忽然出现了一种奇怪的商业现象：无论下不下雨，大家都纷纷买伞，而且还不止买一把。为什么人们会十把、二十把地买伞呢？有记者带着疑问进行了跟踪报道，了解到原来是这个地区有种说法：买伞能够避邪。记者采访了一些比较冷静的人士，这些人说："这是商家的一种炒作。"

请问： 商家利用的是消费者的什么心理？

实务操作

阅读下面案例，回答相应的问题。

李佳的困惑

李佳：孙总，您好！我是赢仔力纸板有限公司的业务员。我昨天给您打过电话。

孙总：噢……是吗？你叫……？小张吧？

李佳：我是李佳，赵钱孙李的李，佳人的佳。您就叫我小李吧！这是我的名片。

孙总：噢……对，对，我想起来了。坐坐！

李佳：孙总，您的生意越来越火了！

孙总：马马虎虎吧，过得去！

李佳：孙总，您的办公环境挺有品位。这条幅写得真好："书存金石气，室有蕙兰香。"

孙总：过奖了，那可不是我的手笔。

李佳：噢，还是名人写的呢！

孙总：我比较喜欢名人字画，收藏了一些。

李佳：您真会赚钱！现在很多名人字画在市场上的价格越来越高了！

孙总：你弄错了，我可不是为了赚钱。

李佳：对不起，对不起，孙总！我是说好字画价值……不是说您……

孙总：你今天有什么事吗？现在我们已经谈了 5 分钟了，我现在很忙。

李佳：孙总，您心平气和地听我说，我今天给您带来了我们公司的设计方案……

孙总：对不起，小李，别的公司已经给我们设计好了。

李佳：孙总，我们的价格……

孙总：真的不需要，请回吧！

……

请问： 孙总的设计方案真的设计好了吗？他为什么拒绝了小李？请结合你的理解，简要阐述观点。

延伸阅读：8种有营销价值的消费者心理

古人云：上兵伐谋，攻心为上。"心战为上，兵战为下"已成为营销战争的"心经"，而攻心为上，对营销来说关键就在于抓住消费者的心。

从品牌、定位到差异化，从定价、促销到整合营销，都是针对消费者的心理采取行动的。现在的市场营销越来越依赖对消费者心理的把握和迎合，从而影响消费者，最终达成产品的销售。

从国内的市场来看，中国的消费者心理和欧美等国家相比，既有共性，也有特性。以下8种消费者心理在中国具有相当的普遍性，也具备很好的营销价值。

一、面子心理

中国的消费者有很强的面子情结，在面子心理的驱动下，中国人的消费会超过甚至大大超过自己的购买或支付能力。营销人员可以利用消费者的面子心理，找到市场、获取溢价、达成销售。

例如，脑白金利用了中国人在送礼时的面子心理，在城市甚至广大农村找到了市场；TCL凭借在手机上镶嵌宝石，在高端手机市场获得了一席之地，从而获取了溢价收益；在终端销售中，店员往往通过夸奖消费者的眼光独到、产品与消费者的相配性，让消费者感觉大有脸面，从而达成销售。

二、从众心理

从众是指个人的观念与行为由于受群体的引导或压力，而趋向于与大多数人相一致的现象。消费者在很多购买决策上会表现出从众倾向。例如，在购物时，喜欢到人多的商店；在选择品牌时，偏向市场占有率高的品牌；在选择旅游点时，偏向热点城市和热点线路。

以上列举的是从众心理的外在表现，在实际工作中，营销人员还可以主动利用人们的从众心理。例如，在超市中，业务员在陈列产品时故意留有空位，从而给人以该产品畅销的印象；在计算机卖场中，店员往往通过说某种价位及某种配置今天已经卖出了好多套，来促使消费者尽快做出购买决策；在服务提供商行业中，在推广铃声广告时，往往也使用"最流行铃声"做推广语，等等。这些都是在主动利用消费者的从众心理。

三、推崇权威

消费者推崇权威的心理，在消费形态上多表现为决策的情感成分远远超过理智的成分。这种对权威的推崇往往导致消费者对权威所消费产品无理由的选用，并且进而把消费对象人格化，从而达成产品的畅销。

现实中，营销对消费者推崇权威心理的利用，也比较多见。例如，利用人们对名人或明星的推崇，大量的商家找明星做代言、做广告；在IT行业中，软件公司在成功案例中都喜欢列举一些大的或知名的公司的应用；余世维先生说在他的汽车销售店中，曾经以某车为某国家领导人的坐车为卖点，从而让该车销售火爆；在更大的范围内，很多企业都期望得到所在行业协会的认可，或引用专家等行业领袖对自己企业及产品的正面评价。

四、爱占便宜

刘春雄先生说，"'便宜'与'占便宜'不一样"。价值50元的东西，50元买回来，那叫便宜；价值100元的东西，50元买回来，那叫占便宜。中国人经常讲"物美价廉"，其实，真正的物美价廉几乎是不存在的，都是心里感觉的物美价廉。

他进而说道：消费者不仅想占便宜，还希望"独占"，这给商家有可乘之机。例如，女士在服装市场购物，在不还价就不买的威胁之下，商家经常做出"妥协"："今天刚开张，图个吉利，按进货价卖给你算了！""这是最后一件，按清仓价卖给你！""马上要下班了，一分钱不赚卖给你！"这些话隐含如下信息：只有你一人享受这样的低价，便宜让你一人独占了。面对如此情况，消费者鲜有不成交的。除了独占，消费者并不是想买便宜的产品而是想买占便宜的产品，这就是买赠和降价促销的关键差别。

五、害怕后悔

每个人在做决定时，都会有恐惧感，生怕做错决定，生怕花的钱是错误的。按照卢泰宏先生的观点就是购后冲突。所谓购后冲突，就是指消费者购买之后出现的怀疑、不安和后悔等不和谐的负面心理情绪，并引发不满的行为。

通常，贵重的耐用消费品引发的购后冲突会更严重，为此国美电器针对消费者的这个心理，做出"买电器，到国美，花钱不后悔"的广告，并以此作为国美电器的店外销售语。进一步说，在销售的过程中，你要不断地提出证明给消费者，让消费者百分之百地相信销售人员。同时销售人员必须时常问自己，当消费者在购买产品和服务时，要怎样做才能给消费者百分之百的安全感？

六、心理价位

任何一类产品都有一个"心理价位"，高于"心理价位"也就超出了大多数消费者的预算范围，低于"心理价位"会让消费者对产品的品质产生疑问。因此，了解消费者的心理价位，有助于市场人员为产品制定合适的价格，有助于销售人员达成产品的销售。

在IT行业中，无论是软件还是硬件设备的销售，如果你了解到你的下限售价高于消费者的心理价位，那么下面关键的工作就是拉升消费者的心理价位，相反则需要适度提升你的售价。心理价位在终端销售中表现得更为明显。以服装销售为例，消费者在一番讨价还价之后，如果最后的价格还是高于其心理价位，可能最终还是不会达成交易，甚至消费者在初次探询价格时，如果报价远高于其心理价位，就会扭头就走。

七、炫耀心理

消费者的炫耀心理，在消费产品上多表现为产品带给消费者的心理成分远远超过实用成分。正是这种炫耀心理，在中国目前并不富裕的情况下，创造了高端市场，同时利用炫耀心理，在国内企业普遍缺乏核心技术的情况下，有助于获取市场。这一点在时尚产品上表现得尤为明显。

为什么这样说呢？女士都钟爱手提包。一些非常有钱的女士为了炫耀其极强的支付能力，往往会买价值几千元甚至上万元的世界名牌手提包。因此，对消费者来说，炫耀重在拥有或外表。

八、攀比心理

消费者的攀比心理是基于消费者对自己所处的阶层、身份及地位的认同，从而选择所在的阶层人群为参照而表现出来的消费行为。相比炫耀心理，消费者的攀比心理更在乎"有"——你有，我也有。

曾经，MP3、MP4和电子词典的热销并且能形成相当的市场规模，应该说消费者的攀比心理起到了推波助澜的作用。很多产品，在购买前夕，萦绕在消费者脑海中最多的就是，"某某都有了，我也要去买"。在计算机的配置中，也多见学生出于同学们都有的心理，要求父母为自己购买。对营销人员来说，可以利用消费者的攀比心理，出于对其参照群体的对比，有意强调其参照群体的消费来达成销售。

影响消费者购买行为的因素

📖 学习目标

知识目标： 通过本任务的学习，掌握影响消费者购买行为的主要因素，了解各因素对消费者心理的影响，掌握各因素与消费者购买行为的相互关系。

技能目标： 通过掌握各因素对消费者购买行为的影响，制定相关营销心理策略。

CASE 实际案例

为丑女人解愁的时装店

在意大利都灵市有一家很小的时装店，由于竞争激烈，濒临破产。一天，一位跛脚女顾客上门购衣，求购一件能适合其穿又能掩饰其缺陷的服装。时装店经理接下了这笔生意。他根据这位顾客的身材进行详细的计算，设计出一种宽裤裙衫。这位跛脚女顾客一穿，顿觉十分漂亮，行走时由于脚跛，使这件裤裙衫摇曳生姿，不仅淡化了给人跛的感觉，而且使她显出妩媚。这位顾客高兴地说："贵店真是一家为我们消愁的奇物商店。"这家店主则灵机一动，干脆挂出了"解愁时装店"的招牌。跛脚女顾客为商店当了义务宣传员，到处讲她的故事，使本来已有合适时装的顾客纷至沓来。"解愁时装店"名声大噪，专门做起特殊顾客的生意。一位来自德国的女教师，由于身材矮胖，根本无法买到合适的时装，即使能买到一套能穿的衣服也显得十分别扭。她抱着试一试的态度来到此商店。店主热忱地接待了她，并且为她提供5套时装设计方案，并按她的意见修改了几次。这位顾客十分高兴，结果一下子就定做了3套时装。时装做好后，商店又帮顾客寄到德国。这位德国顾客特别高兴，除来信表示感谢外，还介绍了13位德国女顾客前来购衣。店主都能按她们的体型为她们制作合身的时装。

从此，"解愁时装店"便兴旺发达起来，发展成闻名意大利的大公司，但其宗旨仍然不变。店主说："我是靠解愁起家的，更不能忘记帮我起家的需要解愁时装的顾客。"

资料来源：《新点子库》。

? 思考

1. 当地这家小店主为什么会接下跛脚女顾客的生意？店主出于什么考虑？如果不接这笔生意会怎样？

2. 顾客为什么会替解愁时装店介绍生意，并做义务宣传员？

学习档案

情境一　经济因素

> **【导读案例】经济变化在婚礼标配上的反应**
>
> 当下是中国改革开放以来第三次消费结构升级，而每一次升级都彻底改变了中国人的消费习惯。
>
> **第一次消费升级：**"一辆自行车，媳妇娶回家。"在第一次消费升级前，年轻人结婚穿着绿军衣、捧着几本红宝书、对着毛主席像互鞠一躬就结婚了。消费能力一增加，老百姓结婚也开始讲究起来了。这个时期的结婚彩礼钱主要花费在"三转一响"——自行车、缝纫机、手表和收音机。
>
> **第二次消费升级：**"谁家有电视机，谁家就是活动中心。"在20世纪80年代末结婚彩礼的豪华套餐是所谓的"三大件"——电视机、电冰箱和洗衣机。不过有能力提着这些上门的人还比较少，但凡在村里出现，家家户户都得挨个出来围观。
>
> 在随后到来的21世纪第一个十年里增长最快的是教育、娱乐、文化、交通、通信、医疗保健、住宅、旅游等方面的消费，尤其是与IT产业、汽车产业以及房地产业相联系的消费增长最为迅速。于是，年轻人要求的结婚彩礼变成了：房子、车子、票子和保险。
>
> **第三次消费升级：**"要品质更要精致。"2010年后，中产阶层开始崛起，再加上互联网的蓬勃发展彻底改变了中国人的消费习惯和场景。以汽车、住房、保险、教育、旅游等为主导的享乐、发展型消费潮流慢慢形成，"三大件"的说法逐渐退居为历史。人们对于结婚彩礼开始减少了物品化的指标，他们更在意婚礼的形式和内容婚礼布置，如要"三生三世十里桃花主题"的伴手礼！
>
> 资料来源：吴晓波频道。
>
> **请问：**影响婚礼标配的主要因素是什么？

经济因素过去是、今后仍将是制约消费行为的一个基本销售细节因素。在现实生活中，多数消费者在购买满足日常基本消费需求的产品时是理智的，即他们遵循的是"最大边际效用"的原则。也就是说，他们会根据自己的有限收入，根据所获得的市场信息，去购买对自己最有价值的东西。

受经济收入有限性的影响，绝大多数消费者对产品价格反应敏感，对产品的性能和质量（包括产品使用是否方便、耐用，使用效率和服务可靠性等）较为重视。西方经济学家通过大量研究认为，消费需求与产品价格紧密相关，当收入水平不变时，价格上涨，需求量下降；而当价格下跌时，需求量相应提高。西方国家把这种产品价格与需求量之间相反的关系通称为"需求定律"。现实中"物美、价廉"一直是多数消费者购买产品的理想选择标准。作为一个消费者，他的收入总是有限的，面对众多的产品，消费欲望与实际收入的矛盾使得人们每一次购买都很慎重，即在不超出支付能力的限度内，选择一个质量较为理想的产品。因此，消费者的经济状况会强烈影响消费者的消费水平和消费范围，并决定着消费者的需求层次和购买能力。消费者经济状况较好，就可能产生较高层次的需求，购买较高档次的产品，享受较为高级的消费。相反，消费者经济状况较差，通常只能优先满足衣食住行等基本生活需求。

影响消费行为的经济因素主要是社会生产力、社会生产关系、消费者经济收入和产品价格 4 个方面。其中，消费者的经济状况即消费者经济收入是影响消费者行为的最主要的影响因素。

一、社会生产力对消费者行为的影响

由于消费者消费的产品是由生产提供的，生产能够提供什么、提供多少，客观上制约着消费什么、消费多少。生产不仅制约着消费的品种、规格和数量，而且制约着消费的结构。例如，在中国几千年的历史长河中，无论哪个封建帝王不管怎样富有，也不可能有汽车、飞机和电冰箱等物质消费。另外，社会生产力发展水平也制约着人们的消费方式。例如，从原始人茹毛饮血的消费方式到现代人刀叉进餐的消费方式，不能不说是生产力发展的必然结果。

二、社会生产关系对消费行为的影响

在阶级社会中，每个消费者作为一定的社会成员，其经济地位是被社会生产关系所规定的。不同社会经济地位会导致消费者不同的消费行为。在社会主义社会，劳动者的消费具有不再隶属于资本的独立性质，消费增长表现为社会成员共同富裕基础上的消费者消费水平的普遍提高。虽然由于社会生产力所限，由于经济体制的某些不完善限制了社会主义制度优越性的充分发挥，中国目前的消费水平还较低，但绝不能否定劳动者在消费生活中的主人翁地位。这些社会生产关系的差异，在消费者行为中有着本质的、深刻的反映。

三、消费者经济收入对消费行为的影响

由于消费者经济收入是有差异的，又是不断变化的，它必然会影响消费者的消费数量、质量、结构及方式，因此，它影响消费者的消费行为。

（一）消费者绝对收入的变化对消费行为的影响

引起消费者绝对收入变化的主要因素是：消费者工资收入的变化，引起绝对收入的增加或减少；消费者财产价值意外的变化，如突然得到他人赠送、接受遗产、彩票中奖、意外地蒙受灾害、被盗和被窃等带来消费者绝对收入的增减；政府税收政策变化、企业经营状况好坏等造成个人收入的变化，也会导致消费者绝对收入的变化，从而影响消费者的消费品种、数量、结构及方式。

（二）消费者相对收入的变化对消费行为的影响

有时消费者自己的绝对收入没有发生任何变化，但由于他人的收入发生了变化，这种相对收入的变化必然影响消费者的消费行为。例如，不可避免地要比别人减少消费或改变消费结构；也可能模仿收入相对提高的他人而提高自己的消费层次，以致出现相对的超前消费。

（三）消费者实际收入的变化对消费行为的影响

物价、产品价格变化会导致消费者实际收入发生变化，进而导致消费者所购买的产品数量、品种、结构和方式发生相应的变化，即一种产品价格降低会使消费者的实际收入增加，提高消费者实际购买数量。

（四）消费者预期收入的变化对消费行为的影响

消费者总要对未来的收入情况做出一定的预期估计，如果消费者预期到未来收入将比现期收入高，他就可能增加现期的消费支出，甚至敢于借债消费；如果预期到未来收入要降低，他就可能减少现期的消费而增加储蓄。

四、产品价格对消费行为的影响

由于消费者在一定时间内的收入是有限的，同时，可供人们消费的产品也总是以一定价格形式出现在市场上，因此，消费者为了满足消费需求，必须根据自己的收入状况，根据不同产品的价格水平，在各种产品中进行选择。人们预期未来价格不会发生很大的变化或会以某种固定幅度变化，就不会发生因物价上涨而采取的抢购行为。一般来说，价格越高，消费者数量呈减少态势；反之，价格越低，消费者数量呈增加态势。但这种现象并不是绝对的。

情境二　心理因素

【导读案例】威力洗衣机曾经在市场上有比较高的占有率，"威力洗衣机，献给妈妈的爱"这句广告语家喻户晓。在广告设计中，在城里工作的女儿回到家乡，年迈的母亲在小河边洗衣服，女儿将洗衣机抬出来，妈妈露出了笑容。本是一则温情的广告，但是威力洗衣机在推出广告之后市场占有率却下降了。经过调查得知，原来很多消费者以为威力洗衣机是特意为农村环境设计的，所以放弃了购买意愿。

请问：案例中"妈妈"们的需求在哪个需求层次？

消费者心理是消费者在满足需求活动中的思想意识，它支配着消费者的购买行为。影响消费者购买的心理因素有需求、动机、个性、自我概念和生活方式等。

一、需求

影响消费者行为的根本原因是需求。需求与刺激都是动机产生的条件，而需求是最基础的。消费需求包含在人类一般需求之中，体现为消费者对以产品和劳务形式存在的消费品（消费资料）的直接需求。消费者行为不仅来源于人类一般需求，而且带有消费需求的基本特征。在社会生产、科学技术和文化艺术日益发展的今天，消费者希望提高物质和文化生活水平的各种心理需求也不断产生。

（一）需求的本质及分类

1. 需求的本质

需求是指有机体在内外条件的刺激下，对某些事物希望得到满足时的一种心理紧张状态。它是有机体自身和外部生活条件的要求在头脑中的反映。它通常以缺乏感和丰富感被人体验。形成需求必须同时满足两个条件：一是个体缺乏某种东西，确有所需；二是个体期望得到这种东西，确有所求。人的每种本质活动的特征、每种生活本能都会成为人的一种需求。而消费者的需求，在产品经济条件下，表现为购买产品或劳务的欲望或愿望。

2. 需求的种类

（1）生理性需求和社会性需求

1）生理性需求基于消费者的生理本能。"民以食为天"，衣、食、住是人类最基本的物质需求，是维持和延续生命不可缺少的物质。人的这种需求如果在相当长的时间里得不到满足，人就会死亡或不能繁殖后代。

其特点是：以从外部获得一定的物质为满足；多见于外表，容易被人察觉；有一定限度。人和动物都有此需求，本质的区别在于：人是在劳动中不断产生和满足自己的需求，而动物只是依赖现成的天然物来满足需求。

2）社会性需求是在进行社会生产和社会交往过程中形成的，是人类所特有的。例如，对交通、通信和工具的需求，对饰品、艺术品和接受高等教育的需求。社会性需求因社会历史发展的不同、经济和社会制度的不同、民族的风俗习惯和行为方式的不同，而有明显的个别差异。这类需求也是人的生活所必需的。如果人的这类需求得不到满足，虽不会像生理性需求得不到满足会导致死亡那样，但是人会因此而产生痛苦和忧虑等情绪。

其特点是：不是由人的本能决定的，是后天学习获得的，是由社会条件所决定的；它往往蕴藏于一个人的内心世界，不容易被人察觉；从人的内在精神方面获得满足；弹性限度很大。

（2）物质需求和精神需求

1）物质需求指向社会的物质产品，并以占有这些产品而获得满足，如对工作和劳动条件的需求、对日常生活必需品的需求等。

2）精神需求指向社会的各种精神产品，并以占有某些精神产品而得到满足，如美的需求、交往需求、道德需求和劳动需求等。精神需求在人的社会生活中占有重要作用。

上述分类并非截然分开，而是相互交叉的。例如，饥则食是自然需求，但按其指向对象又是物质需求。社会文化需求按其指向对象而言，可能是精神需求，也可能是物质需求。物质需求与精神需求也有密切联系。人们在追求美好的物质产品时，同样表现出来某种精神需求。精神需求的满足也离不开一定的物质条件。

把人的需求进行分类，只具有相对的意义。人们精神需求的满足离不开物质需求的保证，对服饰爱美的需求就要有美的时装和精工的首饰作为前提，同时物质需求又渗透着精神需求，穿衣不光是为了御寒或蔽体，还包含对衣服的颜色、款式、质地和品牌的追求，体现美的需求。人的生理性需求也要依赖一定的文化条件来满足。了解上述多种需求的密切关系，对提倡文明经商、礼貌待客、满足消费者的各种需求是十分重要的。

（二）需求层次理论

人的需求多种多样，但是各种需求不是孤立存在的，而是彼此联系的，是一个统一完整的需求结构。美国心理学家马斯洛提出的需求层次理论，被认为是力图回答这些问题较全面、系统的一个理论。

1. 需求层次理论的基本内容

马斯洛在 1943 年所著的《人的动机理论》中提出，人的一切行为都是由需求引起的，他把需求分为 5 个层次（见图 3.1）：生理需求、安全需求、社交需求、尊重需求和自我实现需求，5 种需求是按序逐级上升的。前三者属于低层次的需求，后两者属于高层次的需求。一个人只有当低层次的需求获得满足后，高层次的需求才会产生。例如，荒岛上的鲁滨孙在孤立无援的境地下，最

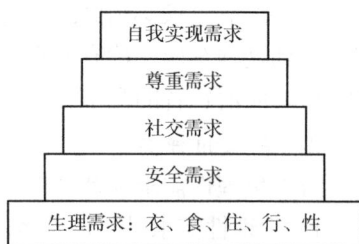

图 3.1　需求层次理论

先考虑食物和水的需求，再考虑建立一个避身之处，然后积累食物和水以备日后之需；其后找一个土著的星期五，指挥他干活，四处活动了解环境，闲暇时欣赏海上日落，做一些陶艺品；最后显示自己存在的价值，在岛上建立一个属于自己的"自由王国"。

马斯洛还揭示了低、高两层次需求的关系。一般来说，当低层次需求获得满足以后，就失去了对行为的刺激作用。这时追求更高层次的需求就成为驱使行为的动力。当人们进入高层次的精神需求以后，往往会降低对低层次需求的要求。例如，成就需求强烈的人，往往把成就看得比金钱更重要，只是把工作中取得的报酬看成衡量自己的进步和成就大小的一种标志；事业心强，有开拓精神，能埋头苦干并敢于承担风险。

2. 需求层次理论对消费者的影响

马斯洛的需求层次理论虽然是管理科学的理论基础，但它对营销人员理解消费者需求结构也是有帮助的。通过需求层次理论，营销人员可以看出消费者的任何消费行为总是为了满足某一层次的需求。这些需求包括对物质需求和精神需求的满足。在满足消费者物质需求方面，产品生产者和服务提供者要最大限度地提高产品和服务质量，生产出具有更大使用价值的产品，持久地满足消费者的生理需求和安全需求，减少消费者在购物中的风险，从而在消费者心中建立长期而牢固的信赖感。在满足消费者精神需求方面，要适应消费者社交、尊重和自我实现的需求，在产品的款式、包装和价格上，充分显示消费者的身份和地位。用以馈赠，能充分表达人与人之间的情感程度；自我使用，能体现使用者的社会地位和经济状况，从而获得他人的尊重。

（三）消费需求的基本特征

1. 多样性

由于不同消费者在年龄、性格、工作性质、民族传统、宗教信仰、生活方式、生活习惯、文化水平、经济条件、兴趣爱好和情感意志等方面存在不同程度的差异，因此消费者心理需求的对象与满足方式也是纷纭繁杂的，对主导需求的抉择是不一致的。例如，同样解决饥饿问题，由于个人收入、消费观念不同，有些人在家解决，有些人去小饭店进餐，

还有些人去一些豪华场所去享用。又如，在满足基本物质需求的前提下，青年知识分子在结婚时一般有购置写字台、书橱的习惯，而青年工人结婚较少购置这些家具，代之以装饰橱和梳妆台。再如，青年人喜欢电影、舞蹈这种现代化的艺术形式，而大多数老年人则偏爱的是地方戏。

企业面对消费者千差万别、多种多样的需求，应根据市场信息和自身能力确定市场目标，尽可能向消费者提供丰富多彩的产品类型。如果能以"百货迎百客"、巧调众口，同时重视倡导符合国情、文明健康的消费观念和消费形式，消费者需求的多样性才有可能实现。

2．发展性

消费需求的内容，从静态分布上看就是多样化，从动态观点上看就是由低到高、由简到繁、不断向前推进的过程。随着产品经济的发展和精神文明的提高，心理需求会不断地产生新的对象。消费者对某种需求一旦满足以后，就不再受该种需求激励因素的影响，而渴望并谋求其他更高层次的需求，并不断向新的需求发展。

就不同需求来说，当某种需求获得某种程度满足后，另一种新的需求又产生了。任何时候都不可能有绝对的满足。从这个意义上说，需求是永无止境的。消费需求是随社会的发展而发展的。

企业认识到消费需求的这一特征，在生产经营中须以消费需求发展的程度和趋势为标准，提供性能更好、质量更高、成本更低和用途更多的产品。如果产品的款式和功能几年、十几年甚至几十年一贯制，就阻碍了消费需求的正常发展。

3．可诱导性

消费者决定购买什么样的消费品、采用何种消费方式、怎样消费，既取决于自己的购买能力，又受到思想意识的支配。周围环境、社会风气、人际交流、宣传教育和文学艺术等，都可以促使消费者产生新的需求。或由一种需求向另一种需求转移，或由潜在需求变成现实需求，或由微弱欲望变成强烈欲望。因此，消费需求可以因引导、调节而形成，也可以因外界的干扰而消退或变换。例如，一般人都喜食新鲜活鱼，讨厌冷冻鱼，而科普文章摆出道理，说明合理冷冻的鲜鱼的食用价值不低于未经冷冻的鲜鱼，这就打消了消费者的顾虑。又如，一个时期，中国领导人倡导服装的新颖、鲜艳，要求改变过去的沉闷局面，还提倡人们穿西装。这些倡导加上服装部门的配合，使中国人民的衣着习惯发生变化。可见，消费需求的可诱导性是确实存在的。

企业不仅应当满足消费者需求，而且应当启发和诱导消费者需求，即通过各种有效的途径，用科学的价值观、幸福观和消费观引导消费者需求的发展变化，使其日益合理化，改变落后的消费习惯，使物质消费与精神消费协调统一，逐步达到消费结构和需求结构的优化。

4．重复性

每个消费者的一些需求在获得满足后，在一定时间内不再产生。但随着时间的推移还会重新出现，显示周而复始的特点。不过，这种重复出现的需求，在形式上总是不断翻新的，也只有这样，需求的内容才会丰富和发展。例如，女性头巾多少年来总是在长形、方形和三角形的式样间变化；皮鞋总是在方头、圆头、尖头、平跟、中跟和高跟之间翻来覆去地变花样。这种周期性往往和生物有机体的功能及自然界环境变化的周期相适应，也同产品寿命、社会风尚、购买习惯、工作与闲暇时间、固定收入获得时间等相关联。因此，研究周期性对企业加强生产、经营的计划性有重要意义。工商企业可以根据需要周期的发展变化规律，安排好包括产品种类、销售时间、销售方式、销售对象及销售地点等在内的产、供、购、销、调和存。

一般而言，精神产品往往不具备重复消费的周期规律，尽管旅游可以"故地重游"，读书可以"爱不释卷"，但精神产品的生产不宜重复和仿造，否则就会滞销。例如电影，如果都是一个题材，且演员形象雷同、导演手法雷同、情节内容雷同，消费者（观众）就会感到乏味了。

5. 伸缩性

伸缩性表现在消费者对心理需求追求的高低层次、多寡项目和强弱程度。在现实生活中，消费者的需求尤其是以精神产品满足的心理需求，具有很大的伸缩性，可多可少，时强时弱。当客观条件限制了需求的满足时，需求可以抑制、转化和降级，可以滞留在某一水平上，也可以是以某种可能的方式同时或部分地兼顾满足几种不同性质的需求。在有些情况下，人还会只满足某一种需求而放弃其他需求。例如，处于紧张工作状态中的职员，为了能更好地完成工作任务，放弃了看电影、电视、小说，打球及休息的需求。

消费者需求的伸缩性是人们用于解决"需求冲突"的适应性行为。工商企业在进行生产和经营时，必须从中国消费者当前的实际消费水平和民族消费历史、消费习惯的特点出发，注意将满足物质需求和精神需求两方面有机地结合起来。

6. 时代性

消费者的心理需求还会受时代风气、环境的影响，时代不同，消费者的需求和消费习惯也会不同。不甘落后于时代，随周围环境变化而变化是一般人常有的心理特征。随着改革开放的进行，部分地区和个人先富起来了。中国部分城乡居民的消费，在 20 世纪 50 年代主要追求"吃饱穿暖"；在 80 年代中期到 90 年代，"吃讲营养，穿讲漂亮，住讲宽敞，用讲高档"则成了社会上消费心理的新动向。

（四）消费者需求的基本内容

根据消费者购买产品或服务时所希望获得的满足，可以把消费者需求的基本内容概括为以下 6 个方面。

1. 对产品基本功能的需求

产品基本功能是指能满足消费者某种需求的物质属性。它是产品被生产和销售的基本条件，也是消费者需求的最基本内容。大多数产品需要具有一定的功能，即能给消费者带来一定的使用效果，否则，这个产品对消费者来说就可能不具有任何价值。例如，冰箱冷冻或保鲜食品的功能；手表的防水、防震、防磁和走时准确的功能。这些功能常以技术标准方式表述。因此，消费者需要产品质量达到技术标准规范的要求。然而，有许多产品的功能无法用技术标准表述，如味美、手感之类的特性，此类特性应以满足消费者需求与适用为依据。

2. 对产品安全性的需求

消费者要求产品在购买、使用和处置的过程中不会对自己的身体、财产造成任何的伤害。对一些生态意识较强的消费者来说，其对产品安全性的需求还包括产品在生产、营销和消费的过程中不对环境造成损害或有利于环境的保护。例如，蔬菜中过高的化学农药成分、化妆品中过高的激素含量、儿童玩具中易被误食的小部件等，都是一些不安全因素。各类产品均应符合国家有关安全的规定，确保使用者安全使用。

3. 对产品便利性、经济性的需求

便利性是指企业在消费者购买、使用过程中尽可能地为消费者提供方便，减少消费者在时间、精力和体力等方面的付出。由于对便利性需求的存在，当产品或服务在价格、质量等其他条件相同的情况下，消费者总是会选择那些能提供更大便利性的供应商、产品或服务。甚至在有些条件下，消费者还可能为了便利而放弃其他方面的利益。经济性是指产品从设计、制造到使用整个产品寿命周期中的成本尽可能低。消费者不仅希望买到价格低廉的产品，也希望在使用过程中尽可能降低使用费用。例如，希望洗衣机能节水，空调能节电，等等。

4. 对产品审美功能的需求

对产品审美功能的需求表现为消费者对产品在工艺设计、造型、色彩、装潢和整体风格等方面审美价值上的要求。对美好事物的向往和追求是人类的天性，它体现于人类生活的各个方面。在消费活动中，消费者对产品审美功能的要求，同样是一种持久的、普遍存在的心理需要。在消费心理学审美需求的驱动下，消费者不仅要求产品具有实用性，同时要求产品具有较高的审美价值；不仅重视产品的内在质量，而且希望产品拥有完美的外观设计，即实现实用性与审美价值的统一。但是，由于价值观念、社会地位、生活背景、教育修养、职业和个性等方面的差异，不同的消费者往往会具有不同的审美观和审美标准。每个消费者都是按照自己的审美观和审美标准来认识和评价产品的，因而对同一产品，不同的消费者会得出不同的审美结论。

5. 对产品情感功能的需求

许多时候，有些消费者还会要求所购买的产品具有浓厚的感情色彩，能够体现个人的情绪状态，成为人际交往中感情沟通的媒介，并通过购买和使用产品获得情感的补偿、诉求和寄托。

6. 对产品象征性的需求

每个人都有自己的价值观和追求，产品具有象征性才能用来帮助人们表达他们个人的价值观和追求。

需求是决定销售和消费的力量。熟悉和掌握消费者的心理需求，对于了解社会消费现象、预测消费趋向，以便在产品生产和产品经营中进行精心的产品设计和周到的销售服务，以及对于促进营销活动的作用是不可低估的。人的需求心理活动是永远不会停止的，因而需求也是永远不会得到满足的。认识到这一点对于市场营销十分重要，因为消费者的需求不满足的状态是经常存在的，而且从市场学的角度看，消费者的需求不满足正是市场策略制定的第一步。

二、动机

人们所从事的任何活动都是由一定的动机所引起的，消费者的任何购买行为也总是受一定的购买动机所支配的。消费者的动机是十分复杂和多样的，并按照不同的方式组合、交织在一起，相互作用、相互制约，构成各种各样的动机体系，指导、激励和制约着消费者沿着一定的方向行动。营销厂家要想探知消费者的心理、分析消费者的购买行为，必须研究是什么动机促使消费者产生了一系列购买行为。

（一）动机的本质

在普通心理学中，动机是指个体所具有的推动其实际活动以满足其欲望和需求的内驱力，即寻求满足需求目标的内在动力。在消费心理学中，把能够引导人们购买某一产品、选择某一商标、劳务或选择某一货币支出投向的动力，称为购买动机。由此可以看出，动机的产生与需求密切相关，需求产生动机。消费者购买动机是消费者内在需求与外界刺激相结合使主体产生一种动力而形成的，而动机的存在是推动消费者购买行为产生的动因。

（二）购买动机的形成

消费者购买动机产生的原因不外乎内因和外因，即消费者的内部需求和外部诱因。

1. 内部需求

个体正常生活的某个方面出现"缺乏"，就会产生"需求"。当这种需求被个体意识到之后，他的整个能量便会被动员起来，有选择的指向可以满足需求的外部对象，于是"动机"出现了。

消费者的动机与需求的关系极为密切，它们都是购买行为的内在因素，是达到满足需求的行为动力。当消费者产生了某种消费需求时，心理上就会产生紧张情绪，成为一种内在的驱动力，即产生动机。

有了动机，就要选择或寻找目标。当目标找到后，就进行满足需求的活动。行为完成的过程，就是动机和需求不断得到满足、心理紧张状态不断消除的过程。然后，又会有新的需求产生，新的动机形成，新的行为活动开始，如此周而复始。这个过程可概括为：刺激（作为诱因）→感受到不均衡→引起（生理、心理）紧张→产生需求→形成动机（欲望）→满足需求。

2. 外部诱因

在现实消费中，并不是所有动机都是由需求这种内部刺激产生的。例如，某消费者路过某商场，看见不少人正在争购一种市面上流行的面料，于是他也挤上去买了一块。又如，有时引起人食欲的，并非是饥饿，而是美味佳肴的色、香和味。消费心理学把这种能够引起个体需求或动机的外部刺激（或情境）称作诱因。"诱因论"在商业活动中有着重大意义，但诱因毕竟只是消费者动机的外因，它终究还要通过消费者的内因——需求起作用。然而，并不是所有需求都会作为消费者的内因被消费者意识到，在这种情况下，营销服务人员必要的提示就显得很重要。

商业上的提示有各种各样的方式：可以口头提示，即面对面向消费者做介绍；也可以通过各种广告媒体的提示；而最强烈的提示是产品本身的展示。许多有经验的商家经常要举办各种类型的产品展评会或展销会，其心理根据就在于此。在展销会上，一些消费者本来只是抱着参观的态度而来，可是当他看到某种合意的新产品时，便会踊跃购买。尤其是当对新产品投放市场能否打开局面没有把握时，采用各种方法来进行"提示"的作用是很大的。

从上面分析可知，消费者购买动机产生的原因有内部需求和外部诱因两类。没有动机作为中介，购买行为不可能发生，消费者的需求也不可能得到满足。因此，动机及其成因与行为这三者之间的关系为：内部需求和外部诱因产生购买动机，购买动机产生购买行为，购买后使用评价又产生内部需求和外部诱因。

案例 3-1

圣诞节就要到了，大多数商店里门庭若市、热闹非凡。但是位于美国曼哈顿第五大街的毕坚商店，却重门深锁，偌大的店里只有一个顾客在选购，因为它一次只接待一位顾客。当顾客入店后，店门就对别的顾客关上。如此违背商规的做法，叫人不可思议。但是毕坚商店这么做自有它的精明之处。原来曼哈顿第五大街是世界上富贾巨商云集之地，毕坚商店的经营策略就是以这些富豪们为经营目标，以适应和满足这些世界富豪们的虚荣心。当然，这里的产品也贵得令人咋舌，一瓶香水标价 1 500 美元，一件衣服 2 200 美元，一套床罩 94 000 美元。可想而知，它的利润也高得惊人，所以它一次只接待一位顾客却比别的商店接待几十、几百位顾客的获利还多。

事实证明，毕坚商店的经营策略是成功的，到目前为止，全世界 50 多个国家和地区的富豪、王公贵族都来毕坚商店"潇洒"过，美国总统里根、西班牙国王卡洛斯、约旦国王侯赛因和一些著名艺人都曾光顾过毕坚商店，他们一般都不会空手离开这家象征着身份和地位的商店。

请问： 案例中影响消费者购买的因素是什么？商家如何根据自己的情况制定策略？

三、个性、自我概念和生活方式

个性是个体在多种情境下表现出来的具有一致性的反应倾向，它对于消费者是否更容易受他人的影响，是否更倾向于采用创新性产品，是否对某些类型的信息更具有感受性等均有一定的预示作用。自我概念是自己对自身的情感和看法，而生活方式是个体如何生活，后者实际是前者的外在表现和反映。

（一）消费者的个性

个性是在个体生理素质的基础上，经由外界环境的作用逐步形成的。个性的形成既受遗传和生理因素的影响，又与后天的社会环境尤其是童年时的经历具有直接关系。

1. 个性的概念

（1）个性的含义

个性有时也称人格，是指决定和折射个体如何对环境做出反应的内在心理特征。内在心理特征包括使某一个体与其他个体相区别的具体品性、特质和行为方式等方面。正如后面所要看到的，构成个性的这些心理特征不仅会对产品选择产生影响，而且会影响消费者对促销活动的反应及何时、何地和如何消费某种产品或服务。

（2）人的个性具有多方面的特点

首先，个性既反映个体的差异性，又反映人类、种族和群体的共同心理特征。人心不同，各如其面。

其次，个性具有一致性和稳定性。

最后，个性并非完全不可改变。生活中的某些重大事件，如小孩的出生、亲人的失去和离婚等都可能导致个性的改变。

2. 个性与消费者行为

（1）运用个性预测消费者行为

大多数个性研究是为了预测消费者的行为。心理学和其他行为科学关于个性研究的丰富文献促使营销研究者认定，个性特征应当有助于预测品牌或店铺偏好等购买活动。20世纪50年代，美国学者伊万斯试图用个性预测消费者是拥有福特汽车还是雪佛莱汽车。他将一种标准的个性测量表分发给福特车和雪佛莱车的拥有者，然后对收集到的数据用判别分析法进行分析。结果发现，在 63%的情形下，个性特征能够准确地预测实际的汽车所有者。由于在随机情况下这一预测的准确率只能达到 50%，所以个性对行为的预测力并不是很大。伊万斯由此得出结论，个性在预测汽车品牌的选择上价值较小。

几个后续研究虽然发现了关于个性与产品选择和使用之间存在相关关系的证据，但个性所能解释的变动量是很小的。迄今为止，即使是在颇具结论性的研究中，个性所能解释的变动量也不超过 10%。个性对行为只有较小的预测力，实际上并不奇怪，因为它只是影响消费者行为的众多因素中的一个因素而已。即使个性特征是行为或购买意向的有效预示器，但能否据此细分市场还取决于很多条件。

（2）品牌个性

品牌个性是品牌形象的一部分，它是指产品或品牌特性的传播，以及在此基础上消费者对这些特性的感知。现在，越来越多的研究人员开始摒弃那种认为个性特征对消费者决策行为造成影响的假设，相反认为具体的品牌具有激发消费者一致性反应的作用。

对品牌可以从三个方面考查：一是品牌的物理或实体属性，如颜色、价格和构成成分等。二是品牌的功能属性。三是品牌的个性，即消费者对品牌是新潮还是老气，是沉闷还是富有活力，是激进还是保守等方面的评价和感受。品牌的个性无疑具有一定的主观性，然而它一旦形成就会与其他刺激因素共同作用于信息处理过程，使消费者得出这一品牌适合我或不适合我的印象。品牌个性不仅使其与其他品牌相区别，而且具有激发情绪和情感，为消费者提供无形利益的功效。

📖 案例 3-2

20 世纪 70 年代初，西方的女士们刻意追求和表现自己独特的个性，法国露华浓香水公司率先推出一种"查理"香水，并在情感上宣扬其"个性化"，标榜为世界上第一种"社会方式"型香水，其护肤功能根本不提。"查理"香水的香味优雅独特，包装别致。女士们为体现自己的个性争相抢购，供不应求。该品牌香水持续促销直到 70 年代末，创造了同种品牌香水促销的时间纪录。因为 70 年代末，女士们的情感又转移到女性化。露华浓香水公司又研制生产出"琼特"香水，尽力突出其"女性化"特点，再次受到女士们的青睐。露华浓香水公司跟着女士们的感觉走，紧紧抓住女士们情感变化的需求，连续不断地推出新品牌香水，始终执着西方社会香水生产销售的牛耳，获利巨丰。该公司已成为不仅是法国，也是世界有名的大型化妆品生产企业。

此案例利用了个性这一情感变化因素。

请问： 品牌个性如何影响消费？

（二）消费者的自我概念

消费者的自我概念或自我形象与前面介绍的个性有紧密的联系。

1. 自我概念的含义

自我概念是个体对自身一切的知觉、了解和感受的总和。每个人都会逐步形成关于自身的看法，如是丑是美，是胖是瘦，是能力一般还是能力出众等。自我概念回答的是"我是谁？"和"我是什么样的人？"一类问题，它是个体自身体验和外部环境综合作用的结果。一般认为，消费者将选择那些与其自我概念相一致的产品与服务，避免选择与其自我概念相抵触的产品和服务。正是在这个意义上，研究消费者的自我概念对企业特别重要。

2. 自我概念的内容

自我概念是由反映评价、社会比较和自我感觉三部分构成的。

（1）反映评价

反映评价是人们从他人那里得到的有关自己的信息。如果年轻的时候得到了肯定的评价，就会有一个良好的自我概念。如果这种评价是否定的，自我概念就可能感到很糟糕。

（2）社会比较

在生活和工作中，人们往往与他人比较来确定衡量自己的标准，这就是在做社会比较。无论什么人从出生到长大、从家庭到社会、从学习到工作，都是在社会比较中发展和充实自我概念的。

（3）自我感觉

年少时，对自己的认识大多来自人们对你的反应。然而，在生活的某一时刻，你开始用你自己的方式来看待自己，这种看待自己的方式称为自我感觉。如果从成功的经历中获得自信，自我感觉就会变得更好，自我概念就会改进。

3. 自我概念与产品的象征性

在很多情况下，消费者购买产品不仅仅是为了获得产品所提供的功能效用，而且要获得产品所代表的象征价值。购买"劳斯莱斯"和"宝马"对购买者来说，显然不是购买一种单纯的交通工具。一些学者认为，某些产品对拥有者而言具有特别丰富的含义，它们能够向别人传递关于自我的很重要的信息。贝尔克用"延伸自我"这一概念来说明这类产品与自我概念之间的关系。贝尔克认为，延伸自我由自我和拥有物两部分构成。换句话说，人们倾向于根据自己的拥有物来界定自己的身份。某些拥有物不仅是自我概念的外在显示，同时也是自我身份的有机组成部分。从某种意义上，消费者是什么样的人是由其使用的产品来界定的。如果丧失了某些关键拥有物，他就成为不同于现在的个体。

那么，哪些产品最有可能成为传递自我概念的符号或象征品呢？一般来说，成为象征品的产品应具有三个方面的特征。第一，应具有使用可见性。也就是说，它们的购买、使用和处置能够很容易被人看到。第二，应具有变动性。换句话说，由于资源禀赋的差异，某些消费者有能力购买，而另一些消费者则无能力购买。如果每人都可拥有一辆"奔驰"，这一产品的象征价值就丧失殆尽。第三，应具有拟人化性质，能在某种程度上体现一般使用者的典型形象。例如，汽车和珠宝等产品均具有上述特征，因此，它们很自然地被人们作为传递自我概念的象征品。

（三）消费者的生活方式

关于生活方式的说法很多。简而言之，生活方式就是人如何生活。具体来说，它是个体在成长过程中，在与社会诸因素交互作用下表现出来的活动、兴趣和态度模式。个体和家庭均有生活方式。虽然家庭生活方式部分地由家庭成员的个人生活方式所决定，但反过来，个人生活方式也受家庭生活方式的影响。

研究消费者的生活方式通常有两种途径。一种途径是研究人们一般的生活方式，另一种途径是将生活方式分析运用于具体的消费领域如户外活动，或与公司所提供的产品、服务最为相关的方面。在现实生活中，消费者很少明确地意识到生活方式在其购买决策中所起的作用。例如，在购买登山鞋和野营帐篷等产品时，很少有消费者想到这是为了保持其生活方式。然而，追求户外活动和刺激生活方式的人可能不需多加考虑就购买这些产品，因为这类产品所提供的利益与其活动和兴趣相吻合。

情境三　文化因素

【导读案例】按照美国的标准，巴西在早餐谷物类食品和其他早餐食品方面蕴藏着巨大商机。巴西约有 1.5 亿人口，年龄分布状况也显示出早餐麦片有巨大的消费潜力，因为 20 岁以下的人口占总人口的 48%。在评估这个市场时，凯洛格公司还注意到一个引人注目的有利因素：几乎没有任何直接的竞争对手。

令人遗憾的是，缺乏竞争是由于巴西人不习惯美国式的早餐。因此，凯洛格公司及其广告代理商智威汤逊公司面临的最主要的营销任务是如何改变巴西人的早餐习惯。

凯洛格决定在巴西十分流行的电视连续剧《Novelas》中插播广告。广告画面是一个小男孩津津有味地吃着从包装袋里倒出来的麦片。在显示产品味道极佳的同时，该广告将产品定位于一种小吃而不是早餐的一部分。由于市场反应冷淡，这一广告片很快被撤了下来。

对巴西文化的分析显示，巴西人家庭观念极强，而且大男子主义观念根深蒂固。所以，在随后设计的广告节目中，集中表现父亲将麦片倒入碗中并加上牛奶的家庭早餐场面。较之第一个广告片，这一广告片比较成功，麦片销售量增加了，凯洛格占有了 99.5% 的市场份额。

请问：跨地区销售的技巧有哪些？应注意哪些因素？

一、文化

（一）文化的含义及特点

1. 文化的含义

一般来说，文化有广义与狭义之分。广义文化是指人类所创造的一切物质财富和精神财富的总和；狭义文化是指人类精神活动所创造的成果，如哲学、宗教、科学、艺术和道德等。在消费者行为研究中，由于研究者主要关心文化对消费者行为的影响，所以将文化定义为一定社会经过学习获得的、用以指导消费者行为的信念、价值观和习惯的总和。依据这一文化定义，就容易理解，对一定社会各种文化因素的了解将有助于营销人员提高消费者对其产品的接受程度。

2. 文化的特点

（1）文化的习得性

一种文化，不是存在于人体的基因之中遗传下来的，而是通过人们学习而得到的。例如，中国人现在的礼服西装，就是学习借鉴西方服装文化的结果；日本人喜爱喝酱汤的习俗则是从中国文化中汲取的。当外来文化为本民族或群体成员普遍接受时，就自然而然地变成了本民族或群体世代相传的本质特征。

（2）文化的适应性

文化不是静止不变的，而是不断变化的。尽管文化变化通常十分缓慢，然而文化确实会随着环境变化而变化。当一个社会或群体面临新的问题和机会时，人们的价值观、行为方式、生活习惯和兴趣等就可能发生适应性改变，形成新的文化。20世纪初期的几十年，在西方人的文化意识中，节省时间的观念并不重要，追求悠闲、享乐、安逸和舒适是许多人的信念。但近几十年，随着产品经济的高度发展和工业化程度的不断提高，人们越来越关心如何节省时间和如何使生活过得更有成效。在节省时间和提高工作效率的新观念支配下，更多的人开始接受方便、省时的产品或服务（如速溶饮料、快餐食品、快速加热设备和邮政快递等），也更愿意到效率高的商店去购物。

（3）文化的群体性

文化是特定社会群体的成员所共同具有的。每个民族或国家、每个城市、每个企业乃至每个部落和每个家庭，都会形成各自的文化，从而相应地有民族文化、城市文化、企业文化、部落文化和家庭文化等。就民族文化而言，每个民族在其繁衍和发展中都会形成自己民族独特的语言、文字、仪式、风俗、习惯、性格、传统与生活方式。

（4）文化的社会性

文化的社会性在于它满足并适应社会需要。文化通过提供行为准则和规范而维持社会的秩序。某一社会或群体越是坚持某种价值准则，集体对违反这种价值准则的成员进行惩罚的可能性就越大。文化还通过提供基本价值观告诉人们什么是对的、什么是好的和什么是重要的；人们也需要知道什么是对的、什么是错的、什么是被期望的，以及在各种不同情势下应该做什么和不应该做什么。因此，文化是满足社会存在和发展需要的重要因素。

（二）文化对消费者行为的影响

每个人都生存于一定的文化环境之中，文化是人类需求和行为的最基本的决定因素。

文化的差异引起消费行为的差异，表现在物质和文化生活的各个方面。特定的社会文化必然对每个社会成员发生直接或间接的影响，从而使社会成员的价值观、生活方式和风俗习惯等方面带有该文化的深刻烙印。虽然文化不能直接支配消费者的需求，但是可以影响满足需求的形式和内容。

二、亚文化

（一）亚文化的含义及分类

1. 亚文化的含义

亚文化是一个不同于文化类型的概念。所谓亚文化，是指某一文化群体所属次级群体的成员所共有的独特的价值观、生活方式和行为规范。因此，根据各亚文化群体所表现出来的不同需求和消费行为，营销人员可以选择这些亚文化群体作为自己的目标市场。

2. 亚文化的分类

亚文化有许多不同的分类方法。目前，国内外营销学者普遍接受的是按民族、宗教、种族和地理划分亚文化的方法。

（1）民族亚文化

几乎每个国家都是由不同的民族所构成的。不同的民族都会有其独特的风俗习惯和文化传统。尤其是我国，各民族都有自己传统的宗教信仰、消费习俗、审美意识和生活方式。例如，朝鲜族人喜食狗肉、辣椒，喜欢穿色彩鲜艳的衣服，群体感强，男子的地位比较突出；蒙古族人的习惯则是穿蒙古袍，住帐篷，吃牛羊肉，喝烈性酒，在汉族人看来腥味重、难以入口的奶茶，对蒙古族人却是生活中不可缺少的美味饮品。由此可见，民族亚文化对消费者行为的影响是巨大的、深远的，也是营销人员不容忽视的。

（2）宗教亚文化

不同的宗教群体，具有不同的文化倾向、习俗和禁忌。例如，中国有佛教、道教、伊斯兰教、天主教和基督教等，这些宗教的信仰者都有各自的信仰、生活方式和消费习惯。宗教因素对于企业营销有着重要意义。例如，宗教可能意味着禁用一些产品，虽然这种禁忌限制了一部分产品的需求，但往往又会促进替代产品的需求。伊斯兰教徒对含酒精饮料的禁忌，使碳酸饮料和水果饮料成了畅销品；牛奶制品在印度教徒、佛教徒中很受欢迎，因为他们当中很多人是素食主义者。又如，宗教也可能意味着与一定宗教节假日相联系的高消费期（基督教的圣诞节）。对企业来说，宗教节假日是销售产品的良好时机。

（3）种族亚文化

白种人、黄种人和黑种人都各有其独特的文化传统、文化风格和态度。他们即使生活在同一国家甚至同一城市，也会有自己特殊的需求、爱好和购买习惯。例如，在美国，黑人文化和黑人市场对企业营销者来说就是绝不容忽视的。黑人消费者在美国是增长最快的细分市场之一。黑种人具有与白种人不同的人口统计特征，他们在购买的产品和品牌、购买行为、支付的价格、选择的媒体等方面都有显著的差异。就购买的产品来看，美国黑种人在衣服、个人服务和家具上的支出比例比美国白种人要高得多。白种人在医疗服务、食物和交通上的花费更多。黑种人对橘子汁、大米、软饮料和速食土豆的消费量也要高得多。

（4）地理亚文化

由于自然状况和社会经济历史发展的结果，地理上的差异往往导致人们消费习俗和消费特点的不同。例如，中国闻名的八大菜系，就是因地域不同而形成的。中国北方人由于气候寒冷，有冬天吃酸菜和火锅的习惯，几乎家家都备有火锅、砂锅；而南方人由于气候炎热，养成了吃泡菜、熏肉和腊肠的习惯。同是面食，北方人喜欢吃饺子，南方人喜欢吃包子。再如中东地区，由于气候干燥，容易出汗，那里的人便喜欢气味浓烈、易挥发的香水，含油脂多的化妆品则无人问津。

（二）亚文化对消费者行为的影响

1. 民族亚文化对消费者行为的影响

民族亚文化是人们在历史上经过长期发展而形成的稳定共同体的文化类型，对消费者行为有着广泛的影响。在同一个国家或地区内，不同的民族间存在截然不同的生活方式和消费观念。中国是一个多民族国家，每个民族都有自己独特的文化传统，如汉族特别重视"礼"，讲究"礼尚往来"，认为"礼轻情义重""礼多人不怪"，并且"伸手不打送礼人"，因此在中国消费品市场上形成了一个庞大的礼品市场。

2. 地理亚文化对消费者行为的影响

俗话说："千里不同风，万里不同俗。"不同的地域由于自然环境、经济发展水平和历史的不同，人们的生活方式和消费习惯也会有所不同。例如，中国南、北两个不同的亚文化群体在饮食习惯、穿着习惯方面就有很大的差异，形成了南甜、北咸的饮食习惯。美国西部人爱喝杜松子酒和伏特加，而东部人喜欢苏格兰威士忌混合酒。这些都是地域亚文化影响的结果。

3. 宗教亚文化对消费者行为的影响

宗教是支配人们日常生活的外部力量在人们头脑中的虚幻反映，不同民族在历史发展过程中有着不同的人格化进程，从而形成不同的宗教亚文化群体。有着不同宗教信仰和宗教感情的人们，在消费行为方面也有着明显的差异。例如，基督教徒忌讳数字"13"，阿拉伯一些国家禁止在广告中使用妇女形象，伊斯兰教国家进口的肉制品必须按一定的屠宰方法加工，等等。

4. 性别亚文化对消费者行为的影响

不同性别的文化群体有着截然不同的消费心理和消费行为。一般来说，女性消费者对时尚的敏感程度往往会大大高于男性，女性消费者通常比较重视产品的外观，而男性消费者则比较重视产品的性能和品质。另外，女性消费者对价格的敏感程度也远远高于男性消费者。而在购买方式上，女性消费者通常有足够的耐心与细致，但同时又缺乏决断性。

5. 年龄亚文化对消费者行为的影响

不同年龄的亚文化群往往有着不同的价值观和消费习惯。老年亚文化群体比较保守和自信，习惯购买熟悉的产品，求实求利动机较强；青年亚文化群体则喜欢追求新颖、奇特和时尚，乐于尝试新产品，容易产生诱发性、冲动性购买。

6. 籍贯亚文化

中国人的乡土观念比较重，各地的人都或多或少地保留着他们本乡的生活习惯。在饮食方面，湖南人、四川人爱吃辣，苏州人、无锡人爱吃甜。企业如能注意籍贯亚文化群体的特点，针对这些特点扩展品种，增设新服务，其发展潜力是很大的。

7．职业亚文化

不同的职业形成了不同的职业亚文化。在不同职业亚文化中的消费者有不同的消费心理和行为，而且在装束、言谈举止和生活方式等方面会有比较明显的区别。研究这些差别，有助于企业更好地生产适销对路的产品，更好地针对消费者的不同特点，提供各种服务。例如，农民属于节俭和保守型，更以勤俭持家、精打细算过日子为荣，所以，消费心理的最大特点是产品要经济实惠，耐穿耐用；工人在消费方式上受社会风气影响较大，他们是大众化产品、流行产品的主要购买者；知识分子文化程度较高，他们购买与使用产品的主要标准是要求产品与自己的身份相符，能显示出自己具有一定的文化知识和修养；学生所购买的产品，大多与学习内容有关，并充分体现青年人的特点。

综上所述，亚文化对于消费者行为的影响还因为消费者行为不仅带有某一社会文化的基本特征，同时还带有所属亚文化群体的特有特性。而与社会文化相比，亚文化往往更易于识别、界定和描述。因此，研究亚文化的差异可以为企业提供市场细分的依据，使企业正确区分和选择亚文化群体，从而更好地满足目标消费者的需求。

三、影响非语言沟通的文化因素

相对于非语言沟通而言，不同国家、不同地区或不同群体之间，语言上的差异是比较容易察觉的。易于为人们所忽视的往往是那些影响非语言沟通的文化因素，包括时间与空间、象征、契约与友谊、礼仪与礼节等。这些因素上的差异往往也是难以察觉、理解和处理的。

（一）时间与空间

不同的社会文化可能具有不尽相同的时空观。

1．人们在时间观念上可能存在一定差异

美国人和加拿大人倾向于把时间看作必然的、线性的和稳定流动的。他们还具有一个时间内只做一件事的信念，具有强烈的当前和近期导向。拉丁美洲人则倾向于把时间看作连续的和难以计划的，认为在一段时间内许多活动同时发生的复杂情况是自然的。在他们看来，人和关系比计划更重要，活动是按照其自身规律发生的，而不是按照人们预先确定的时间表发生的。

2．人们在空间观念上也可能存在差异

例如，南美洲人同别人谈生意时，总是靠得很近，几乎是鼻尖对鼻尖，而美国人对普通商务会谈要求保持比较远的距离，对极其私人性的事情才要求保持相对较近的距离。因此，南美洲人同美国人谈生意时，常常是美国人往后退，南美洲人就向前进，结果不欢而散。

（二）象征

象征也是文化的重要内容。美国当代人类学家怀特认为，象征是"一件由使用它的人赋予它的价值和意义"，而象征的意义是"产生并取决于使用它们的人类，是人类加在物质的东西和事件之上的"。现在，许多公司都通过产品命名或品牌设计来使它们的产品具有象征价值。例如，汽车制造商对用动物名（如野马、美洲豹、蓝鸟）给其汽车命名就一直保持着较高热情，希望以此来赋予汽车某种特点和个性，如快捷、灵活、勇敢和力量等。

（三）契约与友谊

在现代社会中，企业具有越来越重要的地位和作用。中国在计划经济时代，契约是不作为商业活动的重要依据的，商业关系主要服从并受制于行政指令和人伦关系的道德原则。在传统上，中国商人最关心的是其潜在贸易伙伴的信誉，而不是契约本身。即使在今天，这种倾向在一定程度上仍然是存在的。

友谊是另一个重要的非语言文化因素。友谊同契约类似，意味着双方之间一定的权利和义务。友谊常常能代替或补充法律和契约制度以确保商业和其他责任的履行。在一些商法典不完善、法制不健全的社会，人们往往坚持只同朋友做生意。例如，在中东国家，经理人员赢得潜在消费者友谊的能力，在获得或失去机会方面就是非常关键的。类似的一种情况是，在许多国家（如日本），由于消费者与小零售商之间的友谊，夫妻店之类的小店铺具有坚韧、顽强的生命力，新的零售机构的进入则非常缓慢和困难。

（四）礼仪与礼节

礼仪与礼节代表社会交往中一般被接受的行为方式，它也可能导致人们相互间的误解或不自在。在一个文化中被认为粗鲁无礼和令人讨厌的行为，在另一个文化中可能是十分正常和被人们普遍接受的。例如，在中国和其他一些东方国家，坐着时跷二郎腿在许多场合（如晚辈在长辈面前）会被认为是对他人的不尊敬或缺少教养和没有礼貌的。对一个阿拉伯人亮出鞋底，也是不礼貌的。但在美国，则会被认为是普遍的和可接受的。因此，许多美国广告都有跷二郎腿，或把双脚放在桌子上的画面，而且画面中的人物比较悠闲，充满自信。又如，与印度人谈话时，不盯着对方看表示尊敬。而在美国，直盯着谈话者的眼睛才表示尊敬。

总之，适当的礼仪与礼节对企业营销尤其是人员推销和广告的重要性是显而易见的。营销人员必须懂得，在自己文化中是自然和适宜的礼仪和礼节，在其他文化中可能是非常不当的。

情境四　社会因素

【导读案例】继三星之后，苹果手机越来越流行。大家都追捧等待苹果新手机的到来，尽管它价格不菲，可丝毫不能动摇慕名而来的消费者。经过小组简单的分析讨论，共同总结出以下结论来证明苹果手机为什么会这么流行：①时尚外观以及潮人最爱功能；②大牌都攀上苹果手机，其实大牌推出互联网和手机产品已经慢慢成风；③直接用苹果手机看杂志；④无论在哪里聊天都不耽误；⑤潮明星带头用苹果手机。最后一个崇拜苹果手机的理由莫过于大家钟情的明星从小S到天后王菲都痴迷于这款手机。

请问：如何看待当今的苹果热？

一、群体

在现实生活中，人们常常可以看到，一个人单独表现的行为与在群体中表现的行为是不一样的。消费者的很多行为受到群体及其规范的影响。

（一）社会群体概述

1. 社会群体的含义

群体或社会群体是指通过一定的社会关系结合起来进行共同活动而产生相互作用的集体。群体规模可以比较大，如几十人组成的班集体；也可以比较小，如经常一起上街购物的两位邻居。群体人员之间一般有较经常的接触和互动，从而能够相互影响。

社会成员构成一个群体，应具备以下基本特征：① 群体成员需以一定纽带联系起来，如以血缘为纽带组成了氏族和家庭，以地缘为纽带组成了邻里群体，以业缘为纽带组成了职业群体；② 成员之间有共同目标和持续的相互交往，如公共汽车里的乘客、电影院里的观众不能称为群体，因为他们是偶然和临时聚集在一起的，缺乏持续的相互交往；③ 群体成员有共同的群体意识和规范。

2. 社会群体的类型

（1）正式群体与非正式群体

正式群体是指有明确的组织目标、正式的组织结构，成员有着具体的角色规定的群体。企业、学校、企业内部研发小组和校内班级等均属于正式群体。非正式群体是指人们在交往过程中，由于共同的兴趣、爱好和看法而自发形成的群体。非正式群体可以在正式群体之内，也可以在正式群体之外，或者跨几个群体，其成员的联系和交往比较松散、自由，如各种俱乐部、社团和同乡会等。

（2）主要群体与次要群体

主要群体或初级群体是指成员之间具有经常性的面对面接触和交往，形成亲密人际关系的群体。这类群体主要包括家庭、邻里和儿童游戏群体等。次要群体或次级群体指的是人类有目的、有组织地按照一定社会契约建立起来的社会群体。次要群体规模一般比较大，人数比较多，群体成员不能完全接触或接触比较少。在主要群体中，成员之间不仅有频繁的接触，而且有强烈的情感联系，正因为如此，如家庭和朋友等关系密切的主要群体，对个体来说是不可或缺的。

（3）隶属群体与参照群体

隶属群体或成员群体是消费者实际参加或隶属的群体，如家庭和学校等。参照群体是指这样一个群体，该群体的看法和价值观被个体作为他当前行为的基础。因此，参照群体是个体在某种特定情境下作为行为指南而使用的群体。当消费者积极参加某一群体的活动时，该群体通常会作为他的参照群体。也有一些消费者，虽然参加了某一群体，但这一群体可能并不符合其理想标准，此时，他可能会以其他群体作为参照群体。

（4）长期群体和临时群体

长期群体是个体在较长一段时间内参加的群体，其成员对个体的消费行为有较长期且稳定的影响作用。临时群体是消费者暂时处于的群体，如同一购买现场的其他消费者在选购过程中结成群体，一旦选购完成，便退出群体。这种消费群体对消费行为产生一时的、不稳定的影响，但对消费者是否采取购买行为起着非同小可的作用。

3．与消费者密切相关的社会群体

为了更全面、深入地理解具体的社会群体对消费者产生的影响，下面对与消费者密切相关的 6 种基本社会群体做简要介绍。

（1）家庭

人的一生，大部分时间是在家庭里度过的。家庭成员之间的频繁互动使其对个体行为的影响广泛而深远。个体的价值观、信念、态度和言谈举止都深受家庭的影响。不仅如此，家庭还是一个购买决策单位，家庭购买决策既制约和影响家庭成员的购买行为，家庭成员又对家庭购买决策施加影响。

（2）朋友

朋友构成的群体是一种非正式群体，它对消费者的影响仅次于家庭。追求和维持与朋友的友谊，对大多数人来说是非常重要的。朋友可以影响人的购买决策，并影响个体的消费观念和消费方式。

（3）正式的社会群体

例如，中国高校市场学研究会、某某学校校友会和业余摄影爱好者协会等组织均属于正式的社会群体。正式的社会群体内各成员虽不如家庭成员和朋友那么亲密，但彼此之间也有讨论和交流的机会。群体内那些受尊敬和仰慕的成员的消费行为，可能会被其他成员谈论或模仿。正式的社会群体的成员还会消费一些共同的产品，或一起消费某些产品。例如，滑雪俱乐部的成员要购买滑雪服、滑雪鞋和很多其他滑雪用品。

（4）购物群体

为了消磨时间或为了购买某一具体产品而一起上街的几位消费者，就构成了一个购物群体。购物群体内的成员，通常是有空余时间的家庭成员或朋友。人们一般喜欢邀请乐于参谋且对特定购买问题有知识和经验的人一起上街购物。与他人一起采购，不仅会降低购买决策的风险感，而且会增加购物过程的乐趣。

（5）消费者行动群体

在西方消费者保护运动中，涌现出一种特别的社会群体，即消费者行动群体。它大致分为两种类型：一种是为纠正某个具体的有损消费者利益的行为或事件而成立的临时性团体，另一种是针对某些广泛的消费者问题而成立的相对持久的消费者组织。学生家长临时组织起来，对学校的办学方针和政策提出质询，要求学校领导纠正某些损害学生利益的做法，就属于前一种类型的消费者行动群体。针对青少年吸烟、吸毒而成立的反吸烟或反吸毒组织就属于后一种类型的消费者行动群体。大多数消费者行动群体的目标是唤醒社会对有关消费者问题的关注，对有关企业施加压力和促使它们采取措施矫正那些损害消费者利益的行为。

（6）工作群体

工作群体也分为两种类型：一种是正式工作群体，即由一个工作小组里的成员组成的群体，如同一个办公室里的同事，同一条生产线上的装配工人等。另一种是非正式工作群体，即由在同一个单位但不一定在同一个工作小组里工作，且形成了较密切关系的一些朋友组成。由于在休息时间或下班时间，成员之间有较多的接触，所以非正式工作群体如同正式工作群体，会对所属成员的消费行为产生重要影响。

4. 研究社会群体的作用

研究群体对分析消费者行为至关重要。首先，群体成员在接触和互动过程中，通过心理和行为的相互影响与学习，会产生一些共同的信念、态度和规范，它们对消费者的行为将产生潜移默化的影响。其次，群体规范和压力会促使消费者自觉或不自觉地与群体的期待保持一致。即使是那些个人主义色彩很重、独立性很强的人，也无法摆脱群体的影响。最后，很多产品的购买和消费是与群体的存在和发展密不可分的。例如，加入某一球迷俱乐部，不仅要参加该俱乐部的活动，而且要购买与该俱乐部的形象相一致的产品，如印有某种标志或某个球星头像的球衣、球帽和旗帜等。

（二）社会群体对消费者的影响

1. 社会群体为消费者提供可供选择的消费行为或生活方式的模式

社会生活是丰富多彩、变化多样的，处于不同群体中的人们，行为活动会有很大差别。例如，营业员在为消费者服务时，要求仪表整洁、服装得体、举止文雅，但不要打扮得过于时髦。而电影明星在表演时要适应剧中角色的要求，更换各种流行服装和发式。这些不同的消费行为通过各种形式传播给消费者，为其提供模仿的榜样。特别是对于缺乏消费经验与购买能力的人，他们经常不能确定哪种产品对他们更合适。在这种情况下，消费者对社会群体的依赖性，超过了对商业环境的依赖性。

2. 社会群体引起消费者的仿效欲望

社会群体引起消费者的仿效欲望，从而影响他们对产品购买与消费的态度模仿是一种最普遍的社会心理现象，但模仿要有对象，即人们通常所说的偶像。模仿的偶像越具有代表性和权威性，就越能激起人们的仿效欲望，模仿的行为也就越具有普遍性。而在消费者的购买活动中，消费者对产品的评价往往是相对的，当没有具体的模仿模式时，不能充分肯定自己对产品的态度。但当某些社会群体为其提供具体的模式，而消费者又非常欣赏他们时，就会激起其强烈的仿效愿望，从而形成对产品的肯定态度。

3. 社会群体促使人们的行为趋于某种"一致化"

消费者对产品的认识和评价往往会受到社会群体中其他人的影响。这是因为相关群体会形成一种团体压力，使团体内的个人自觉或不自觉地符合团体规范。例如，当消费者在选购某种产品，但又不能确定自己选购这种产品是否合适时，如果群体内其他成员对此持肯定态度，就会促使他坚定自己的购买行为。反之，如果群体内其他成员对此持否定态度，就会促使他改变自己的购买行为。

二、阶层

消费者均处于一定的社会阶层。同一阶层的消费者在行为、态度和价值观等方面具有同质性，不同阶层的消费者在这些方面存在较大的差异。因此，研究社会阶层对于深入了解消费者行为具有特别重要的意义。

（一）社会阶层概述

1. 社会阶层的含义

社会学把由于经济、政治和社会等原因而形成的，在社会的层次结构中处于不同地位的社会群体称为社会阶层。社会阶层是一种普遍存在的社会现象，不论是发达国家还是发展中国家，不论是社会主义国家还是资本主义国家，均存在不同的社会阶层。

讨论社会阶层，一方面是为了了解不同阶层的消费者在购买、消费、沟通和个人偏好等方面具有哪些独特性，另一方面是了解哪些行为基本上被排除在某一特定阶层的行为领域，哪些行为是各社会阶层成员所共同拥有的。

2. 社会阶层的特征

社会阶层可区分为下下、上下、下中、上中、下上和上上等阶层。社会阶层有以下特征：① 同一阶层的人群具有类似的行为；② 社会阶层的地位有高低；③ 社会阶层乃是职业、所得和教育等综合的结果；④ 社会阶层的内涵会变动，而且个人也会提升到较高阶层或下降到较低阶层。

（二）不同社会阶层消费者的行为差异

1. 支出模式上的差异

不同社会阶层的消费者所选择和使用的产品是存在差异的。有的产品如股票、奢侈品更多地被上层消费者购买，而有的产品如廉价服装和葡萄酒则更多地被下层消费者购买。科曼发现，特别富裕的中层美国人将其大部分支出用于购买摩托艇、野营器具、大马力割草机、雪橇、后院游泳池、临湖住宅、豪华汽车或跑车等产品上；而收入水平与之差不多的上层美国人则花更多的时间和金钱于私人俱乐部、孩子的独特教育、古董、字画和各种文化事件与活动上。

在住宅、服装和家具等能显示地位与身份的产品的购买上，不同阶层的消费者差别比较明显。例如，在美国，上层消费者的住宅区环境幽雅，室内装修豪华，购买的家具、服装档次和品味都很高。中层消费者一般有很多存款，住宅也相当好，但他们中的很大一部分人对内部装修不是特别讲究，服装、家具不少，但高档的不多。下层消费者住宅周围环境较差，在衣服与家具上的投资较少。与人们的预料相反，下层消费者中的一些人员对生产食品、日常用品和某些耐用品的企业仍是颇有吸引力的。研究发现，这一阶层的很多家庭是大屏幕彩电、新款汽车和高档炊具的购买者。虽然这一阶层的收入比中等偏下阶层（劳动阶层）平均要低 1/3 左右，但他们所拥有的汽车、彩电和基本家庭器具的价值比后者平均高 20%。下层消费者的支出行为从某种意义上带有"补偿"性质。一方面，由于缺乏自信和对未来并不乐观，他们十分看重眼前的消费；另一方面，低的教育水平使他们容易产生冲动性购买。

2. 休闲活动上的差异

社会阶层从很多方面影响个体的休闲活动。一个人所偏爱的休闲活动通常是同一阶层或临近阶层的其他个体所从事的某类活动，他采用新的休闲活动往往也受到同一阶层或较高阶层成员的影响。虽然在不同阶层之间，用于休闲的支出占家庭总支出的比重相差无几，休闲活动的类型却差别颇大。马球、壁球和欣赏歌剧是上层社会的活动；桥牌、网球和羽毛球在中层到上层社会的成员中均颇为流行；玩老虎机、拳击和职业摔跤是下层社会的活动。

上层社会成员所从事的职业，一般很少有身体活动，作为补偿，多会从事要求臂、腿快速移动的运动，如慢跑、游泳和打网球等。同时，这类活动较下层社会成员所喜欢的活动如钓鱼、打猎和划船等较少耗费时间，因此受到上层社会的欢迎。下层社会成员倾向从事团体或团队性体育活动，而上层社会成员多喜欢个人或双人活动。中层社会成员是商业性休闲和公共设施（如公共游泳池、公园和博物馆等）的主要使用者，因为上层社会成员一般自己拥有这一类设施，而下层社会成员又没有兴趣或无经济能力来从事这类消费。

3. 购物方式上的差异

人们的购物方式会因社会阶层而异。上层社会成员购物时比较自信，喜欢单独购物。他们虽然对服务有很高的要求，但对于销售人员过于热情的讲解、介绍反而感到不自在。通常，他们特别青睐那些购物环境优雅、品质和服务上乘的商店，而且乐于接受新的购物方式。中层社会成员比较谨慎，对购物环境有较高的要求，但他们也经常在折扣店购物。对这一阶层的很多消费者，购物本身就是一种消遣。下层社会成员由于受资源限制，对价格特别敏感，多在中、低档商店购物，而且喜欢成群结队逛商店。

（三）社会阶层与市场营销战略

对于某些产品，社会阶层提供了一种合适的细分依据或细分基础。依据社会阶层制定市场营销战略的具体步骤，第一步是决定企业的产品及其消费过程在哪些方面受社会地位的影响，将相关的地位变量与产品消费联系起来。为此，除了运用相关变量对社会分层，还要收集消费者在产品使用、购买动机和产品的社会含义等方面的数据。第二步是确定应以哪一社会阶层的消费者为目标市场。这既要考虑不同社会阶层作为市场的吸引力，也要考虑企业自身的优势和特点。第三步是根据目标消费者的需求与特点，为产品定位。第四步是制定市场营销组合策略，以达成定位目的。

不同社会阶层的消费者由于在职业、收入和教育等方面存在明显差异，所以即使购买同一产品，其趣味、偏好和动机也会不同。如同买牛仔裤，劳动阶层的消费者可能看中的是它的耐用性和经济性，而上层社会的消费者可能注重的是它的入时性和自我表现力。所以，根据社会阶层细分市场和在此基础上对产品定位是有依据的，也是非常有用的。事实上，对于市场上的现有产品和品牌，消费者会自觉或不自觉地将它们归入适合或不适合哪一阶层的人消费。例如，在美国啤酒市场，消费者认为喜力和米狮龙更适合上层社会的人消费，而 Old Style 则更适合中下层社会的人消费。

应当强调的是，处于某一社会阶层的消费者会试图模仿或追求更高阶层的生活方式。因此，以中层社会的人为目标市场的品牌，根据中上层社会的人的生活方式定位可能更为合适。美国安休泽-布希公司根据社会阶层推出 3 种品牌的啤酒，每种品牌针对特定的消费阶层，采用不同的定位和营销组合策略，结果产品覆盖了 80%的美国市场，获得了极大成功。

三、性别

（一）女性消费者群体的消费心理与行为

据人口普查统计，中国女性消费者有 61 228 万人，占总人口的 48.3%，其中，在消费活动中有较大影响的是中青年妇女，即 20 ~ 50 岁这一年龄段的女性，约占人口总数的 21%。女性消费者不仅数量大，而且在购买活动中起着特殊并重要的作用。女性不仅对自己所需的消费品进行购买决策，而且在家庭中她们还承担了母亲、女儿、妻子和主妇等角色，因此，也是绝大多数儿童用品、老人用品、男性用品和家庭用品的购买者。网易网上调查显示：不管女性的社会地位如何，在家庭消费上，女性可谓绝对地当家做主。在家庭消费中，女性完全掌握支配权的占到了 51.6%，与家人协商做一半主的占到了 44.5%，两者合计达96.1%。同时，女性的审美观影响着社会消费潮流，年轻女性的心境和感性支配着流行，女性不仅自己爱美，还注意恋人、丈夫、儿女和居家的形象。因此，产品的流行大多是随女性的审美观的变化而变化的。因此，研究女性消费，尤其是青年女性的消费，可以洞悉社会消费心理的变化和趋势。

1. 女性消费者群体的心理与行为特征

（1）女性消费者群体的心理新动向

1）女性的变身动向。希望生活多样化，希望尝试不同的生活方式，希望改变身份，希望经历各种体验。表现在日常生活方面，即要求在服饰发型、装饰方面多样化。

2）女性的挑战动向。希望试试想要做的事情，希望冒险，希望向某些事物挑战，希望自己能亲身体验。一些标新立异的产品、服务正是顺应女性这种想突破被约束的现实而产生的。

3）女性的自立动向。希望在经济和精神方面都能自立，希望脱离传统按自己的心意生活。现在女性的自立已是社会的主题，只要稍微观察女性文章的标题，就可以看出其中一二，而表现女性自立和强调自我意识的产品就更能博得她们的欢心。

4）女性的即时动向。希望省时、方便。例如，使用速食食品、罐装食品、冷冻食品和调味料的情形增加了。主妇们既能照顾家人，又能节省自己时间的有效办法，就是利用省时的产品或外部服务。

5）女性的愉快动向。希望过得快乐，希望做自己喜欢的事。这种动向以女性大学生和独身女性最为显著。她们的消费倾向为"一流行、二休闲、三文化"，可以看出都是要享受现在的时间。她们希望在结婚这个转折点到来之前，能够尽情享受，并且做自己希望做的事情。因此，比同年龄的男性来说，其愉快动向要强烈得多。

（2）女性消费者群体的行为特征

由于女性消费者在消费活动中所处的特殊地位和其独具特色的消费心理，形成了其独具特色的行为特征。

1）"感觉"好的产品和服务应运而生。与男性很大的区别是女性购买产品比较多地强调"美感"，容易受感情作用而产生购买行为。越来越多的女性要求自我表现，要求生活品位。能够带来梦想的产品在女性中必定畅销。平时好动、工作起来干劲十足的年轻女性，喜欢购买温馨、可爱的产品。高谈女性自立的今天，在私人的世界里，女性仍然继续做孩子气的梦想。除了偶像产品、幻想产品，可爱的咖啡厅、杂货店和精品店也会受到女性的欢迎。

2）表现时代的包装风潮来临。女性的购买欲望多受直观感觉影响，因此，比较注重外观设计，尤其对包装特别注意。老式的包装已不再吸引她们，她们青睐的是表现个性和情趣的包装。

3）附赠品再现新风潮。有些女性一方面会花上几百元买一套流行时装，而另一方面在菜场上买菜却讨价还价、斤斤计较，可见女性比较计较小数目的低档品，而对高档品却认为价高质好。附赠品正是迎合了女性的这种心理。例如，两个商店的营销策略不同，一家是低价，另一家是高价但有附赠品，很可能女性在没有时间或能力比较两家产品的质量时，认为高价的质量一定好，而有附赠品就更吸引了她们。附赠品还有一种名叫购买再购买的形式，即购买某种产品的消费者，可以用低于市价的价格购买其他附赠品。对喜爱挑剔的女性消费者而言，这样又可以再次选择她们想要的东西。

4）注重产品的便利性和生活的创造性。现代社会，中青年妇女效率很高，她们既要工作，又担负着大部分家务劳动，因此，她们对日常生活用品的便利性具有强烈的要求。每种新出现的、能减轻家务劳动的便利性消费品，往往博得她们的青睐。同时，她们对于生活中新的、富于创造性的事物也充满热情，如购置新款时装、布置新房间等，以显示其创造性。

5）职业女性的商业用品倾向。女性用商业提包的出现便是代表。女性和男性一样必须携带工作文件和资料，但是以前女性用的挎包，几乎都是摆放化妆品、小东西等漂亮的挎包，而略缺功能性的大手提袋。现在提包制造商已经针对女性生产商业提包。它们不仅可以放很多文件，还附有许多小袋子供女性放化妆品和小东西，不难看出制造商重视功能性和时髦性的苦心，就因为对象是富有个性的职业女性。

6）攀比炫耀心理。它是以购物来显示自己某种超人之处的心理状态，是爱美心理和时髦心理的一种具体表现。当代女性，特别是家庭收入较高的中青年女性，喜欢在生活上和人攀比，总希望比自己的同事、亲友过得更舒适，显得更富有。她们在消费活动中除了要满足自己的基本生活消费需求或使自己更美、更时髦，还可能通过追求高档次、高质量、高价格的名牌产品或在外观上具有奇异、超凡脱俗、典雅和洒脱等与众不同的特点的产品或前卫的消费方式，来显示其地位上的优越、经济上的富有和情趣上的脱俗等。

2．面向女性消费者群体的市场营销心理策略

女性消费者在购买活动中地位重要，影响决策力强，她们的消费心理具有情感性、挑剔性和求实性等特点。根据上述特点，面向女性消费者的市场营销心理策略主要有以下几种。

（1）销售环境的布置要典雅温馨、热烈明快，具有个性特色

女性消费者在购买家庭装饰品、穿着类产品、首饰和化妆品时，追求浪漫的心理感受。因此，销售这类产品的环境布置要符合女性消费者心理，要创造条件营造一个相对安静、舒适的场所，使女性消费者能休闲地观赏、浏览产品，使环境能给她们带来感情联想，从而产生购买动机。

（2）女性产品设计要注重细节

女性产品设计在色彩、款式、形状上要体现流行、时尚，并且使用方便。例如，一些厨房刀具、小型电器和家庭日常卫生用品，多为女性经常使用。这类产品的生产设计要为使用者着想，应简单、方便和实用。一些方便食品、半成品，要能为女性消费者省时间，减轻劳动强度，品种样式要丰富，使女性消费者可以有更多选择，以避免产生生活单调的心理，使女性消费者不愿意接受。

（3）对女性消费者个人消费和经常购买的产品要进行广告宣传

要针对女性心理特点，注重传递产品的实用性、具体利益等信息，传递有关产品的质

量、档次和时尚等信息，传递产品的品牌、性能和价格等信息。要靠特色打动女性消费者，开拓市场。

（4）现场促销推广活动要关注女性消费者的情绪变化

营业员用语要规范、有礼貌，讲究语言表达的艺术性，尊重女性消费者的自尊心，赞美女性消费者的选择，以博得女性消费者的心理满足感。切忌对女性消费者已购产品的选择、评价下简单或生硬的断语，更不能抢白、顶撞。现场促销面向女性消费者的折扣产品，要注意说明理由，允许其挑选。实践表明，喧闹的促销现场有时反而会使女性消费者"敬而远之"，收不到预期的效果。

（二）男性消费者群体的消费心理

1. 男性消费者群体的消费心理特征

与女性相比，中国男性就业率和经济收入相对较高。在城镇，男性平均消费水平低于女性，而在农村却明显高于女性。在购买活动中，男性对产品的结构与功能的了解能力优于女性，这往往使他们成为结构较为复杂的产品及高档耐用消费品（如轿车）的选购者。男性购买决策的信息较多通过广告获取。对某种产品的购买动机一旦形成，他们就会迅速果断地付诸实施，实现购买决策。而且，男性在购买产品时很少挑剔，也不愿意在同类产品不同品种之间反复地比较权衡。因此，他们选购产品的范围较窄。在新产品的接受方面，男性比女性更为积极主动，这是男性成就感和控制欲的表现。

男性消费者与女性消费者相比，消费心理要简单得多。一般来说，男性消费者群体的消费心理比较突出地表现在以下四点。

1）求新、求异、求癖心理。男性相对于女性而言具有更强的攻击性和支配性。这种心理在消费上表现为求新、求异、求癖和开拓精神。他们对新产品的奇特性往往有较高的要求。此外，男性大多数有特殊嗜好，如有人烟酒成癖，有人爱好钓鱼、养花、养鸟，也有人酷爱摄影、集邮、收集古董、珍藏古画等，而这些在女性中表现得不太普遍。

2）购买产品的目的明确，果断性强。男性消费者购物时往往都有明确的目标，他们进商场后就直奔目标而去，当遇到符合心理要求的目标时，他们能果断决策，将购买愿望立即转化为购买行为。与女性消费者相比，男性消费者购买产品时的理智和自信要多一些。他们一般在购买前就选择好购买对象，往往不愿意在柜台上花更多的时间挑选产品。即使买到有瑕疵的产品，他们也认为大体上过得去就算了，购买后不满意和退货的情况比女性少。特别是有些中年男性，若不是在妻子的逼迫和陪伴下，甚至不轻易进商店的门。在购买上敢于冒险、富有主见、个性和独立性明显，有时甚至武断等这些都是男性消费心理特征的表现。

3）注重产品的整体质量和使用效果。男性消费者购物多数为理性购买，他们对产品，特别是一些价格昂贵、结构复杂的高档产品的性能与知识了解更多，购物时很注重产品的整体质量。只要主体质量可靠，他们就能做出购买决策。同时，男性消费者购物时善于独立思考，很注重产品的使用效果，不会轻易受外界环境的影响。

4）购买产品时力求方便、快捷。一般男性消费者很少逛商场，即使去商场，也很少像大多数女性消费者那样花很多时间闲逛。但当遇到自己所需要的产品时，他们一般会迅速购买，尽快离店。他们对商家出售产品时的种种烦琐的手续、拖延时间的作风十分反感。男性消费这种力求方便、快捷的心理，在购买日常生活用品时表现得尤为突出。

总之，性别对消费者心理有着比较大的影响，但是就具体的消费者而言，对消费心理的影响程度也不尽相同，而且消费心理的这种性别差异是综合地、混杂地反映在消费者的购买行为上的。

2. 面向男性消费者群体的市场营销心理策略

尽管女性消费者是商场最亮丽的一道风景线，商家纷纷瞄准女性消费者的钱包展开攻势，但是，男性消费者也不应该被商家所遗忘。只要悉心研究就会发现男性消费者市场同样存在着意想不到的潜力。除男性消费者以选购烟酒、家电和装修材料为主的传统购买模式外，越来越多的男性消费者主动分担家务，也经常光顾超市采购家庭消费品。由于男性消费者的增加，吸引男性消费者兴趣的销售方式及专门针对男性的广告信息就值得营销人员精心策划。男性消费者群体与女性消费者群体对采购活动、购物计划和购买中的节省，都有不同的看法。与女性消费者相比，男性消费者基本上不太在意购物时省下的钱。因此，对于不同性别的消费者，产品减价策略往往会导致截然不同的结果。营销人员重新设计迎合男性消费者口味的产品包装和售点广告不失为上策。

男性消费者主要是指成年男性消费者，他们去商店一般都有明确的购买目标。与女性消费者相比，男性消费者购买产品的范围虽然要窄一些，但他们往往是家庭中高档产品购买的主要决策者，即他们一般多购买"硬性产品"。针对男性消费者的消费特点进行有针对性的营销活动，对于企业的生存和发展具有重要的意义。

四、年龄

在对众多影响消费者购买行为因素的探讨中，不同的年龄对购买行为的影响也是不容忽视的。年龄阶段对购买行为的影响可分为少年儿童、青年、中老年阶段。

（一）少年儿童消费者群体的消费心理与行为

少年儿童消费者群体是指由0~14周岁的消费者组成的群体。少年儿童这一购买者角色在消费总支出中的比重较大。因此，探讨少年儿童的消费心理及行为对企业来说也很重要。下面分别就这两个年龄阶段的消费者群体的心理与行为特征进行探讨。

1. 儿童消费者群体的消费心理与行为

从婴儿到11岁的儿童，由于正处于快速的心理和生理发育阶段，缺乏稳定的消费倾向和认识，易受一系列外部环境因素的影响，消费心理和行为变化幅度很大。主要分为3个阶段：第一阶段，婴幼儿期的消费需求主要表现为生理性的，由他人帮助完成。此时期的消费倾向主要取决于其父母的消费观。第二阶段，学前期儿童，对于其他同龄儿童的消费行为有强烈的模仿欲望。例如，他们都会要求父母买别的小朋友拥有的玩具。随着年龄的增长，这种模仿性消费逐渐被有个性特点的消费所取代，购买行为也开始有了一定的目标，如自己的玩具一定要比其他儿童的好等。第三阶段，上学后，随着年龄的增长，接触社会环境的时间增多，儿童的情绪控制能力逐渐增长，消费心理和行为逐渐趋向于稳定。

总之，儿童的消费心理主要处于感情支配阶段，购买行为以依赖性为主，但在很大程度上会影响其父母的购买意向。

2. 少年消费者群体的消费心理与行为

这个时期是儿童向青年过渡的时期，生理、心理发展变化大，具有半儿童半成人的特点。这个时期是依赖与独立、成熟与幼稚、自觉性和被动性交织在一起的时期。归纳一下，少年消费者群体有以下 3 个心理特征。

（1）有成人感，独立性增强

有成人感是少年消费者群体自我意识发展的显著心理特征。他们认为自己已经长大成人，渴望像成人那样去完成各种社会义务，独立处理自己的生活。因此，在消费心理与行为上，表现出不愿受父母束缚、自主独立地购买所喜爱的产品的倾向。他们的消费需求和购买行为尽管还不成熟，但已经在逐渐形成之中。

（2）购买行为的倾向性趋向稳定

少年时期的消费者所接触的现实丰富，对社会环境的认识不断加深，有意识的行为增多，兴趣趋于稳定。随着购买活动的经验不断增加，感性经验越来越丰富，对产品的判断、分析力逐渐增强，购买行为趋于理性化。

（3）社会的影响逐步增强，家庭的影响则逐渐减少

少年消费者由于参加集体学习、集体活动，与社会的接触机会增多，范围扩大，受社会影响的比重逐渐上升。这种影响包括新环境、新事物和新知识等，其影响媒介主要是学校、老师、同学、朋友、书籍及大众传媒等。随着网络的普及，互联网对少年群体的影响日益深远。与家庭相比，他们更乐于接受社会的影响。事实是很多时候某种款式的衣物、食品或偶像照片在学校已经流行，而家长却一无所知。

3. 面向少年儿童消费者群体的市场营销心理策略

少年儿童消费者构成了一个庞大的消费市场。企业把握少年儿童的心理特征，是为了刺激其购买动机，满足他们的心理和生理需求，积极培养、激发和引导他们的消费欲望，从而大力开发这一具有极大潜力的消费市场。为此，可以采用以下几种策略。

（1）根据不同对象，采取不同的组合策略

婴幼儿期的儿童，一般由父母为其购买产品。学前期的儿童不同程度地参与了父母为其购买产品的活动。因此，企业既要考虑父母的要求，也要考虑儿童的兴趣。玩具用品的外观要符合儿童的心理特点，价格要符合父母的要求，用途要迎合父母提高儿童智力及各方面能力的需求。

（2）改善外观设计，增强产品的吸引力

少年儿童虽然已能进行简单的逻辑思维，但直观的、具体的形象思维仍起主导作用，对产品优劣的判断较多地依赖产品的外观形象。因此，产品的外观形象对他们的购买行为具有重要的支配作用。为此，企业在儿童用品的造型和色彩等外观设计上，要考虑儿童的心理特点，力求生动活泼、色彩鲜明。例如，用动物头像做笔帽，用儿童喜爱的卡通形象作为服装装饰图案等，以此增强产品的吸引力。

（3）树立品牌形象

少年儿童的记忆力很好，一些别具特色并为少年儿童喜爱的品牌、商标或产品造型，一旦被其认识，就很难忘记。相反，如果他们对某产品产生不良印象，甚至厌恶情绪，则

很难改变。因此，企业在给产品命名、设计商标图案和进行广告宣传时，要针对少年儿童的心理偏好，使他们能够对品牌产生深刻印象，并且还要不断努力在产品质量、服务态度上狠下功夫，使少年儿童能够长期保留对企业及产品的良好印象。

（二）青年消费者群体的消费心理与行为

1. 青年消费者群体的消费心理与行为特征

青年消费者群体的划分标准不十分统一，一般认为应指15～35周岁的人群。青年消费者群体往往具有较强的独立性和很大的购买潜力，而且他们的购买行为具有较强的扩散性，对其他种类消费者都会产生深刻的影响。青年消费者群体在消费心理与行为方面，与其他消费者群体有许多显著差异。

（1）追求时尚与新颖

青年人的心理特征是感觉敏锐，富于幻想，勇于创新；反映在消费行为中就是对各种新产品具有强烈兴趣与购买欲望，热衷于追赶时代潮流，体现时代特征。他们购买产品时求新、求美动机较为强烈。当市场出现新产品时，他们反应灵敏，易于接受。

（2）强调个性与自我表现

青年人处于成长时期，未成熟心理与成熟心理并存，自我意识迅速增强，追求个性独立，希望形成完善的个性形象。因此，青年人特别喜欢表现自己的特殊性，希望购买和使用能反映个性特征的产品。

（3）冲动性购买行为较多

青年消费者处于少年到成年过渡的时期，思想感情、志趣爱好和性格气质还不稳定，客观环境、社会信息对其行为的作用和影响非常突出。因此，在他们的消费行为中，经常发生冲动性的购买行为。他们比较看重产品的外观、包装和颜色款式等，而且很容易由此而产生对产品的兴趣并迅速做出购买决策。因此，在青年消费者中，计划性购买相对较少，冲动性购买较多。

（4）消费欲望强烈

青年人往往由于经济上刚刚独立，家庭负担较小，所以，消费欲望十分强烈。他们一般不喜欢储蓄，也较少制订消费计划，对于信贷消费具有很大的兴趣。

2. 面向青年消费者群体的市场营销心理策略

企业要想争取到青年消费者市场，必须针对青年消费者群体的心理特征，制定相应的市场营销心理策略。

（1）满足青年消费者多层次的心理需求

产品的设计、开发要能满足青年消费者多层次的心理需求，以产品刺激他们产生购买动机。青年消费者进入社会后，除了生理和安全保障需求，还产生了社交、自尊和成就感等多方面的精神需求。企业开发的各类产品，既要具备实用价值，更要满足青年消费者不同的心理需求。例如，个性化的产品会使青年消费者感到自己与众不同。名牌皮包、时装会表现拥有者的成就感和社会地位感，特别受到青年消费者的青睐。

（2）开发时尚产品，引导消费潮流

青年消费者学习和接受新事物快，富于想象力和好奇心，因此，在消费上追求时尚、新颖。每个时期、每个年代，时尚是不断变化的，企业要研究预测国际国内消费的变化趋势，适应青年消费者的心理，开发各类时尚产品，引导青年消费者消费。

（3）注重个性化产品的生产

营销个性化的产品、与众不同的另类产品，被青年消费者人称为"酷"而大受欢迎。企业在产品的设计、生产中，要改变传统思维方式，要面向青年消费者开发个性产品。尤其是服装、装饰品、书包、手袋、手机等外显产品的设计生产，要改变千篇一律的大众化设计，寻求特性，以树立消费者的个性形象。

（4）缩小差距，追求产品的共同点

青年消费者由于职业、收入水平不同，产生了不同的消费阶层。他们在产品的购买上，也有因收入不同带来的差别。但是，青年人好胜、不服输的天性又使这种差别的表现方式不十分明显。例如，城市青年结婚的居室布置也广为农村青年所模仿，房屋装修、家用电器一应俱全。但是其产品的品牌、质量还是有所不同的。企业在开拓青年消费者市场时，要考虑这些特点，生产不同档次、不同价格水平、面向不同收入水平的同类产品。这些产品在外观形式上差别不太大，但在质量、价格上应能形成多种选择，以满足不同收入水平青年消费者的需求。

（5）做好售后服务工作，使青年消费者成为推动市场开拓的力量

青年消费者购买产品后，往往会通过使用和其他人的评价，对购买行为进行评判，把他的购买预期与产品性能进行比较。如果发现产品性能与预期相符，就会基本满意，进而向他人推荐此产品。如果发现产品性能超过预期，就会非常满意，进而大力向他人展示、炫耀，以显示自己的鉴别能力。相反，如果发现产品性能达不到预期，就会感到失望和不满，会散布对此产品的否定评价，进而影响这种产品的市场销路。企业在售出产品后，要收集相应信息，了解消费者反馈以改进产品。同时，要及时处理好消费者投诉，以积极的态度解决产品存在的问题，使青年消费者对企业的服务感到满意。

（三）中老年消费者群体的消费心理与行为

1. 中老年消费者群体的消费心理与行为特征

中年消费者群体是指由35～55周岁的消费者组成的群体。老年消费者群体一般是指由退休后离开工作岗位的，男60周岁以上、女55周岁以上的消费者组成的群体。中年消费者购买力强，购买活动多，购买的产品既有家庭日用品，也有个人、子女、父母的穿着类产品，还有大件耐用消费品。老年人在吃、穿、用、住和行方面都有特殊要求，因此，这个群体要求有自己独特的产品和服务。但两种群体在消费心理与行为上具有很多相似之处，具体表现如下。

（1）经验丰富，理智性强

中老年消费者生活阅历广，购买经验丰富，情绪反应一般比较平稳，能理智地支配自己的行动，感情用事的现象较少见。他们注重产品的实际效用、价格与外观的统一，从购买欲望形成到实施购买往往要经过分析、比较和判断的过程，随意性很小。在购买过程中，即使遇到推销人员不负责任的介绍与夸大其词的劝诱，以及其他外界因素的影响，他们一般也不会感情用事，而是冷静理智地进行分析、比较、判断与挑选，使自己的购买行为尽

量正确、合理。

（2）量入为出，计划性强，注重产品实用性

中年处于青年向老年的过渡阶段，而中年消费者大多肩负着赡老抚幼的重任，是家庭经济的主要承担者。在消费上，他们一般奉行量入为出的原则，养成了勤俭持家、精打细算的习惯，消费支出计划性强，很少出现计划外开支和即兴消费的现象。老年消费者把产品的实用性作为购买产品的第一目的性，他们强调质量可靠、方便实用、经济合理、舒适安全。一般来说，物美价廉、实用性的产品往往更能激发中老年消费者的购买欲望。

（3）注重身份，稳定性强

中年消费者正处于人生的成熟阶段，他们大多数生活稳定。他们不再像青年时那样赶时髦、超前消费，而是注意建立和维护与自己所扮演的社会角色相适应的消费标准与消费内容。例如，中年消费者更注重个人气质和内涵的体现；老年消费者在穿着及其他奢侈品方面的支出大大减少，而对满足其兴趣、嗜好的产品购买支出明显增加，且稳定性强。

（4）注重健康，增加储蓄

对于一些身体状况较差的中老年人来说，健康无疑是他们最关心的问题。这些人一般更加注重保养身体，较多购买医疗保健品。还有，随着年龄的增加，中年人有了赡养义务，而老年人没有经济收入或经济收入减少，为了保证以后有足够的医疗支出，他们会更加节省开支以增加储蓄，为以后治疗疾病做更多的准备。

2. 面向中老年消费者群体的市场营销心理策略

根据中老年消费者群体的心理特征，企业在可采取以下市场营销心理策略。

（1）注重培育中老年消费者成为忠诚消费者

中老年消费者在购买家庭日常生活用品时，往往是习惯性购买，习惯去固定的场所购买经常使用的品牌。生产者、经营者要满足中老年消费者的这种心理需求，使其消费习惯形成并保持下来；不要轻易改变本企业长期形成的历史悠久的产品品牌包装，以免失去消费者。

（2）在产品的设计上要突出实用性、便利性

中老年消费者消费心理稳定，追求产品的实用性、便利性，不要用华而不实的包装。在销售中年人参与购买的产品时，应根据中年人的消费习惯，提供各种富有人情味的服务，如提供饮水、休息、物品保管和代为照看小孩等，这样会收到良好的促销效果。

（3）切实解决购物后发生的产品退换、服务等方面的问题

中老年消费者购物后发现问题，多直接找经营者解决，而且态度坚定、理由充分。经营者在解决问题时，要冷静面对，切忌对他们提出的问题推托、扯皮、不负责任，否则会失去忠诚的消费者。

（4）促销广告活动要理性化

面向中老年消费者开展产品广告宣传或现场促销活动要理性化。中老年消费者购物多为理性购买，不会轻易受外界环境因素影响和刺激。因此，在广告促销活动中，要靠产品的功能和效用打动消费者，要靠实在的使用效果、使用人的现身说法来证明。

总之，面向中老年消费者开展市场营销，要充分认识中老年消费者的心理特征，采取适宜的策略。当然，这里介绍中老年消费者的心理特征，是就多数人的行为特点而总结归

纳的，并不排除特殊情况。因此，在制定市场营销心理策略时不能绝对化。

五、风俗习惯

（一）风俗习惯的概念及消费习俗的特点

1. 风俗习惯的概念

风俗习惯是指个人或集体的传统风尚、礼节和习性。在消费方面的习俗称为消费习俗。消费习俗是人们在日常生活消费过程中由自然的、社会的各方面原因而形成的各具特色的风俗习惯，是世代相传而形成的消费习惯。消费习俗是社会风俗的重要组成部分。不同国家、地区和民族都有自己的消费习俗。消费习俗不但直接影响人们的日常生活，而且对人们的消费心理具有重要的影响。

2. 消费习俗的特点

（1）社会性

消费习俗的形成离不开特定的社会环境，它是人们社会生活的组成部分，带有浓厚的社会色彩。消费习俗是众多的社会成员在共同的社会生活中共同参与而形成的。消费习俗的形成乃至发展变化都有着深刻的社会方面的原因，因而具有社会性的特点。

（2）独特性

消费习俗的形成都有其特定的自然、社会基础，通常是特定地区范围的社会生活的产物，因此带有独特的地域色彩。

（3）非强制性

消费习俗并非通过强制手段推行的，而是由无形的社会行为约定俗成地产生的。消费习俗虽然不具有强制性，但具有强大的影响力，使生活于该习俗范围内的人们自觉或不自觉地遵守习俗。

（4）长期稳定性

消费习俗是人们在长期的社会生活实践中逐渐形成的。许多习俗甚至是经过世代相传而保留至今的。经过漫长时间考验和反复锤炼，消费习俗对人们日常消费的影响也是长久而相对稳定的。

（二）消费习俗对消费者心理与行为的影响

1. 消费习俗对消费者心理的影响

随着社会的进步，人们的生活方式不断变化，新的生活方式进入人们的日常生活，但消费习俗依然对消费者的心理产生影响，具体表现在以下3个方面。

（1）使消费心理具有相对稳定性

由于消费习俗具有长期稳定性的特点，消费者长期受习俗的影响，自然会对符合消费习俗的产品产生偏爱，因而会经常购买这些产品，形成稳定的消费心理。

（2）使消费行为具有普遍一致性

受消费习俗影响，某个区域内的大量消费者会重复购买符合消费习俗的产品，从而导致在特定时间和范围内消费行为的普遍一致性。

（3）制约消费心理与行为的变化

消费习俗几乎导致了人们消费行为的定制化，人们的日常消费活动在很大程度上被习俗心理所取代。遵从消费习俗而导致的消费活动的习惯性和稳定性，将大大延缓消费者心理及行为的变化速度，并使之难以改变。消费习俗的地方性，使很多人产生了一种对地方消费习惯的偏爱，并有一种自豪感，这种感觉强化了消费者的一些心理活动。例如，广州人对本地饮食文化的喜爱，各民族人民对本民族服饰的偏好等。

2. 消费习俗对购买行为的影响

消费习俗本身的特点，决定了它所引起的购买行为同一般情况下的购买行为又有所区别，主要表现为以下3个特征。

（1）由消费习俗所引起的购买行为具有普遍性

任何消费习俗的形成都必须有一定的接受者，由此决定，它能够在某种特定的情况下引起消费者对某些产品的普遍需求。例如，在中国的传统节日春节里，人们要购买各种产品，如肉类、蔬菜、水果、糕点、服装及各种礼品。这一期间，消费者的需求要比平时增加好几倍，几乎家家如此。这就是消费习俗的普遍性引起购买行为的普遍性。

（2）消费习俗不同于社会流行

消费习俗之所以不同于社会流行，是因为消费习俗形成之后就固定下来，并周期性地出现。例如，每年端午节吃粽子，中秋节吃月饼，等等。所以，随着这些节日的周期性出现，人们也要周期性地购买。

（3）由消费习俗所引起的购买行为具有无条件性

消费习俗是社会风尚或习惯，它不仅反映了人们的行动倾向，也反映了人们的心理活动与精神风貌。一种消费方式、消费习惯之所以能够继承相传并形成消费习俗，重要的原因是人们的从众心理。每个人都习惯于和别人去做同样的事，想同样的问题。因此，由消费习俗引起的购买行为几乎没有什么条件限制。虽然它引起的消费数量大、花费多，但消费者又可以克服许多其他方面的困难，甚至减少其他方面的支出，来满足这方面的消费要求。

学习反馈

一、名词解释

需求　　动机　　文化　　亚文化　　消费习俗

二、简答题

1. 分析影响消费者购买行为的因素。
2. 经济因素如何影响消费者购买行为？
3. 分析需求与消费者购买行为的关系。
4. 分析动机与消费者购买行为的关系。
5. 分析文化、亚文化如何影响消费者购买行为。
6. 分析影响消费者购买行为的社会因素。

三、案例分析题

没有疲软的市场，只有疲软的产品
——"金嗓子"唱响全国的奥秘

（一）背景资料

金嗓子喉宝，一种由广西金嗓子制药厂（原柳州市糖果二厂）利用中国中草药制成的保健咽喉糖含片，问世仅仅四五年，即从强手如云、竞争激烈的咽喉含片市场中脱颖而出。目前占据全国药店咽喉含片市场前列，畅销全国，年销售额近 3 亿元，并仍保持迅猛的发展趋势，产品的知名度、美誉度名列同类产品前茅。

（二）基本案情

20 世纪 90 年代初，糖果行业产品滞销，竞争加剧，成本上升，假冒产品横行，冲击市场，大部分糖果厂面临困境，一些厂已经倒闭。这时柳州市糖果二厂厂长江佩珍与助手们在中央一位主管经济的领导的指导与启发下，毅然决定开发难以假冒的高科技产品，并从糖果行业转向利润较高的制药行业，成立了金嗓子制药厂，从此转危为安，并在激烈的市场竞争中站稳脚跟。其成功的原因有很多，主要原因如下。

1. 根据市场潜在需求开发产品

（1）产品研制

20 世纪 90 年代初期和中期，咽喉含片市场经历了数十年的广告大战之后，各名牌均已确立统治地位，草珊瑚、西瓜霜和健民等咽喉含片已占有市场的大部分份额，新产品虽层出不穷，均未能撼动它们的统治地位。然而，在市场研究中发现，咽喉含片均为药粉压制而成，一含即溶，很难在咽喉部较长时间保持药效。含片一般较小，药量不足，对急性咽喉炎或咽喉不适者如不大量食药，见效较慢，而润喉糖无治疗作用。这样，两类产品之间存在一个空缺，即中间型治疗保健产品。

对潜在消费者更进一步的研究表明，一种能在短时间内产生良好的抑制咽喉不适效果、治疗急性咽喉炎、较长时间保持作用的含片是大受欢迎的产品。于是，江佩珍厂长三到上海求援，找到了华东师范大学王耀发教授，共同开发出了新产品——喉宝。一种含有多种中草药成分，能在短时期内对咽喉炎症产生强烈抑制作用、效果良好、显效时间长和附加值高的咽喉含片诞生了。

（2）产品的命名与包装

当时，一般同类产品均称含片和喉片，在新产品推出上，若按旧的思维定式，在资金短缺、知名度为零、各方面条件无法与老牌药厂竞争的情况下，是无法打开市场并在短时间内成为名牌产品的。

因此，在命名上，用"喉宝"区别普通喉片，用"金嗓子"作为品牌名字，有直接强烈的功效暗示及美誉品牌的作用。这样，"金嗓子喉宝"这个名字一诞生，便占据名字上的优势，凸显了与同类产品的明显差异。

包装上，针对同类产品一般用小塑料盒装、分量不足的特点，采取了 10 片 2 包装（2盒1疗程），用金黄做基本色，区别于其他同类产品。

综上所述，金嗓子喉宝的研制、命名和包装是在了解了消费者需求基础上进行的，改变了过去"我有一产品，应设法让大众接受"的观念，而是"消费者需要这种产品，我就研制这样的产品并进行相应的命名与包装，以满足其需求"。

2. 定价研究与决策

原有产品的定价都是计划经济的产物，因此定价极低。零售价一般为 2 元/盒，而进口同类产品（如渔夫之宝）价高至 16 元/盒，又超过了普通人的消费水平。通过进行市场调查发现人们心理上能接受的价格是 5 ~ 6 元/盒，从而确定了零售价为 5 ~ 6 元/盒，并根据其见效快、品质高的特点将金嗓子喉宝定位为中价质优的咽喉医疗保健品。

3. 消费者行为分析

（1）消费者消费习惯的分析

消费者在购买咽喉含片之类的产品时，大部分是从医院获得的，其余才从药店购买，其主要原因是公费医疗。但金嗓子喉宝只能进药店，因此，改变消费者的消费习惯显得尤为重要。

（2）潜在消费者分析

- 主要人群：烟酒爱好者、足球爱好者、空气污染严重地区的人群、爱好唱歌者、推销员、教师和导游等。
- 性别：男性居多。
- 年龄：不愿进医院开处方、怕麻烦的人，以 20 ~ 40 岁居多。

（3）潜在消费者的行为分析

- 外向、粗放，喜欢卡拉 OK，喜欢踢足球，喜吸烟喝酒，喜讲话（自我表现）。
- 不爱去医院，怕麻烦，经济状况良好。

（4）潜在消费者接触最多的媒体及场所分析

- 喜欢体育新闻、时事新闻，常看报纸、电视。
- 常去球场、餐厅、卡拉 OK 厅。

（5）当时国内影响最大（最时尚）的活动分析

- 时兴自我娱乐、卡拉 OK 自唱。
- 足球热，人们关注球市兴衰、球队命运。
- 股市火爆，数千万股民关注股市。
- 喝酒吸烟热，尤其是盛行喝白酒。

4. 便利性营销通路的形成——建立高效的营销网络

- 寻找真正的潜在消费者——根据目标消费者进行销售布点。
- 终端是沟通消费者、获得宝贵反馈信息、进行直接促销的关键环节。
- 顺应消费者潮流、便利消费者是最终策略，金嗓子喉宝进入游泳点、机场、车站、商店和药店等便利店，渗透到千家万户的门口。

5. 整合动态营销传播组合

为尽快推广促销金嗓子喉宝，在统一策划基础上，由厂长直接指挥，各地区分别开展了宣传与促销攻势，分别采取了实效促销、样品品尝、公关宣传、大型活动组织和新闻报道等手段，并根据各地情况进行整合，集中进行宣传与传播，有效地将销售、公关、广告、公益、大型活动、特别促销和人际传播等整合为高效、有力的传播体系，统一调度、统一形象、统一诉求，取得了很好的效果。

请问：

1. 该制药厂是如何分析消费者的行为特点并制定相应的营销策略的?

2. 加入 WTO 后，中国医药业的竞争更加激烈，结合本案例的学习，谈谈中国医药界应如何应对此竞争。

实务操作

试调查手机消费者的购买行为，分析描述消费者需求、购买动机等行为特点，写出简要的总结汇报。（附参考调查问卷）

对居民手机消费的调查问卷

1. 您的年龄：

25 岁以下 □　　　25～40 岁 □　　　40～55 岁 □　　　55 岁以上 □

2. 您的收入：

1 000 元以下 □　1 000～2 000 元 □　2 000～4 000 元 □　4 000 元以上 □

3. 手机的购买时间：

目前暂不购买 □　　　　　　　　在最近半年已购买，暂不准备更换 □

已购但在未来三个月准备更换 □　　在未来三个月准备购买第一部 □

4. 购买手机的主要用途：

方便与家人沟通 □　工作需要 □　　追求时髦 □　　　　其他 □

5. 买手机的次数：

首次购买 □　　　　2 次购买 □　　　3 次购买 □　　　　3 次以上购买 □

6. 购买决策时间有多长：

3 天内 □　　　　　1 周内 □　　　　1 个月内 □　　　　1 个月以上 □

7. 您认为最理想的手机价格：

1 000 元以下 □　　　1 000～2 000 元 □　　　2 000～3 000 元 □

3 000～5 000 元 □　　5 000 元以上 □

8. 影响您决定购买手机的最主要因素：

价格 □　外观 □　　功能 □　　　质量 □　　售后服务 □　　多种因素 □

9. 您最喜爱的品牌：

苹果 □　　三星 □　　华为 □　　vivo □　　　小米 □

10. 您想从哪里购买：

手机零售商 □　　　品牌专卖店 □　　　电信营业点 □　　　二手市场 □　　　其他 □

实训目的：分析影响消费者购买行为的因素。

实训要点：

1. 消费者需求；
2. 消费者购买动机。

延伸阅读：亚伯拉罕·马斯洛

他是智商高达194的天才，伟大的先知。他没有美学专著，其美学思想却融合在其心理学理论中。

亚伯拉罕·马斯洛（Abraham Harold Maslow，1908—1970）出生于纽约市布鲁克林区。美国社会心理学家、人格理论家和比较心理学家，人本主义心理学的主要发起者和理论家，心理学第三势力的领导人。1926年入康奈尔大学，三年后转至威斯康星大学攻读心理学，在著名心理学家哈洛的指导下，1934年获得博士学位，之后，留校任教。1935年在哥伦比亚大学任桑代克学习心理研究工作助理。1937年任纽约布鲁克林学院副教授。1951年被聘为布兰迪斯大学心理学教授兼系主任。1969年离任，成为加利福尼亚劳格林慈善基金会第一任常驻评议员。第二次世界大战后转到布兰迪斯大学任心理学教授兼系主任，开始对健康人格或自我实现者的心理特征进行研究。1967—1970年曾任美国心理学学会主席，是《人本主义心理学》和《超个人心理学》两本杂志的首任编辑。

著名哲学家尼采有一句警世格言："成为你自己！"马斯洛在自己漫长的生命历程中，不仅将毕生精力致力于此，更以独特的人格魅力证明了这一思想，成功地树立了一个具有开创性的形象。《纽约时报》评论说："马斯洛心理学是人类了解自己过程中的一块里程碑。"还有人这样评价他："正是由于马斯洛的存在，做人才被看成一件有希望的好事情。在这个纷乱动荡的世界里，他看到了光明与前途，他把这一切与我们一起分享。"的确，弗洛伊德为我们提供了心理学病态的一半，而马斯洛则将健康的那一半补充完整。马斯洛根据他心目中成功人士的人格得出了自我实现者的人格特征：

1）全面和准确地知觉现实。自我实现者对世界的知觉是客观的、全面和准确的，因为他们在感知世界时，不会掺杂自己的主观愿望和成见，或带有自我防御，而是按照客观世界的本来面貌去反映。与此相反，心理不健康者则是以自己的主观方式去知觉世界的，他们试图使世界与自己的主观愿望、焦虑和担心相吻合。

2）接纳自然、自己与他人。自我实现者能够接纳自然、自身及他人的不足与缺陷，而不会为这些缺陷忧心忡忡。当然，对于可以改造或可以调整的不足与缺陷，他们会以积极的态度来对待，而对那些不可改变的不足与缺陷，他们能顺其自然，不会自己跟自己、他人和自然过不去。

3）对人自发、坦率和真实。在人际交往中，自我实现者具有流露自己真实感情的倾向，他们不会装假或做作，他们的行为坦诚、自然。一般而言，他们都有足够的自信心和安全感，这就使得他们足以真实地表现自己。

4）以问题为中心，而不是以自我为中心。自我实现者热爱自己所从事的工作，献身于某种事业或使命，并能全力以赴。与常人相比，他们工作起来更刻苦、更专注。对他们来说，工作并非真正的劳苦，因为快乐恰恰寓于工作之中。

5）具有超然于世和独处的需求。自我实现者以自己的价值和感情指导生活，不依靠别人来求得安全和满足，他们依靠的只是自己。他们一般都喜欢安静独处，这样做并不是因为害怕别人，也不是要有意逃避现实，而是为了在减少干扰的条件下，更好地深思，更全面地比较，以便去寻求更为合理的问题解决方案。他们平静安详，保持冷静，安然地渡过或顶住各种灾难和不幸。

6）具有自主性，在环境和文化中能保持相对的独立性。自我实现者行为的动力主要来自自身内部发展和自我实现的需求，而不是来自因缺少某种物质或精神上的东西需要外部的补充，因而他们更多依赖自己而不是外部环境，能够抵制外部环境和文化的压力，独立自主地发挥思考的能力，自我引导和自我管理。

7）具有永不衰退的欣赏力。自我实现者能够对周围现实保持奇特而经久不衰的欣赏力，充分地体验自然和人生中的一切美好东西。他们不会因事物的重复出现而习以为常，失去敏感，相反，他们对每一个新生儿、每一次日出或黄昏，都像第一次见到时那样新鲜、那么美妙。

8）具有难以形容的高峰体验。高峰体验是人感受到的一种强烈的、心醉神迷的狂喜或敬畏的情绪体验。当它到来时，人会感觉到无限的美好，具有极大的力量、自信和决断意向，甚至连平凡的日常活动，也可以被提升为压倒一切的、妙不可言的活动。马斯洛认为所有人都具有享受高峰体验的潜在能力，但只有自我实现者更有可能、更常得到这种体验。

9）对人充满爱心。自我实现者所关心的不仅局限于他们的朋友、亲属，而是扩及全人类。他们把帮助穷困受苦的人视为自己的天职，具有同所有的人同甘苦、共患难的强烈意识，千方百计为他人着想。在自我实现者看来，他人的快乐就是自己的快乐，他们已经把自己从满足自身狭隘需求的牢笼中解放了出来。

10）具有深厚的友情。自我实现者注重与朋友间的友谊，他们交友的数目虽然不多，同伴圈子比较小，但友情深切和充实。就对爱的理解来说，他们认为爱应当是全然无私的，至少应当是给予爱和得到爱同等重要。他们能够像关心自己一样，关心所爱者的成长与发展。

11）具备民主的精神。自我实现者谦虚待人，尊重别人的权利和个性，善于倾听不同的意见。对他们来说，社会阶层、受教育程序、宗教信仰、种族或肤色，都是不重要的，重要的是他们是否掌握真理。自我实现者极少偏见，愿意向一切值得学习的人学习。

12）区分手段与目的。自我实现者的行为几乎总是表现出手段与目的界限。一般来说，他们强调目的，而手段必须从属于目的。自我实现者常常将普通人看成达到目的的手段，把活动经历当作目的本身，因而比常人更能体验到活动本身的乐趣。

13）富于创造性。这是马斯洛研究的所有对象共同的特征之一，他们每个人都在某个方面显示出独到之处和创造性。虽然他们中某些人并不一定是作家、艺术家或发明家，但他们具有同儿童天真想象相类似的能力，具有独创、发明和追求创新的特点。

14）处事幽默、风趣。自我实现者善于观察人世间的荒诞和不协调现象，并能够以一种诙谐、风趣的方式将其恰当地表现出来。但他们绝不把这种本领用之于有缺陷的人，他们对不幸者总是寄予同情。

15）反对盲目遵从。自我实现者对随意应和他人的观点和行为十分反感，他们认为人必须具有自己的主见，认定的事情就应坚持去做，而不应顾及传统的力量或舆论的压力。他们这种反对盲目遵从的倾向，显然不是对文化传统或舆论的有意轻视，而是他们自立、自强人格的反映。

消费者的购买过程分析

学习目标

知识目标：通过本任务的学习，掌握消费者购买动机和购买行为的概念，了解消费者购买动机和购买行为的类型；掌握消费者的购买行为过程。

技能目标：通过掌握消费者的购买决策过程分析，制定相应的营销心理策略。

CASE 实际案例

美国的 20 世纪 20 年代被称作"迷惘的时代"。经过第一次世界大战的冲击，许多青年都自认为受到了战争的创伤，并且坚持认为只有拼命享乐才有可能将这种创伤冲淡。他们在爵士乐的包围中尖声大叫，或沉浸在香烟的烟雾缭绕当中。

海明威的小说《太阳照旧升起》中描写的男女主人公，既是那个时代某种精神的提示，又引导着众多的男女青年发疯地纷纷效仿男女主人公的癫狂状态。

无论男女，他们嘴上都会异常悠闲雅致地衔着一支香烟。女人们越来越注意自己的嘴唇，她们精心化妆，"伤心欲绝"地谈恋爱；她们挑剔衣饰颜色，感慨红颜易老，时光匆匆，认为女人是爱美的天使、社会的宠儿；她们抱怨白色的香烟嘴经常沾染上她们的唇膏，于是"万宝路"出世了。

"万宝路"这个名字也是针对当时的社会风气而定的。"MARLBORO"其实是"Man Always Remember Lovely Because Of Romantic Only"的缩写，意为"男人们总是忘不了女人的爱"。其广告口号是"像五月的天气一样温和"。用意在于争当女性烟民的"红颜知己"。为了表示对女性烟民的关怀，莫里斯公司把"Marlboro"香烟的烟嘴染成红色，以期广大爱靓女士为这种无微不至的关怀所感动，从而打开销路。然而几个星期过去、几个月过去、几年过去了，莫里斯公司期待的销售热潮始终没有出现。热烈的期待不得不面对现实中尴尬的冷场。

女性对烟的嗜好远不及对服装的热情，而且一旦她们变成贤妻良母，她们并不鼓励自己的女儿抽烟。香烟是一种特殊产品，它必须形成坚固的消费群体，重复消费的次数越多，消费群体给制造商带来的销售收入就越大。

而女性往往由于其爱美之心，担心过度抽烟会使牙齿变黄，面色受到影响，在抽烟时较男性烟民要节制得多，故很少有"瘾君子"出现。这样，其重复消费的次数很少，而且难以形成坚固的消费群体，所以香烟生产者在女性烟民那里赚钱的设想总是不容乐观。"万宝路"的命运在上述原因的作用下，也趋黯淡。

抱着心存不甘的心情，莫里斯公司开始考虑重塑形象。公司派专人请利奥—伯内特广告公司为万宝路做广告策划，以期打出万宝路的名气和销路。"让我们忘掉那个脂粉香艳的女子香烟，重新创造一个富有男子汉气概的举世闻名的'万宝路'香烟。"——利奥—伯内特广告公司的创始人对一筹莫展的求援者说。一个崭新大胆的改造万宝路香烟形象的计划产生了，产品品质不变，包装采用当时首创的平开式盒盖技术并将名称的标准字（MARLBORO）尖角化，使之更富有男性的刚强并以红色作为外盒主要色彩。

广告的重大变化是"万宝路的广告不再以妇女为主要对象，而是用硬铮铮的男子汉"。在广告中强调万宝路的男子气概，吸引了所有爱好和追求这种气概的消费者。

莫里斯公司开始用马车夫、潜水员和农夫等作为具有男子汉气概的广告男主角，但这个理想中的男子汉最后集中到美国牛仔这个形象上：一个目光深沉、皮肤粗糙、浑身散发着粗犷和豪气的英雄男子汉，在广告中袖管高高卷起，露出多毛的手臂，手指总是夹着一支冉冉冒烟的万宝路香烟。

这种洗尽女人脂粉味的广告，于 1954 年问世，它给万宝路带来了巨大财富。仅 1954—1955 年，万宝路销售量提高了 3 倍，一跃成为全美第十大香烟品牌。1968 年，其市场占有率上升到全美同行的第二位。

现在万宝路每年在世界上销售香烟 3 000 亿支，用 5 000 架波音 707 飞机才能装完，世界上每抽掉 4 支烟，其中就有一支是万宝路。

资料来源：新浪网。

? 思考
影响消费者购买行为的因素有哪些？

学习档案

情境一　消费者的购买动机

【导读案例】在中国这个传统的礼仪之邦，"礼"在中国人的社交往来中扮演着重要的角色。"千里送鹅毛，礼轻情义重"的古谚就是很好的证明。传统的消费习俗在这个文明古国支撑一个潜力巨大的新经济门类——"礼品经济"。商家也注意到了礼品概念的生命力，争相采用礼品概念来包装产品。因此，了解中国人所特有的礼品购买心理及购买行为，建立中国市场的礼品营销理论和策略是中国营销领域重要的问题。

　　请问：你给同学、朋友和长辈送过礼物吗？为什么？

一、消费者购买动机的含义和特征

（一）消费者购买动机的含义

消费者购买动机是使消费者做出购买某种产品决策的内在驱动力，是引起购买行为的前提，也是引起购买行为的缘由。有什么样的动机就有什么样的行为。

（二）消费者购买动机的特征

不同的购买动机引起不同的购买行为，即使是同一购买行为，也可能是由多种动机引起的。它们通常具有如下特征。

1．动机的转移性

根据购买动机在消费者购买行为中所起的作用与地位，动机分为主导性动机和辅助性动机，并且在一定条件下可相互转化。一般来说，主导性动机决定消费者的购买行为，但同时又存在着若干潜在的辅助性动机。例如，希望买到所需产品是消费者的主导性动机，同时还希望受到热情接待，买完东西还想看看别的产品或再逛逛商店等，这些就是辅助性动机。辅助性动机有时并不被个体意识到，处于潜在状态，但在购买过程或决策过程中，往往由于新的刺激出现而发生动机转移，原来的辅助性动机转化为主导性动机，并取代原主导性动机。

例如，消费者到电器店本来是买微波炉的，但这时电器店刚来了一批紧俏产品——双开门冰箱，于是该消费者便马上放弃买微波炉的打算，而去购买冰箱。这说明，消费者除想购买微波炉外，购买冰箱也是动机之一，只不过因为所需要的冰箱比较大众，而暂时把它排在计划后面。但当自己所喜欢的双开门冰箱出现时，购买冰箱的动机就上升为主导性动机，从而放弃了购买微波炉的打算。

2．动机的内隐性

动机是消费者的内心活动过程，具有含而不露的特性。有时，心理性的购买动机更具内隐性，即消费者由于某种原因特将其主导性动机或真正动机掩盖起来。

例如，消费者在购买产品的过程中往往对某一产品过于挑剔，作为营销人员应该意识到，消费者挑剔的真正动机是希望在成本方面少付出，而不是挑剔产品。针对消费者的这种心理，营销人员应该适时引导，促成消费者购买行为的实现。

3．动机的模糊性

由于购买动机是复杂的、多层次的，也就是说，在多种动机同时存在的情况下，很难辨认哪种是主导性动机。有时，连消费者本人也说不清楚，因为有些购买行为是在潜意识支配下进行的。

4．动机的冲突性

当消费者同时产生两个以上互相抵触的动机时，所产生的内心矛盾现象称作冲突，也称作动机斗争。这种动机冲突可分为以下三类。

（1）趋向—趋向冲突

当消费者遇到两个以上都想达到的目标而又不能都达到时所产生的动机斗争。例如，当消费者挑选产品时，面对两种自己所喜爱的产品不能同时都买，选其中的一个又舍不得另一个，难决取舍时，他往往要对两种产品反复比较。这时，来自外界的因素可帮助其决策，如售货员或其他消费者的指点、说服和暗示，都可以起作用。

（2）回避—回避冲突

当消费者遇到两个以上不愉快的目标，又必须选择其中一个时所发生的动机斗争。例如，某商业银行工作人员在服务过程中态度漠然，周边居民颇有怨言，但是储蓄又是居民生活中不可或缺的一个部分，是忍受服务人员的冷漠还是去较远的银行进行储蓄就成为居民的两难选择，一旦居民决定去更远的地方去储蓄时，冲突就解决了。

（3）趋向—回避冲突

当消费者同时面临具有吸引力和具有排斥力的两种目标需要做选择时所产生的动机斗争。例如，消费者在进行消费的过程中总是想购买到物美价廉的产品，但是产品的质量和价格又是成正比的，是选择物美价贵的产品还是选择物次价廉的产品就成为消费者的两难选择。

二、消费者购买动机的类型

购买动机分为两类：一类是生理性购买动机，另一类是心理性购买动机。

（一）生理性购买动机

生理性购买动机是消费者由于生理上的需求，购买用于满足其生存需求的产品而产生的购买动机。消费者为了不再经受饥饿、寒冷，免受疾病带来的痛楚，延续后代，以及增强体质与智力等方面的需求所引发的购买动机都属于生理性购买动机。

生理性购买动机是消费者本能的、最能促使购买行为发生的内在驱动力，在所有购买动机中最具普遍性和主导性。

在生理性购买动机支配下，消费者的购买行为表现出经常性的特征，并且在购买的过程中很少挑拣。

（二）心理性购买动机

心理性购买动机可以分为三种：感情动机、理智动机和信任动机。

1. 感情动机

感情动机是由于人的情感需求而引发的购买欲望。感情动机可以细分为两种情况：一种是情绪动机，另一种是情感动机。

情绪动机是由于人们的喜、怒、哀、乐的变化所引起的购买欲望。针对这种购买动机，在促销时就要营造消费者可以接受的情绪背景。情感动机是由人们的道德感、友谊感等情感需求所引发的动机。例如，为了友谊的需要而购买礼品，用于馈赠亲朋好友等。

感情动机大体上来自下述心理。

（1）好奇心理

好奇心理是人在成长过程中的普遍现象，一些人专门追求新奇，赶时髦，总是充当先锋消费者，至于是否经济实惠，一般不大考虑。例如，跳舞毯、跳舞手机、泡泡糖、名字项链和钛项圈等能在市场上风靡一时就是迎合了这一心理。

（2）异化心理

异化心理多见于年轻人，他们不愿与世俗同流，总希望突出自己的个性、与别人的不一样。年轻人喜欢烫爆炸头、剃光头或文身，这些消费行为就反映了他们想标新立异的心理。

（3）炫耀心理

炫耀心理多见于功成名就的高收入阶层，也见于其他收入阶层中的少数人，在他们看来，购物不光是适用、适中，还要表现个人的财力和欣赏水平。他们是消费者中的尖端消费群，购买倾向于高档化、名贵化和复古化。昂贵的跑车、上万美元的手表等的生产正迎合了这一心理，体现了他们的身份和地位。

（4）攀比心理

攀比，社会学家认为这是"比照集团行为"。有这种行为的人，照搬他希望跻身其中的那个社会集团的生活习惯和生活方式。汽车、名牌服饰和首饰等，不管是否需要、是否划算，也要购买。

（5）从众心理

作为社会的人，总是生活在一定的社会圈子中，人们总希望有一种归属感，有一种希望与他应归属的群体同步的趋向，不愿突出，也不想落伍。受这种心理支配的消费者构成了跟随消费者群体，这是一个相当大的消费群体。研究表明，当某种耐用消费品的家庭拥有率达到40%后，将会产生该消费品的消费热潮。

（6）崇外心理

年轻人普遍认为国外的产品要比国货质量好得多。例如，手机、家电、服饰和化妆品等行业舶来品已占据大半江山。虽然可以通过网络等多种途径提倡大家购买国货，但是人们思想的改变一朝一夕很难实现。

（7）尊重心理

消费者是企业的争夺对象，理应被企业奉为"上帝"。如果服务质量差，即使产品本身质量再好，售货员和维修人员也应真诚地尊重消费者的经济权利。

2. 理智动机

理智动机是消费者对某种产品有了清醒的了解和认识，在对这个产品比较熟悉的基础上所进行的理性抉择和做出的购买行为。

理智动机包括以下方面。

（1）求实心理

求实心理是理智动机的基本点，即立足于产品的最基本效用。在求实心理动机的驱使下，消费者偏重产品的技术性能，而对其外观、价格和品牌等的考虑则在其次。

（2）求廉心理

科特勒说过，没有降价两分钱抵不了的消费者忠诚。在其他条件大体相同的情况下，价格往往成为左右消费者取舍某种产品的关键因素。折扣券和大拍卖之所以能牵动千万人的心，就是因为求廉心理。

（3）可靠

消费者总是希望产品在规定的时间内能正常发挥其使用价值，可靠实质上是"经济"的延伸。名牌产品在激烈的市场竞争中具有优势，就是因为具有上乘的质量。所以，具有远见的企业总是在保证质量前提下打开产品销路。

（4）安全

消费者在购买产品的同时，对产品安全性的需求是不言而喻的。消费者购买的产品是要方便自己的工作或生活，如果产品造成了人身伤害，就是消费者所不能接受的。

近年来，人类越来越多地受到了大自然的惩罚，气候变暖、海平面上升都和人类的活动有着千丝万缕的联系。保护人类自己的生命，营造一种适合人类生存的地球环境成为整个世界的需要。"绿色产品"之所以具有十分广阔的前景，就是因为适合了这一购买动机。

（5）美感

爱美之心，人皆有之。美感也是产品的使用价值之一。企业对产品外观的设计注入了越来越多的投资，就是因为消费者在做购买决策时，美感动机的成分越来越重。

（6）使用方便

省力省事无疑是人们的一种自然需求。产品，尤其是技术复杂的产品，使用方便，将会更多地受到消费者的青睐。声控灯、能拍照的手机、无绳电话和 4G 业务越来越多地走入人们的生活，正是迎合了消费者的这一购买动机。

（7）购买方便

在社会生活节奏加快的今天，人们更加珍惜时间，对不需要挑拣的产品，就近购买、顺便购买、捎带购买经常发生。大型超市之所以被消费者青睐，邮购、电话购物、网络购物等购物方式的兴起等正是迎合了消费者的这一购买动机。

（8）售后服务

消费者在购买前希望有足够的关于产品的前期了解，在购买过程中希望得到热情周到的服务和详尽专业的介绍，在购买产品后还需要得到商家完善的售后服务。因此，提供详尽的说明书、进行现场指导、及时提供免费维修、实行产品质量保险等都成为企业争夺消费者的手段。

3. 信任动机

信任动机是基于对某个品牌、某个产品或某个企业的信任所产生的重复性的购买动机。

在现实经济生活中，这三种动机还呈现一些不同的表现形式，如求实、求新、求同、求美、求名和求便等。这些不同的购买动机带来了不同的购买行为，促销员应该根据消费者的动机来了解他的购买行为，按照他的购买行为来进行促销。

三、消费者购买动机的作用

一般来说，购买动机和购买行为之间是因果关系，具体地分析，消费者购买动机对其购买行为具有以下作用。

（一）始发作用

购买动机是购买行为的原因，有购买动机才会有购买行为。

人们觉得饿，要吃东西填饱肚子，所以去购买食品。在这里，吃东西填饱肚子就是动机，购买就是最终的行为。这是引起消费者购买行为的初始动机，这种动机引导消费者购买哪一种产品。动机的基本作用就是这种激励和刺激作用。

（二）选择作用

选择作用是动机的调节功能所起的作用。因为消费者的动机是多种多样的，这些动机目标可能是一致的，也可能是矛盾的。动机的选择作用可以引导购买的产品，当消费者最强烈的动机实现后，初级动机就会自动调节出下一级动机。

（三）维持作用

人的行为是有连贯性的，动机的实现也往往要有一定的时间过程。在这个过程中，动机始终起着激励作用，直至行为目标实现为止。例如，在购买手机的过程中，手机的品牌和外观就起着维持购买的作用。

（四）强化作用

动机的强化作用具有正强化作用和负强化作用。为满足动机的结果，不断保持与强化行为动因，称作正强化；反之，起着减弱和消退行为作用的，称作负强化。例如，企业对于耐用消费品的降价就是一种正强化，而对于耐用消费品的提价就是一种负强化。

（五）中止作用

当动机已经实现，或者刺激与需求发生变化时，动机都会起停止行为的作用。当然，机体的动机是不会停止的，一个动机停止了，另一个动机又会继起，发起新的行为过程。例如，手机已经买到了，购买手机的动机就会消失，而此时又会产生购买其他产品的动机。

情境二　消费者的购买行为

【导读案例】大众甲壳虫上市之初，大众汽车在自己的网站上发布了两款最新甲壳虫系列——亮黄和水蓝。首批新车一共 20 辆，均在线销售。这是大众汽车第一次在自己的网站上销售产品。网站采用 Flash 技术来推广两款车型，建立虚拟的网上试用驾车，将动作和声音融入活动中，让用户觉得他们实际上是整个广告的一个部分。用户可以自由选择网上试用驾车的不同环境，如高速公路、乡间田野或其他不同场景。

请问：你认为网上试用驾车、预订的消费者具备什么特征？

一、消费者购买行为的含义和特征

（一）消费者购买行为的含义

消费者购买行为是指消费者为满足其个人或家庭生活而发生的购买产品的决策过程。

消费者购买行为是复杂的，其购买行为的产生是受到其内在因素和外在因素的相互促进交互影响的。

企业营销通过对消费者购买行为的研究，掌握其购买行为的规律，从而制定有效的市场营销策略，实现企业营销目标。

（二）消费者购买行为的特征

1. 购买者多而分散

消费者购买涉及每个人和每个家庭，购买者多而分散。为此，消费者市场是一个人数众多、幅员广阔的市场。消费者所处的地理位置各不相同，闲暇时间不一致，造成了购买地点和购买时间的分散性。

2. 购买量少，多次购买

消费者购买是以个人和家庭为购买和消费单位的。由于受到消费人数、需要量、购买力、储藏地点和产品保质期等因素的影响，因此消费者为了保证自身的消费需求，购买产品批量小、批次多，购买频繁。

3. 购买的差异性大

消费者购买因受年龄、性别、职业、收入、文化程度、民族和宗教等影响，其需求有很大的差异性，对产品的要求也各不相同。而且，随着社会经济的发展，消费者消费习惯、消费观念、消费心理不断发生变化，从而导致消费者购买差异性大。

4. 大多属于非专家购买

绝大多数消费者的购买缺乏相应的专业知识、价格知识和市场知识，尤其是对某些技术性较强、操作比较复杂的产品，更显得知识缺乏。在多数情况下，消费者购买时受情感的影响较大。因此，消费者很容易受广告宣传、产品包装、装潢及其他促销方式的影响，产生冲动购买。

5. 购买的流动性大

在市场经济比较发达的今天，人口在地区间的流动性较大，因此导致消费购买的流动性很大，消费者购买经常在不同产品、不同地区及不同企业之间流动。

6. 购买的周期性

有些产品是需要消费者常年购买、均衡消费的，如食品、副食品、牛奶和蔬菜等生活必需品；有些产品是需要消费者季节性购买或节日购买的，如一些时令服装、节日消费品等；有些产品是需要消费者等产品的使用价值基本消费完毕才重新购买的，如电话机与家用电器等。这些都表现出消费者购买有一定的周期性可循。

7. 购买的时代特征

消费者购买常常受到时代精神、社会习俗的导向，从而使人们对消费购买产生一些新的需求。例如，亚太经济合作组织会议以后，唐装成为时代的风尚，随之流行起来；又如，社会对知识的重视，使人们对书籍和文化用品的需求明显增加。这些都显示出消费者购买的时代特征。

8. 购买的发展性

随着社会的发展和人民消费水平、生活质量的提高，消费需求也在不断向前推进。过去只要能买到产品就行了，现在追求名牌；过去不敢问津的高档产品（如汽车等），现在有人消费了；过去自己承担的劳务，现在由劳务从业人员承担了；等等。这种新的需求不断产生，而且是永无止境的，使消费者购买具有发展性特点。

认清消费者购买特征的意义十分重大，它有助于企业根据消费者购买特征来制定营销策略，规划企业经营活动，为市场提供消费者满意的产品或劳务，更好地开展市场营销活动。

二、消费者购买行为理论（消费者让渡价值理论）

（一）消费者让渡价值的内涵

消费者让渡价值就是消费者总价值与消费者总成本之差。

其中，消费者总价值包括消费者在购买和消费过程中所得到的全部利益，这些利益来自产品价值、服务价值、人员价值或形象价值。对消费者总价值的分析是消费者理论研究的重点。消费者总成本包括消费者为购买某一产品或服务所支付的货币成本，以及购买者预期的时间、体力和精神成本。

由于社会的不断发展，生产力得到了提高，企业为消费者提供了越来越多的产品，从而使如今的消费者面临着纷繁复杂的产品和品牌选择，这就使企业必须关注消费者是如何做出选择的。显然，从经济学的观点看，消费者既然是社会经济的参与者和产品价值的实现者，他必然按"有限理性者"行事，即消费者是按所提供的最大价值进行估价的。因此，现代营销理论的前提是消费者将从企业购买他们认为能提供最高消费者让渡价值的产品或服务。

（二）消费者让渡价值理论对企业的启示

消费者让渡价值理论的提出为企业经营方向提供了一种全面的分析思路。

1. 企业的产品要想能为消费者接受，必须全方位、全过程地生产管理和经营

企业经营绩效的提高不是行为的结果，而是多种行为的函数。以往营销人员强调营销只是侧重于产品、价格、分销和促销等一些具体的经营性要素，而消费者让渡价值却认为该价值不仅包括产品自身的质量、品牌、为消费者提供的生活或工作便利，还包括在购买过程中消费者得到的服务、营销人员的形象等非物质因素。因此，对于消费者来讲，价格低不是吸引消费者的唯一方面，企业可以提高消费者价值以提高最终的让渡价值。

2. 企业在生产经营中创造良好的整体消费者价值只是企业取得竞争优势、成功经营的前提，一个企业不仅要着力创造价值，还必须关注消费者在购买产品和服务中所倾注的全部成本

由于消费者在购买产品和服务时，总希望把有关成本（包括货币、时间、精力和精神）降到最低限度，同时又希望从中获得更多实际利益。因此，企业还必须通过降低生产与销售成本，减少消费者购买产品的时间、精力与精神耗费从而降低货币、非货币成本。显然，充分认识消费者让渡价值的含义，对于指导工商企业如何在市场经营中全面设计与评价自己产品的价值，使消费者获得最大限度的满意，进而提高企业竞争力具有重要意义。对于一个企业来说，降低消费者成本不一定就要降低产品的价格，企业可以降低消费者购买产品的时间，如通过提供网络订货业务等方式来进行。

消费者让渡价值理论虽然给营销人员提供了一个分析问题的方法和模型，但对消费者让渡价值、整体消费者价值和整体消费者成本进行精确的量化后再指导实践显然不太现实。如何更准确地评估和把握消费者让渡价值从而最终获得消费者的青睐，成为企业的市场开拓工作的一个重要而紧迫的问题。

三、消费者购买行为的类型

（一）根据消费者的参与程度分类

1. 复杂的购买行为

复杂的购买行为是指消费者购买决策过程完整，要经历大量的信息收集、全面的产品评估、慎重的购买决策和认真的购后评价等阶段。如果消费者属于高度参与，并且了解现

有各品牌、品种和规格之间具有的显著差异，就会产生复杂的购买行为。

对于复杂的购买行为，营销人员应制定策略帮助消费者掌握产品知识，运用各种途径宣传本品牌的优点，影响最终购买决定，简化购买决策过程。

2. 减少失调感的购买行为

减少失调感的购买行为是指消费者不广泛收集产品信息，不精心挑选品牌，购买决策过程迅速而简单，但是在购买以后会认为自己所购买的产品具有某些缺陷或其他同类产品有更多的优点，进而产生失调感，怀疑原先购买决策的正确性。

对于这类购买行为，营销人员要提供完善的售后服务，通过各种途径经常提供有利于本企业的产品信息，使消费者相信自己的购买决策是正确的。

3. 寻求多样化的购买行为

寻求多样化的购买行为是指消费者购买产品有很大的随意性，并不深入收集信息和评估比较就决定购买某一品牌，在消费时才加以评估，但是在下次购买时又转换其他品牌。转换的原因是厌倦原口味或想尝试新口味，是寻求产品的多样性而不一定有不满意之处。

对于寻求多样化的购买行为，市场领导者和挑战者的营销策略是不同的。市场领导者力图通过提高市场占有率、避免脱销和提醒购买的广告来鼓励消费者形成习惯性的购买行为。而挑战者则以较低的价格、折扣、赠券、免费赠送样品和强调试用新品牌的广告来鼓励消费者改变原有的习惯性的购买行为。

4. 习惯性的购买行为

习惯性的购买行为是指消费者并未深入收集信息和评估品牌，只是习惯于购买自己熟悉的品牌，在购买后可能评价也可能不评价产品。

对于习惯性的购买行为的主要营销策略是：① 利用价格与销售促进吸引消费者试用；② 开展大量重复性广告，加深消费者对品牌的印象；③ 增加购买参与程度和品牌差异。

（二）根据消费者的购买目标分类

1. 全确定型

全确定型是指消费者在购买产品以前，已经有明确的购买目标，对产品的名称、型号、规格、颜色、式样、商标以及价格的幅度都有明确的要求。这类消费者进入商店以后，会主动提出所要购买的产品，并对所要购买的产品提出具体要求，当产品能满足其需求时，则会毫不犹豫地买下该产品。

2. 半确定型

半确定型是指消费者在购买产品以前，已有大致的购买目标，但具体要求还不够明确，最后购买需经过选择比较才能完成。例如，购买手机是原先计划好的，但购买什么品牌、规格、型号、式样等还不确定。这类消费者进入商店以后，一般要经过较长时间的分析、比较才能完成其购买行为。

3. 不确定型

不确定型是指消费者在购买产品以前，没有明确的或既定的购买目标。这类消费者进入商店主要是参观、游览，漫无目的地观看产品或随便了解一些产品的销售情况，有时对有兴趣或合适的产品偶尔购买，有时则观后离开。

（三）根据消费者的购买态度分类

1. 习惯型

习惯型是指消费者由于对某种产品或某家商店的信赖、偏爱而产生的经常、反复的购买。由于经常购买和使用，他们对这些产品十分熟悉，体验较深，再次购买时往往不再花费时间进行比较，注意力稳定、集中。

2. 理智型

理智型是指消费者在每次购买前对所购的产品，要进行较为仔细的比较研究。购买时感情色彩较少，头脑冷静，行为慎重，主观性较强，不轻易相信广告、宣传、承诺、促销方式及售货员的介绍，主要靠产品质量、款式。

3. 经济型

经济型是指消费者购买时特别重视价格，对于价格的反应特别灵敏。购买时无论选择高档产品，还是中低档产品，首选的都是价格。他们对"大甩卖""清仓""血本销售"等低价促销最感兴趣。一般来说，这类消费与消费者自身的经济状况有关。

4. 冲动型

冲动型是指消费者容易受产品的外观、包装、商标或其他促销的刺激而产生的购买行为。购买一般都以直观感觉为主，从个人的兴趣或情绪出发，喜欢新奇、新颖、时尚的产品，购买时不愿做反复的比较。

5. 疑虑型

疑虑型是指消费者具有内倾性的心理特征。购买时他们小心谨慎、疑虑重重，常常会犹豫不决而中断购买，购买后还会疑心是否上当受骗。

6. 情感型

情感型消费者的购买多属情感反应，往往以丰富的联想来衡量产品的意义。购买时注意力容易转移，兴趣容易变换，对产品的外表、造型、颜色和命名都较重视，以是否符合自己的想象作为购买的主要依据。

7. 不定型

不定型消费者的购买多属于尝试性，其心理尺度尚未稳定，购买时没有固定的偏爱，在上述 6 种类型之间游移。这种类型的购买者多数是独立生活不久的年轻人。

四、消费者购买决策过程

消费者购买决策过程一般分为以下五个阶段，针对这五个阶段，企业可以制定相应的营销心理策略。

（一）确认需求

当消费者意识到对某种产品有需求时，购买过程就开始了。消费者需求可以由内在因素引起，也可以由外在因素引起。

此阶段企业必须通过市场调研，促使消费者认识到需求的具体因素。营销活动应致力于做好两项工作：发掘消费驱动力以及规划刺激、强化需求。

（二）寻求信息

在多数情况下，消费者还要考虑买什么品牌的产品、花多少钱、到哪里去买等问题，需要寻求信息，了解产品信息。寻求的信息一般有产品的质量、功能、价格、品牌和已经购买者的评价等。

消费者的信息来源通常有四个方面：商业来源、个人来源、大众来源和经验来源。

企业营销任务是设计适当的市场营销组合策略，尤其是广告策略，宣传产品的质量、功能和价格等，以便使消费者最终选择本企业的品牌。

（三）比较评价

消费者进行比较评价的目的是识别哪种品牌、类型的产品最适合自己的需求。消费者对产品的比较评价，是根据收集的资料，对产品属性做出的价值判断。消费者对产品属性的评价因人因时因地而异，有的评价注重价格，有的注重质量，有的注重品牌或式样等。企业营销首先要注意了解并努力提高本企业产品的知名度，使其列入消费者比较评价的范围之内，才可能被选为购买目标。同时，还要调查研究人们比较评价某类产品时所考虑的主要方面，并突出对这些方面的宣传，从而对消费者购买选择产生最大影响。

（四）决定购买

消费者通过对可供选择的产品进行评价，并做出选择后，就形成购买意图。在正常情况下，消费者通常会购买他们最喜欢的品牌。但有时也会受他人态度和意外事件两个因素的影响而改变购买决定。

消费者改变、推迟或取消某个购买决定，往往受已察觉风险的影响。察觉风险的大小是由购买金额、产品性能及购买者自信心决定的。企业营销应尽可能减少这种风险，以推动消费者购买。

（五）购后评价

消费者购买产品后，购买决策过程还在继续，他要评价已购买的产品。企业营销必须给予充分的重视，因为它关系到产品今后的市场和企业的信誉。

企业营销应密切注意消费者购后感受，并采取适当措施，消除不满，提高满意度。例如，经常征求消费者意见，加强售后服务和保证，改进市场营销工作，力求使消费者的不满降到最低。

情境三　消费者的逆反心理

【导读案例】中国保监会曾发布了《保险销售行为可回溯管理暂行办法》（简称《办法》）。《办法》通过对保险公司、保险中介机构保险销售行为的可回溯管理，记录和保存保险销售过程关键环节，实现销售行为可回放、重要信息可查询、问题责任可确认。《办法》于 2017 年 11 月 1 日起实施。

《办法》发布后，保险销售人员认为，这是在显示国家对保险业的扶植力度将要加大，纷纷在朋友圈晒出误导消费者的言论。商业保险是社会保险的有益补充，但是消费者对于这种产品需求明显不足。

请问：保险微信广告为什么让人反感？

一、逆反心理的概念

逆反心理的说法来自日常生活，泛指人们用反向的态度和行为来对外界的劝导做出反应的现象。实质上，逆反心理是个人心理抗拒的一种特殊形式，它不像人们通常理解的那样是一种心理的异常反应，而是人适应外在环境的一种正常心理机能。逆反心理广泛存在于人类生活的各个领域和层面，当然同样大量地存在于消费者的消费活动中。在现实生活中，由于消费刺激的内容不同，消费者的逆反心理也有各种各样的表现形式。消费者常见的逆反心理如下。

（一）超限逆反

超限逆反是指机体过度接受某种刺激之后出现的逃避反应。它是机体自然的保护反应。生物学与心理学的研究都已证明，对于任何刺激，包括能够给机体带来巨大满足的刺激，机体的接受性都是有限的。物极必反，一种刺激无论多么富有意义，过多的重复都会使它成为无意义的消极刺激。当个人对一种刺激的意义已经明了，可以对这一刺激做出预言时，这一刺激对于个人就不再具有意义。此时，这种刺激再出现就不是引起个人积极的态度反应，而是引起消极的态度反应。因此，任何旨在诱发人们态度改变的说服引导，都必须避免无意义的重复，否则效果会适得其反。

（二）广告逆反

在广告宣传中，某些不适当的表现形式、诉求方式也会形成过度刺激，引起消费者的逆反心理。例如，表现手法单一化、雷同化，会降低消费者的兴趣和注意力。同一时间连续播放几十则广告，会造成消费者的心理疲劳。过分渲染、夸大或吹嘘，会引起消费者的怀疑和不信任感。表现内容庸俗低级、故意吊胃口，反而会招致消费者的厌烦、抵触，以致产生"广告做得好的不一定是好货""广告宣传越多越不能买"的逆反心理。

（三）价格逆反

价格在诸多消费刺激中具有敏感度高、反应性强、作用效果明显的特点。价格涨落会直接激发或抑制消费者的购买欲望，两者的变动方向通常呈反向高度相关。但是，受某种特殊因素的影响，如市场产品供应短缺引起的心理恐慌，对物价上涨或下降的心理预期，对企业降价销售行为的不信任等，也会引起消费者对价格变动的逆反心理，导致"买涨不买落""越涨价越抢购""越降价越不买"的逆反行为。

（四）禁果逆反

禁果逆反是指理由不充分的禁止反而会激发人们更强烈的探究欲望。心理学的大量经典研究表明，探究周围世界的未知事物，是人类普遍的行为反应，是人在长期生物进化过程中形成的具有生物适应意义的稳定需求。对一件事物做不说明原因的简单禁止，会使这件事物有区别于其他事物的特殊吸引力，使人自然地将更多的注意转移到这件事物之上。而且，没有得到解释的禁止会引起各种推测和假设。从认知不协调理论的观点说，当对禁止感到理由不充分时，人们就找不到充分理由来扼制自己的探究欲望，从而心理的平衡会朝违反禁止的方面倾斜，使人倾向于做出偷食禁果的行为。

二、如何降低消费者的逆反心理

消费者的逆反心理容易导致与企业营销方向相反的作用效果，因此，必须高度重视，采取有效措施加以引导和调节。由于逆反心理具有可诱导性，如果善于巧妙利用，也可以使其向有利于企业促销的方向转化，甚至取得其他手段无法达到的特殊效果。

（一）根据消费者的感受限度，调节消费刺激量和强度，避免逆反心理的产生

在多数情况下，逆反心理是由于刺激过度造成的。所以，适当调整消费刺激量，以及时间和强度，使之与消费者的感受能力相适应，是预防逆反心理的首要策略。企业营销人员切不可仅凭主观意愿，任意采取高强度、全方位和连续轰炸式的宣传促销手段。例如，不间断地播放同一内容的广告，反复劝说消费者购买某一产品，连续调低或调高产品价格等。而应该采取间断式、有节奏、适度的刺激方式，以便使消费者在接受刺激后，形成正常的心理体验和行为反应。

（二）及时采取引导和调节措施，力求在萌芽阶段使逆反心理得到扭转

某些逆反心理的产生，往往是由于信息获取不全面，接受了失真或错误的信息，对信息源不信任，或对未来趋势不准确的判断和预期等造成的。针对这种情况，营销人员应采取各种引导和调节措施，向消费者全面、准确地提供有关产品信息，满足消费者的知情权；应尽量选择专家、权威部门、有影响的新闻媒介，以及消费者组织或个人作为信息源，使消费者打消疑虑，增强信任感；同时就消费趋势做出客观科学的分析，帮助消费者纠正不正确的心理预期。通过有效引导和调节可以将刚刚出现的逆反心理消除在萌芽状态，避免其形成稳定的态度，并进一步转化为逆反行为。

（三）有意设置刺激诱因，激发消费者好奇的逆反心理，促成预期的逆反行为

对于不熟悉、不了解的新奇事物，消费者往往具有强烈的好奇心，特别是在信息渠道受到人为阻隔的情况下，更易激发探求真相的欲望。利用这一心理特点，企业营销人员可以对所要传递的信息采取欲扬先抑的方法，从反向促使消费者主动寻求接收信息。

（四）发挥消费带头人作用，促成大规模逆反行为的转化

在大规模、群体性逆反行为的情况下，应特别注意消费带头人或意见领袖的作用。因为许多消费者采取逆反行为，往往并非出自个人的逆反心理，而是追随大多数人行为的结果。此时，消费者的心理带有很大的盲目性和从众性。而多数人的逆反行为又经常来自对消费带头人的仿效或对意见领袖的服从。因此，如果能说服消费带头人和意见领袖改变逆反态度，就能对大多数人产生广泛而有效的影响，使逆反行为在大面积蔓延前得到及时遏制，并向有利的方向转化。

学习反馈

一、名词解释

购买动机　　逆反心理　　消费者让渡价值

二、简答题

1. 消费者购买行为的类型包括哪些？
2. 消费者购买行为的特征有哪些？
3. 怎样降低消费者的逆反心理？

三、分析题

你在购买手机前做了哪些准备？你是如何决定购买现在这款手机的？如果下次购买手机，你想购买什么样的手机，为什么？

四、案例分析题

原价 64 元的肯德基外带全家桶，凭超级特价"特别秒杀优惠券"，只需 32 元就可以买到；香辣/劲脆鸡腿堡套餐，凭券买一赠一……大量手持优惠券的市民在肯德基要购买外带全家桶和汉堡包时却被告知，不接收这两种秒杀优惠券，并定义它们为"假券"。

如果你是消费者，你觉得自己被拒绝后心理上会出现什么样的波动？

实务操作

消费者来商场购买一件名牌服装，请两位同学模仿售货员为消费者提供服务。一位服务人员过于热情，另一位服务人员热情适度，请扮演消费者的同学介绍不同服务下的消费者心理。

实训目的：把握服务的热情度。

实训要点：

1. 消费者的购买动机；
2. 消费者的购买过程；
3. 消费者的逆反心理。

延伸阅读：日本零售商店对消费者购买心理的分析研究

日本零售商店要求售货员要研究和体察消费者的购买心理，分析不同类型的消费者，采取不同的接待消费者方法。

一、对消费者购买心理的综合研究方法

注视：当消费者注意观看某种产品或伫立观看某广告牌时，售货员应注意观察消费者在留意什么产品，以此来判断消费者想购买什么。

兴趣：当消费者走近某种产品并用手触摸该种产品时，反映出消费者对该种产品产生了购买兴趣。这时售货员要向消费者打招呼，说"您来了"，并且说"请您随便挑选"，随后观察消费者的购买意图。

联想：要使消费者联想到购买了某种产品后使用时的方便和愉快的心情等，售货员应主动介绍使用某种产品如何方便及使用这个产品会心情愉快等。

欲望：进一步促进消费者购买的欲望。售货员举出某消费者买了某种产品后的实例，以促进消费者购买的欲望。

比较：在消费者挑选产品时，售货员应主动介绍某种产品的质量和性能等，以便于消费者比较。

决定：最后消费者通过比较决定购买某一种产品。

通过以上对消费者不同购买心理的综合研究，售货员应采取各种介绍产品的方法，促使消费者决定购买哪种产品。

二、对不同类型消费者的接待方法

慎重型：这类消费者在选购材料、食品或其他产品时，都是挑挑这个选选那个的，即拿不定主意的消费者。对于这类消费者，售货员不能急急忙忙地说"您想用点什么"，而应该拿出两种以上的产品，以温和的态度对比介绍。

反感型：对售货员的介绍，尽管你介绍的都是真实情况，他也认为是说谎骗人，这类消费者属于对售货员介绍产品抱不信任态度的消费者。对于这类消费者，售货员不应抱着反感，更不能带着情绪来对待消费者。

挑剔型：对于介绍的产品"这个也不行那个也不是"，是比较挑剔的消费者。售货员对待这种消费者不要加以反驳，而要耐心地去听他讲，这是最好的办法。

傲慢型：经常在你跟前走来走去，意思好像在说："我是消费者啊！"售货员如果稍稍表现不耐烦或没有面对他，他就要发怒地脱口而出："喂，要接待消费者。"对于这类消费者，年轻的售货员会感到不愉快。但是，为了接待好其他消费者，最好采取镇静沉着的态度。

谦逊型：当你介绍产品时，他总是听你做介绍，并且说："真是这样，对，对。"对待这样的消费者，不仅要诚恳有礼貌地介绍产品的优点，而且连缺点也要介绍。例如，有的牙齿不太好的消费者购买食品，不仅要介绍某种食品味美价廉的优点，而且连"稍稍有点硬"等缺点也要一并介绍。这样就更能取得消费者的信任。

三、了解消费者意图后接待消费者的方法

希望很快买到产品的消费者：指名要购买某种产品。这类消费者是为了买某种产品有目的而来的。售货员应迅速地接待他们，并应尽快地把产品包装好送给消费者。

观望的消费者：消费者对这个商店抱怀疑态度，不知这个商店究竟如何，他一边观看橱窗，一边犹豫地走进货场。对于这类消费者，售货员不必急于打招呼，等待适当时机再说。

无意购买的消费者：进店没有购买的意思，看看有什么合适的再说。这类消费者看到中意的产品后眼神就变了。这时售货员就要主动打招呼。

连带购买的消费者：消费者急于想连带购买其他产品，售货员应注视着消费者或跟随消费者以促其连带购买。

希望和售货员商量后购买的消费者：消费者进商店后向四处看，好像要寻找售货

员打听什么似的。这时售货员要主动打招呼，并说："您来了，您想买点什么？"

想自己挑选的消费者：有的消费者自己愿意专心一意地挑选产品，不愿让别人打扰自己。对于这样的消费者，售货员注视着消费者就行了。

下不了决心的消费者：有的消费者踌躇不决，下不了购买的决心。他们感到"买也可以"，但心里又想"也许以后会赶上更好一些的产品呢"。对于这样的消费者，售货员应该积极地从旁建议，推荐产品。

产品组合与消费者心理

学习目标

知识目标：通过本任务的学习，了解新产品的类型，掌握新产品开发的心理策略；了解产品的各个生命周期，掌握消费者在产品不同周期中的心理特征；了解品牌和包装的组成，掌握品牌和包装策略的选择。

技能目标：能够把握不同生命周期中消费者不同的心理，学会怎样树立消费者的品牌意识，并培养越来越多的坚定的品牌忠诚者。

CASE 实际案例

1996 年 9 月，养生堂在浙江成立了千岛湖养生堂饮用水有限公司，从此拉开了农夫山泉征战中国市场的序幕。

当时中国的水市场是娃哈哈和乐百氏的天下，这两家企业都以稳健著称。但娃哈哈一向以明星的感性诉求作为其广告宣传的主线，而乐百氏则以冷静客观的理性诉求作为其广告宣传的主线。娃哈哈以歌星景岗山为广告代言人，借广告歌"我的眼里只有你"，充分渲染青春、前卫、激情和热情，博得广大青少年歌迷对娃哈哈的注目和倾心，一举超越众多瓶装水品牌，登上了国内瓶装水第一的宝座。随着瓶装水的热销，假冒伪劣品充斥市场，消费者一度对瓶装水疑虑重重。乐百氏看准时机，不惜重金制作"27 层净化"的品质诉求广告，虽无温馨和煽情，却撼动心弦，将理性诉求发挥到极致，成为经典之作，使乐百氏瓶装水当年即获得 2 亿元左右的销售额。

面对挑战，娃哈哈开始体验理性广告的能量，准备打出设备、技术和品质的"一流主义"概念，并不厌其烦地通过科普文章连续介绍"活性水"概念。而感受到娃哈哈感性广告热力的乐百氏，也请出歌星黎明作为其品牌代言人，实现乐百氏迈向感性广告之路。为"迎战"黎明，娃哈哈请来实力派歌手王力宏，增强娃哈哈品牌的青春感和都市化特征。在此之后，乐百氏又请出红极一时的小燕子赵薇，接着娃哈哈也请来另一名女明星……

当时市场上不仅只有这两个全国性品牌，还有上千家纯净水生产企业，在这样的市场状况下，新生的农夫山泉如何突围？

纯净水：踏上征途

农夫山泉在上海和浙江的重点城市上市，以"有点甜"为卖点，以差异化营销策略，并通过差异化的包装及品牌运作，迅速奠定了农夫山泉在水市场的高档、高质的形象。"价格差异化"也使众多消费者对其优秀品质深信不疑。

随后，在中央电视台出现了一支纯净水的广告，引起了消费者的广泛关注，这就是农夫山泉。在这支表现农夫山泉独特瓶型结构和饮用方式的广告中，农夫山泉提出了"农夫山泉有点甜"的独特诉求。在创意的表现形式上，采用带有悬念的故事情节型手法，把农夫山泉独特的饮用方式淋漓尽致地表现出来，而且还提出"农夫山泉有点甜"的独特销售主张。产品还没有上市，广告已经把农夫山泉的名字传遍全国，而"农夫山泉有点甜"的广告语也成为消费者谈论的话题。应该说，农夫山泉的这一版广告作为农夫山泉系列电视广告的旗舰，在短时间内就使农夫山泉的品牌知名度从零一下子跨越到了几乎童叟皆知的程度。

在瓶装水市场竞争如此激烈的状况下，农夫山泉凭借一支创意非凡的广告打开市场，实属不易，其成功值得回味。

进入 21 世纪，农夫山泉的传播主题逐渐从"农夫山泉有点甜"逐步转化为"好水喝出健康来"，更加突出了水质，同时也佐证了农夫山泉之所以甘甜的本质。广告从诉求角度看，农夫山泉开始相对弱化上市初期"有点甜"的概念，而更侧重于诉求水源——千岛湖的源头活水，通过各种创意表现形式，使消费者认识到农夫山泉使用的是千岛湖地下的源头活水，是真正的"健康水"。另外，从农夫山泉的专题片中也看到了农夫山泉现代化的生产线和可靠的质量。作为一个后势品牌，农夫山泉凭借雄厚的资金实力和灵活多变的广告宣传形式，终于坐上全国瓶装水市场占有率第三的宝座。

资料来源：全球品牌网。

?　思考

农夫山泉是如何通过开发新产品在竞争中取胜的？

🎞 学习档案

情境一　新产品开发的心理策略

【导读案例】指南针和地毯本是风马牛不相及的两件东西，比利时的一位商人却把它们结合起来，赚了大钱。

在阿拉伯国家，虔诚的穆斯林每日祈祷，无论在家、旅行，都守时不辍。穆斯林祈祷的一大特点是祈祷者一定要面向圣城麦加。一位名叫范德维格的比利时地毯商聪明地将扁平的指南针嵌入祈祷地毯。指南针指的不是正南正北，而是麦加方向。新产品一推出，在有穆斯林居住的地区，立即成了抢手货。

范德维格并不满足已取得的成功，在非洲又推出了织有领袖头像的小壁毯。因为他发现，在非洲国家的机关里总要挂元首的照片。由于气候湿热，照片易发黄变形。如果根据领袖照片织成壁毯，则既美观又耐久，销路自然不用发愁。他已经制成了带有博瓦尼（科特迪瓦）、迪乌夫（塞内加尔）、比亚（喀麦隆）头像的壁毯。他制出的阿拉法特头像壁毯，在阿拉伯国家已卖出3万块。

请问： 产品要吸引消费者，最重要的因素是什么？

一、新产品的概念与分类

（一）新产品的概念

新产品是指采用新技术原理、新设计构思研制、生产的全新产品，或在结构、材质和工艺等某一方面比原有产品有明显改进，从而显著提高了性能或扩大使用功能的产品。

随着科学技术的飞速发展，消费需求不断变化，市场上新产品层出不穷，产品生命周期不断缩短。新产品开发直接关系到企业的生存与发展，企业应积极开发新产品，以推动整个社会经济的发展。

（二）新产品的分类

严格来说，新产品就是具有全新功能的产品，或对现有功能做主要改良的产品。在营销学上，所谓新产品并非单纯指发明创造的创新产品，还包括革新产品、改进产品和仿制产品。

1）创新产品。它是指采用新技术和新材料等制造而成的前所未有的产品，如尼龙、电灯和计算机等。由于研制难度大、时间长、投资多、风险大，绝大多数企业很难开发创新产品。

2）革新产品。它是指采用新技术、新材料和新元件对原有产品做较大革新而创造的换代产品。例如，电子计算机经历了从电子管、晶体管、集成电路、大规模集成电路，直至人工智能的各个阶段，每个阶段都是前一阶段的革新。

3）改进产品。它是指对产品的质量、性能、结构、材料、款式和包装等方面做出改良。此类产品与原产品差别不大，研制容易，竞争激烈。例如，药物牙膏、日历自动手表就是对传统牙膏与传统手表的改良。

4）仿制产品。它是指企业仿造市场上已出现的新产品，换上自己的商标后推向市场。仿制产品难度小，投资少，也容易被消费者接受，但会使市场竞争更加激烈。

二、新产品的采用者与采用过程

（一）新产品的采用者

从市场上可以清楚地看到，不同消费者由于受个体内部和外部因素的影响，对新产品的感知速度、接受程度均有差异。按照他们采取购买行为相对时间的先后及各自的个性心理特征，一般可划分为5类。

1. 最先试用者

这类消费者当某种新产品刚在市场上出现不久时便大胆尝试，迅速采取购买行为，满足某方面的需求。这类消费者的个性心理特征是：勇于创新、不怕风险；追求时尚；对新事物敏感，市场信息灵通；自主性强，受社会和群体规范的约束小；经济状况较好。好胜和求新心理需求对其购买行为有较大影响。此类人的意志行动比较坚定，购买目的确定后，能迅速选定方法，执行购买决定。企业应特别重视其导向和传播作用。

2. 早期采用者

这类消费者是当某种产品刚刚被极少数人试用后便决定购买，求新、好胜、趋美的心理需求和购买动机强烈。其个性心理特征是：追求时髦，渴望变化；市场信息来源较多，愿意接受新鲜事物；有一定冒险精神；社会交际广泛，活动能力强，喜欢传播消息。这类消费者以年轻人居多。

3. 中期采用者

这类消费者是当某种新产品的购买者日益增多，产品的优越性逐步显露，并得到最先试用者或早期采用者两类消费者的肯定时，便开始购买。其个性心理特征是：审时、慎重，情绪反应不强烈，模仿性强；有选择地参加社会活动，不固执己见，相信相关群体成员的意见，顺应社会潮流。在新产品问世之初，他们往往抱着等待态度，对产品没有迫切的需求。

4. 晚期采用者

这类消费者是在某种新产品已被大多数消费者采用的情况下，才开始购买的。其个性心理特征是：审慎、求实，感情不易冲动；社会交往比较少，不易受周围环境感染；对新鲜事物抱有一定的怀疑，相信多数人的意见，遵从社会或群体规范。有的消费者延迟购买是尚未产生对产品功能的需求、经济收入不高、支付能力不足、市场信息闭塞、缺少必要的文化知识等原因造成的。

5. 落后者

这类消费者是最后采用（还有极少数永远拒绝采用）某种新产品的人。其个性心理特征是：保守、持重，顾虑重重；性格内向或孤僻；注意力不易转移，对事物认识比较固定化；极端重视传统和经验，不愿改变消费习惯；社会交往少，不相信大多数人的意见，信息比较闭塞。一般要到迫不得已的情况，才肯放弃固有的消费观念、态度和习俗，最终逐渐接纳新产品。此外，需求水平、动机强度、经济收入、受教育程度和职业等也是比较重要的影响因素。还有些消费者由于年龄的原因，失去了对新事物的兴趣，倍加留恋以往的消费，甚至向往从前想得到而没有得到的东西。

根据国外一些销售学家对典型产品在典型市场的调查，各类型采用者所占的比例为：最先试用者 2.5%；早期采用者 13.5%；中期采用者 34%；晚期采用者 34%；落后者 6%。

（二）新产品的采用过程

采用过程是指消费者个人由接受创新产品到成为重复购买者的各个心理阶段。采用过程是一个创新决策过程，包括 5 个阶段，即认识阶段、说服阶段、决策阶段、实施阶段和证实阶段。这 5 个阶段又受到一系列变量的影响，它们不同程度地促进或延缓了创新决策过程。

1．认识阶段

在认识阶段，消费者要受个人（如个人的性格特征、社会地位、经济收入、性别年龄、文化水平等）、社会（如文化、经济、社会）和沟通行为等因素的影响。他们逐步认识到创新产品，并学会使用这种产品，掌握其新的功能。研究表明，较早意识到创新的消费者同较晚意识到创新的消费者有着明显的区别。一般来说，前者较后者有较高的文化水平和社会地位，他们广泛地参与社交活动，能及时、迅速地收集到有关新产品的信息资料。

2．说服阶段

有时，消费者尽管认识到了创新产品并知道如何使用，但一直没有产生喜爱和占有该种产品的愿望。而一旦产生这种愿望，决策行为就进入了说服阶段。在认识阶段，消费者的心理活动尚停留在感性认识上，而其心理活动就具有影响力了。在说服阶段，消费者常常要亲自操作新产品，以避免购买风险。让消费者亲自操作还不足以使消费者马上购买，除非营销部门能让消费者充分认识到新产品的特性。这些特性主要如下。

（1）相对优越性

相对优越性即创新产品被认为比原有产品好，创新产品的相对优越性越多，如功能性、可靠性、便利性和新颖性等方面比原有产品的优势越大，就越容易让消费者采用。应该着重指出的是，相对优越性是指消费者个人对创新产品的认识程度而不是产品的实际状况。在某些情况下，一个确实属于创新的产品若不被消费者所认识便失去了其相对优越性。

（2）适用性

适用性即创新产品与消费者行为及观念的吻合程度。当创新产品与消费者的需求结构、价值观、信仰和经验适应或较为接近时，就比较容易被迅速采用。

（3）复杂性

复杂性即认识创新产品的困难程度。创新产品越难以理解和使用，其采用率就越低。这就要求企业在新产品设计、整体结构、使用维修和保养方法等方面与目标市场的认识程度相接近，尽可能设计出简单易懂、使用方便的产品。

（4）可试性

可试性即创新产品在一定条件下可以试用。测试和免费赠送样品等都是为了方便消费者对新产品的试用，减少购买风险，提高采用率。

（5）明确性

明确性是指创新产品在使用时，是否容易被人们了解，是否容易被说明和示范。创新产品的消费行为越容易被感知，其明确性就越强，采用率也就越高。

总之，在说服阶段，消费者对创新产品将有确定性认识，会反复斟酌新产品究竟是否适合自己的情况，而企业的广告和人员推销将提高消费者对产品的认知程度。

3．决策阶段

通过对产品特性的分析和认识，消费者开始决策，即决定是否购买该种新产品。

消费者采用创新产品，此时有两种可能：① 在使用之后觉得效果不错，继续使用下去；② 使用之后发现令人失望，便中断使用，可能改用别的品牌，也可能干脆不使用这种产品。

消费者也可能决定拒绝采用，此时又有两种可能：① 以后改变了态度接受了这种创新产品；② 继续拒绝采用这种产品。

4. 实施阶段

当消费者开始使用创新产品时，就进入了实施阶段。在决策阶段，消费者只是在心里盘算究竟是使用该产品还是仅仅试用一下，并没有完全确定。到了实施阶段，消费者就考虑以下问题了："我怎样使用该产品？""我如何解决操作难题？"这时，企业营销人员就要积极主动地向消费者进行介绍和示范，并提出自己的建议。

5. 证实阶段

人们习惯于在做出某项重要决策之后寻找额外的信息，来证明自己的决策。消费者购买决策也不例外。在整个创新决策过程中，证实阶段包括了决策后不和谐、后悔和不和谐减弱3种情况。

在创新决策过程中存在一种不和谐，称为决策后不和谐。顾名思义，它是指消费者制定决策后所产生的不和谐。由于消费者面临多种选择方案，而每种方案又都有其优点和缺点，所以只要消费者选择其中的一个方案，不和谐就会发生。在决策之后，消费者总是要评价其选择行为的正确与否。在决策后最初的一段时间内，消费者常常觉得有些后悔，因为消费者会发现所选方案存在很多缺陷，反而认为未选方案则有不少优点。

三、产品开发与设计的心理策略

（一）消费者对新产品的心理要求

消费者在购物过程中，对所需产品有不同的要求进而会出现不同的心理活动，这种消费心理活动支配着人们的购买行为。

1. 求廉心理

求廉心理在消费者购买过程中表现得很突出，主要是消费者收入偏低和勤俭持家的传统思想造成的。所谓物美价廉，是指消费者想用最少的付出获得最大回报的心理反应，但它也可能产生消极的后果。一方面，在观念上求廉心理引导着消费者低水平消费、吝啬消费；另一方面，有的消费者的求廉心理走向了极端，购物时永远把价格放在第一位。面对这样的消费者，营销人员应在为消费者推荐价格低的产品的同时向消费者传达质量的重要性。

2. 从众心理

从众心理是指消费者在购物认识和行为上不由自主地趋向于同多数人相一致的购买行为。从消费者的主观因素考察，一是本人的性格，顺从性格的消费者从众心理要严重一些；二是消费者对产品知识缺乏而自信心不足；三是消费者从利益角度分析，认为随着大多数人购买总会得到好处，不可能大多数人都判断失误，即使上当，也是大家一起上当，以求得心理上的平衡。

面对消费者的从众心理，营销人员首先要利用消费者的这种心理，推出特价、打折的产品吸引大多数消费者；其次，对于消费者的消费心理要合理引导，消费者的合理消费决策必须立足于自身的需要，多了解产品知识，掌握市场行情。

3. 求名心理

求名心理是指大部分消费者在选购产品时，喜欢选择自己所熟悉的产品，而在熟悉的产品中，又喜欢购买名牌产品。品牌是生产者经过长期努力而获得的市场声誉，名牌代表高质量，代表使用者的身份和社会地位。如果消费者为了追求产品的质量保证，或为了弥补自己产品知识的不足而导致购物后的懊悔而选择名牌产品，是明智的，但如果买名牌为了炫耀，以求得到心理上的满足，就陷入了购买名牌的误区。

4. 求新心理

求新心理是指有一部分消费者在选购产品时，特别钟情于时髦、新奇的产品，也就是追求时髦的心理。消费者通过对时尚产品的追求来获得一种心理上的满足。一些生命周期短的产品，就可以利用消费者的求新心理去宣传。

（二）新产品设计的策略

1. 高能化、多能化

高能化、多能化是指企业要设计出性能好、效率高或能满足一些特殊需要的新产品。目前，耐用消费品一般向多功能发展。以空调为例，各厂家现在追求的是全天候综合功能，夏天用于冷房，冬天用于暖房，还有除湿、空气净化等功能。原来属于季节性的空调产品，已逐渐扩展至全年性产品，既为消费者提供了多功能，又能增加销售量。

2. 大型化、微型化

机械和运输等设备向大型化发展，而日用消费品向微型化发展。

3. 节能化

节能化产品能节约能源和原材料的消耗，给用户和整个社会带来极大的经济效益和社会效益。

4. 美化

美化是指产品设计要注意美，外形要美观大方，给人以美的享受，突出美学功能。尤其是服装、家具、灯具及装饰品，更应向美化方面发展。总之，一件好的产品应该是内容和形式、使用价值和欣赏价值的和谐统一。只有这样，才能赢得消费者的喜爱和欢心。

5. 特色化

特色化是指要开发符合本民族、本地区和本企业特点的，或者带有艺术性、工艺性和装饰性的新产品。当今产品的竞争，在质量和价格上的差距日渐缩小，生产企业要想寻找突破口可以从特色、新颖而富有刺激性的外观设计上着手。

6. 体现威望、标志社会地位

具有体现威望、标志社会地位特点的产品，在某种程度上能够体现消费者的社会地位和社会威望，是某一阶层成员的共同标志。

情境二 产品生命周期的心理策略

【导读案例】雷诺公司在第二次世界大战结束后，为了迎合人们欢庆战后第一个圣诞节的时机，从阿根廷引进了美国人从未见过的圆珠笔生产技术，在短期内投放市场。当时，研制和生产圆珠笔的每支成本为0.5美元，卖给零售商的价格却为10美元，高出成本19倍，再经过零售商倒手，变成了20美元。尽管价格如此之高，但雷诺却以圆珠笔的奇特、新颖和高贵而迅速风靡美国，十分畅销。如此一举，使得雷诺公司及其零售商捞了不少好处。相反，如果新产品的定价向同类老产品的价格看齐，甚至偏低，就会给人以"不新不好"的错觉，从而降低了新产品的身价，无法引起消费者的反应。

请问：雷诺圆珠笔为什么定价这么高还依然受到消费者青睐呢？

一、产品生命周期

（一）产品生命周期的界定

产品生命周期是指产品的市场寿命，即一种新产品从开始进入市场到被市场淘汰的整个过程。

产品生命是指产品的营销生命，产品和人的生命一样，要经历形成、成长、成熟和衰退的周期。就产品而言，也就是要经历一个开发、引入、成长、成熟和衰退的周期。而这个周期在不同技术水平的国家里，发生的时间和过程是不一样的。其间存在一个较大的差距即时差，这一时差表现为不同国家在技术上的差距。它反映了同一产品在不同国家市场上竞争地位的差异，从而决定了国际贸易和国际投资的变化。

（二）产品生命周期的阶段

典型的产品生命周期一般可以分成 4 个阶段，即介绍（引入）期、成长期、成熟期和衰退期。

1. 介绍（引入）期

介绍（引入）期是指产品从设计投产直到投入市场进入测试阶段。新产品投入市场，便进入了介绍期。此时产品品种少，消费者对产品还不了解，除少数追求新奇的消费者外，几乎无人实际购买该产品。生产者为了扩大销路，不得不投入大量的促销费用，对产品进行宣传推广。该阶段由于生产技术方面的限制，产品生产批量小，制造成本高，广告费用多，产品销售价格偏高，销售量极为有限，企业通常不能获利，甚至可能亏损。

2. 成长期

当产品进入介绍期，销售取得成功之后，便进入了成长期。成长期是指产品通过试销效果良好，消费者逐渐接受该产品，产品在市场上站住脚并且打开了销路。这是需求增长阶段，需求量和销售额迅速上升，生产成本大幅度下降，利润迅速增长。与此同时，竞争对手看到有利可图，将纷纷进入市场参与竞争，使同类产品供给量增加，价格随之下降，企业利润增长速度逐步减慢，最后达到生命周期利润的最高点。

3. 成熟期

产品走入大批量生产并稳定地进入市场销售，经过成长期之后，随着购买产品的人数增多，市场需求趋于饱和。此时，产品普及并日趋标准化，成本低而产量大，销售增长速度缓慢直至转而下降。竞争的加剧，导致同类产品生产企业之间不得不在产品质量、花色、规格和包装服务等方面加大投入，在一定程度上增加了成本。

4. 衰退期

衰退期是指产品进入了淘汰阶段。随着科技的发展及消费习惯的改变，产品的销售量和利润持续下降，产品在市场上已经老化，不能适应市场需求，市场上已经有其他性能更好、价格更低的新产品，足以满足消费者的需求。此时，成本较高的企业就会由于无利可图而陆续停止生产，该类产品的生命周期也就陆续结束，以至于最后完全撤出市场。

二、产品生命周期各阶段的心理策略

典型的产品生命周期的 4 个阶段呈现出不同的市场特征，因此企业要根据消费者的不同心理，以各阶段的特征为基点来制定和实施心理策略。

（一）介绍期的营销策略

介绍期的特征是产品的产量少，销售量少，促销费用高，制造成本高，销售利润很低甚至为负值。

1. 消费者心理

初进市场的产品以创新或改良的面貌出现在消费者面前，消费者对产品缺乏了解和认识，只有少数消费者做些尝试性购买。企业生产的批量很小，成本也较高，这是企业把产品投放市场的试销阶段。虽然生产工艺还不成熟，技术还不完善，产品的质量和性能还不稳定，有待于进一步改进与提高，但由于市场竞争对手少，产品具有创新或改良的特点，对消费者具有一定的吸引力。

消费者在这一时期的心理反应主要如下：① 极少数人因求新、求奇等动机强烈，能迅速采取购买行为，以满足不同的心理需求；② 大多数人因不了解产品的性能和特点，不愿承担购买风险，或者对原有的同类产品十分信任，已形成习惯性购买行为而不愿改变，因此会不同程度地采取拒绝购买或等待观望态度；③ 有进一步了解产品信息、认识产品特性的心理要求，如接受广告、观看示范和听取市场各种信息源的意见等；④ 有凭借以往的知识和经验，以产品价格判断产品价值的倾向。

2. 营销策略

在产品的介绍期，一般可以由产品、分销、价格和促销 4 个基本要素组合成各种不同的市场营销策略。仅将价格高低与促销费用高低结合起来考虑，就有以下 4 种策略。

（1）快速撇脂策略

以高价格、高促销费用推出新产品。实行高价格可在每单位销售额中获取最大利润，尽快收回投资；实行高促销费用能够快速建立知名度，占领市场。实施这一策略须具备以下条件：产品有较大的需求潜力；目标消费者求新心理强，急于购买新产品；企业面临潜在竞争对手的威胁，需要及早树立品牌形象。一般而言，在产品介绍期，只要新产品比替代产品有明显的优势，市场对其价格就不会那么计较。

（2）缓慢撇脂策略

以高价格、低促销费用推出新产品，目的是以尽可能低的费用开支求得更多的利润。实施这一策略的条件是：市场规模较小；产品已有一定的知名度；目标消费者愿意支付高价；潜在竞争的威胁不大。

（3）快速渗透策略

以低价格、高促销费用推出新产品，目的在于先发制人，以最快的速度打入市场，取得尽可能大的市场占有率。随着销售量和产量的扩大，单位成本降低，并取得规模效益。实施这一策略的条件是：该产品市场容量相当大；潜在消费者对产品不了解，且对价格十分敏感；潜在竞争较为激烈；产品的单位制造成本可随生产规模和销售量的扩大而迅速降低。

（4）缓慢渗透策略

以低价格、低促销费用推出新产品。低价可扩大销售，低促销费用可降低营销成本，增加利润。实施这一策略的条件是：市场容量很大；市场上该产品的知名度较高；市场对价格十分敏感；存在某些潜在的竞争对手，但威胁不大。

（二）成长期的营销策略

新产品经过市场介绍期以后，消费者对该产品已经熟悉，消费习惯业已形成，销售量迅速增长，这种新产品就进入了成长期。进入成长期以后，老的消费者重复购买，并且带来了新的消费者，销售量激增，企业利润迅速增长，在这一时期利润达到高峰。随着销售量的增加，企业生产规模也逐步扩大，产品成本逐步降低，新的竞争对手会投入竞争。随着竞争的加剧，新的产品特性开始出现，产品市场开始细分，分销渠道增加。企业为维持市场的继续成长，需要保持或稍微增加促销费用，但由于销售量增加，平均促销费用有所下降。

1. 消费者心理

1）相当一部分人对产品发生兴趣并产生购买欲望，开始少量购买试用。

2）由于产品进入市场时间短，产品的变化较大，各生产厂家的生产工艺还在不断改进之中，因此仍有许多人存有疑虑，缺乏购买信心，要继续观察，寄希望于产品质量进一步改进，价格进一步稳定。

3）注意并相信先行购买的消费者的买后感受、使用经验和社会评价，将这些作为个体购买决策的参考。

2. 营销策略

针对成长期的特点，企业为了维持其市场增长率，延长获取最大利润的时间，可以采取以下4种策略。

（1）改善产品的品质

例如，增加新的功能，改变产品的款式，发展新的型号，开发新的用途等。对产品进行改进，可以提高产品的竞争能力，满足消费者更广泛的需求，吸引更多的消费者。

（2）寻找新的细分市场

通过市场细分，找到新的尚未满足的细分市场，根据其需求组织生产，迅速进入这一新市场。

（3）改变广告宣传的重点

把广告宣传的重心从介绍产品转到建立产品形象上来，树立产品品牌，维系老消费者，吸引新消费者。

（4）适时降价

在适当的时机，可以采取降价策略，以激发那些对价格比较敏感的消费者产生购买动机和采取购买行为。

（三）成熟期的营销策略

进入成熟期以后，产品的销售量增长缓慢，逐步达到最高峰，然后缓慢下降；产品的销售利润也从成长期的最高点开始下降；市场竞争非常激烈，各种品牌、各种款式的同类产品不断出现。这时，生产和销售批量已形成规模，产品成本较低，利润达到了最大值；产品设计定型、工艺成熟，市场上同类产品竞争日益激烈，价格趋于一致，市场前景广阔。

1. 消费者心理

1）大部分人对产品购买欲望强烈，逐步消除了疑虑心理，积极购买、使用。

2）一部分人出于从众心理、同步心理，加入购买和使用行列。产品的购买者开始从少数人转向基本消费群众，从较高收入阶层转向中等收入阶层。

3）消费者的选择心理加强，积极收集各方面的信息，比较竞争品种的功能、质量、外观、价格，以及生产经营企业提供的销售方式和服务水平等。

4）消费者对产品质量要求更高、更严，在消费过程中形成了对产品比较全面的认识，确定了个体决策标准。

5）对现有产品的需求或一定时期内有支付能力的购买需求达到了饱和，开始不满足于产品现状，为新的消费需求寻找途径。

6）一部分人出于超群心理、好胜心理和求异心理等，已转向寻求新的、能突出个性的产品。

7）潜在消费者不多，一部分人受到价格下降的吸引，继续购买。

2. 营销策略

对成熟期的产品，宜采取主动出击的策略，使成熟期延长，或使产品生命周期出现再循环。为此，可以采取以下 3 种策略。

（1）市场调整

市场调整策略不是要调整产品本身，而是发现产品的新用途、寻求新的消费者或改变推销方式等，使产品销售量得以扩大。

（2）产品调整

产品调整策略是通过产品自身的调整来满足消费者的不同需求，吸引有不同需求的消费者。对整体产品概念任何层次的调整都可视为产品再推出。

（3）市场营销组合调整

市场营销组合调整是通过对产品、价格、渠道和促销 4 个市场营销组合因素加以综合调整，刺激销售量的回升。常用的方法包括降价、提高促销水平、扩展分销渠道和提高服务质量等。

（四）衰退期的营销策略

衰退期的主要特点是：产品销售量急剧下降；企业从产品中获得的利润很低甚至为零；大量的竞争对手退出市场；消费者的消费习惯发生改变等。面对处于衰退期的产品，企业需要进行认真的研究分析，决定采取什么策略，在什么时间退出市场。

1. 消费者心理

1）大多数人对现有产品产生"心理废弃"，不再继续购买，而期待新产品取而代之。

2）一部分人期望从低廉的价格中得到些实惠，等待企业降价处理滞销产品。

3）注意收集有关新产品的信息。

4）极少数消费时尚带头人开始兴起新的消费浪潮，大多数人则拭目以待。

2. 营销策略

（1）继续策略

继续沿用过去的策略，仍按照原来的细分市场，使用相同的渠道、价格及促销方式，直到这种产品完全退出市场为止。

（2）集中策略

把企业能力和资源集中在最有利的细分市场和渠道上，从中获取利润。这样不仅有利于缩短产品退出市场的时间，而且能为企业创造更多的利润。

（3）收缩策略

抛弃无希望的消费群体，大幅度降低促销水平，尽量减少促销费用，以增加目前的利润。这样虽然可能加速产品在市场上的衰退，但也能从忠实于这种产品的消费者中得到利润。

（4）放弃策略

对于衰退比较迅速的产品，应该当机立断，放弃经营。可以采取完全放弃的形式，如把产品完全转移出去或立即停止生产；也可采取逐步放弃的方式，使其所占用的资源逐步转向其他产品。

情境三　产品品牌的心理策略

【导读案例】加拿大鹅是近几年最火的羽绒服，被称为"御寒神器"，也被称为世界上最温暖的羽绒服，可抵御零下 30 摄氏度的气温。就连像 Moncler 这样精心走设计路线的羽绒服品牌，都被抢走了市场。加拿大鹅原来是为加拿大边境的巡逻队设计的，同时也是美国国家科学基金会组织的南极科考队的指定用品，所以它非常保暖。

那么，它有多火呢？《彭博商业周刊》创始人说："在许多地方，加拿大鹅的火热程度就好像 10 年前的 LV 手袋。"这确实说明了加拿大鹅的火热程度。

请问：加拿大鹅能异军突起的主要原因是什么？

一、品牌的概念与心理功能

（一）品牌的概念

品牌是一种名称、术语、标记、符号或图案，或它们的相互组合，用以识别企业提供给某个或某群消费者的产品或服务，并使之与竞争对手的产品或服务区别开。

（二）品牌的心理功能

1. 品牌忠诚

品牌忠诚反映了消费者内在的品牌态度。如果品牌忠诚度较高，当消费者需求这一类产品时，就会始终如一地购买这个品牌。品牌忠诚水平一般有 3 种程度：认知、偏爱和执着。

1）品牌认知是消费者品牌忠诚度最轻的形式，侧重于消费者对品牌的了解。消费者购买的前提就是对产品的认知和品牌的认知。

2）品牌偏爱则体现了消费者对一个品牌偏爱较深的程度，此时消费者能明确地喜欢一个品牌，排斥其他竞争品牌。只要能够买到这个品牌，他就买。然而，如果买不到这个品牌，他就可能接受其替代品牌，但不会花费更多的精力去寻找和购买这个品牌的产品。对营销人员来说，只要有相当一批消费者建立了对其特定品牌的偏爱，他们就能在市场中有效地进行竞争。

3）品牌执着则反映消费者强烈地偏好某个品牌，不愿接受其替代品，并且愿意为得到这个品牌的产品花费大量时间和精力。如果一个执着于某个品牌的消费者在一家商店中发现没有他所要的那个品牌，他就不会买替代品牌的产品。品牌执着是品牌忠诚的最高境界。

2. 品牌形象

品牌形象也是品牌心理功能的重要方面。

形象意味着满足或超过消费者预期的承诺，也强调了品牌所代表的价值。认知心理学对品牌形象心理功能进行了深入的探讨。有关理论认为品牌形象的心理功能是消费者认知储存，使品牌形象能够唤起人们的情感意象，以及对品牌可能表现的信仰与忠诚。它是综合了人们对品牌自身的思考、联想、感觉（情感）及预期的综合反映。

二、品牌命名的心理分析

（一）品牌命名的心理原则

品牌命名应能够概括并准确地反映产品的主要特点和性能，易于消费者的理解和联想，进而激发其购买欲望。因此，企业在品牌命名时要注意以下 4 个心理原则。

1）名实相符。品牌的名称和产品实体的主要性质与特点要相呼应。

2）便于记忆。品牌命名应使用简洁明了、发音响亮的文字，做到易认、易记、易读和易于传播，字数最好在 5 个字以内。

3）诱发情感。积极的情感是消费者购买产品的增效剂。如果消费者对产品没有情感，就很难促进其购买行为的完成。

4）启发联想。启发消费者关于品牌的美好联想是品牌命名应当具备的一种内在功能。为了达到这一目的，品牌命名应力求具有形象性、趣味性、科学性和艺术感染力，以便启发消费者的美好联想。

总之，品牌命名要避免雷同和一般化，应力求寓意深远、美好，高度概括产品的特性，富于情趣，健康向上，便于记忆。只有这样，才能既满足消费者的心理需求，又促进其购买行为的产生。

（二）品牌命名的心理方法

品牌命名的心理方法有很多。选择命名方法时要注意恰当与否和实际效果，而不能固守一种命名方法。

1. 根据产品的主要效用命名

根据产品的主要效用命名是用直接反映产品主要性能的文字作为品牌名称。其心理意义在于：能突出产品的性能和功效，便于消费者望文生义，迅速了解产品，并迎合消费者对产品求实用和实效的心理需求。

2. 根据产品的主要成分命名

根据产品的主要成分命名是把产品所含的主要成分体现在品牌名称里。其心理意义在于：直接或间接反映产品的成分，为消费者提供关于产品价值的资料，使产品在消费者心目中有信任感和名贵感，从而引起购买欲望。

3. 根据产品的产地命名

根据产品的产地命名是用产品出产地或传统产品生产所在地作为品牌名称。其心理意义在于：可利用消费者对著名产地的仰慕或信赖心理，给消费者以货真质好、独具地方特色、历史悠久、工艺精湛的印象，从而激发信任感、名贵感，产生购买欲望。

4. 根据人名命名

根据人名命名是用历史或现代名人、民间传说人物、产品首创人的名字作为品牌名称。其心理意义在于：借助消费者对名人的崇拜和创制者的崇敬心理，以语言文字为媒介，将特定人物和特定产品相联系，诱发消费者的名人遐想和购买欲望。

5. 根据产品的外形命名

根据产品的外形命名是用产品独特的外形和色彩作为品牌名称。其心理意义在于：能突出产品的优美造型，引起消费者的兴趣和注意，便于消费者辨别或满足消费者审美欲，同时因其形象独特，给消费者留下深刻印象。

6. 根据产品的制作方法命名

根据产品的制作方法命名是以产品独特的加工过程或传统工艺作为品牌名称。其心理意义在于：能使消费者了解产品制作方法或不寻常的研制过程，提高产品的威望，容易使消费者产生货真价实、质量可靠的感觉。

7. 根据外文译音命名

根据外文译音命名是用产品的外文直译为中文的谐音作为品牌名称。其心理意义在于：能够激发消费者的好奇心理，满足求新、求变和求异的需求。

品牌的命名方法有很多。品牌命名既要反映产品的特性，又要有强烈的感染力和诱惑力。只有这样，才能引起消费者的注意和联想，在一定程度上满足消费者对产品的某种心理要求，激发其购买欲望。

三、品牌策略的心理分析

（一）消费者的品牌心理分析

1. 品牌消费的心理基础

马斯洛将人的需求分为 5 个层次，即生理需求、安全需求、社交需求、尊重需求和自我实现需求。这种需求层次论认为，当低层次的需求得以满足之后，人们便开始追求较高层次的需求。从宏观上讲，人们的需求分为物质和精神两个部分。当物质需求满足以后，精神需求就上升到一个显著的地位。在物质极为丰富的今天，以品牌文化支撑的品牌价值的实现，便自然繁盛起来。

科学技术和生产力的发展使人们的需求发生了变化，从基本的生理需求向社会需求转变，而随着物质需求的不断丰富，这种趋势会越来越明显。正是由于这种需求的变化，人们所谓的文化消费时代的到来，也明显地体现在消费者的品牌选择中。在现代社会中，品牌实际上是在为消费者提供一种安全感。

2. 品牌消费的群体压力

从从众心理来看，消费者的购买行为是由潜在意识的冲动造成的。这种潜在意识包括品牌本身提供的信息暗示，以及整个社会文化背景下消费环境的熏陶。

（1）品牌的名字、形象、颜色和符号等都对消费者起着潜移默化的认知作用

事实上，这些暗示是在产生品牌喜好以后发挥巨大强化作用的，在品牌消费行为产生之前，它提供给消费者的心理暗示也是举足轻重的。品牌提供给消费者的心理暗示包括良好的产品质量、优质的服务体系和消费者个性体现的可能。品牌产品的好质量是消费者心理形成的主观质量。一般来说，消费者既不可能掌握质量的技术指标，也不可能用专业仪器来分析产品质量，只是通过日常形成的产品经验及品牌知识的基础来判断的。所以除消费者自身外，意见领袖作用和消费时代背景下人们普遍形成的口碑，是主观质量形成的基点。事实上，这种口碑是社会文化的一种体现。

（2）消费者群体被分成一般消费者和消费者的意见领袖两种类型

无论是一般消费者的品牌消费，还是意见领袖的品牌消费，都受到社会环境的制约和影响。

意见领袖即舆论领袖，是指那些在团体中构成消息和影响的重要来源，并能左右多数人态度倾向的少数人。尽管他们不是社团正式领袖，但他们往往消息灵通，在某个方面有出色的才干，或者有一定的人际关系能力而获得大家认可并成为群众或公众二级传播的信息来源。消息或信息总是首先传给意见领袖，再由他们传给群众，影响群众态度。将意见领袖运用于消费者的品牌选择心理中也是同样的道理，意见领袖不仅可以促成广告活动的成功，而且可以阻碍广告活动的成功。

人的需求大多不是出于基本欲求的动机，而是来自社会的影响，如大众文化、社会阶层和集团等。它否定欲求是行为的原动力，而把社会环境的影响看作行为的动力。在文化一体化加快的消费主义时代，个人品牌选择心理更易受消费环境的影响。更重要的是，这种社会的影响恰恰满足了社会文化心理对消费者品牌消费的内心高层次需求。

消费者的从众心理、精神需求的扩大使整个社会都趋向于这种价值取向。所以这种品牌选择在很大程度上就是品牌文化支撑着的文化需求的一个表征。

3. 品牌消费的现实拉力

消费是现代化工业社会良好运转的前提。为了鼓励消费，自然要建立一套新的鼓励消费的文化价值体系。扁平化、消费化、娱乐化的大众文化体系诞生并发展壮大。品牌是产品的消费理由、消费方式及附着在产品上的情感价值的混合体。对品牌的消费实际上是一种对文化的消费。

（二）品牌策略

1. 介绍产品的抽象功能

在现代竞争激烈的市场中，某品牌的具体功能可能与其他竞争品牌没有两样，此时仅介绍具体功能就缺乏说服力，而从抽象功能着手，可能会达到意想不到的说服效果。

2. 承诺产品能给消费者带来某种好处

产品给消费者带来的好处越多，消费者价值就会越大，消费者让渡价值就会增加，让渡价值的增加会加大消费者购买产品的可能性。有专家指出："你最重要的工作是你怎么样来说明产品，你承诺了什么好处。"

3. 强调产品具有某一特点的重要性

有些产品的属性是每种竞争品牌都具备的，而各种品牌都具备的就不能称为特点，正是这一缘故，各种品牌产品的广告都不愿意对这一属性加以介绍。因此，如果你的产品广告率先加以介绍，就会使你的产品处于先入为主的地位。

情境四　产品包装的心理策略

【导读案例】1921 年 5 月，当香水创作师恩尼斯·鲍将他发明的多款香水呈献给香奈尔夫人让她选择时，香奈尔夫人毫不犹豫地选出了第 5 款，即现在誉满全球的香奈尔 5 号香水。然而，除那独特的香味外，真正让香奈尔 5 号香水成为"香水贵族中的贵族"的却是那个看起来不像香水瓶，反而像药瓶的创意包装。

服装设计师出身的香奈尔夫人，在设计香奈尔 5 号香水瓶型上别出心裁。"我的美学观点跟别人不同：别人唯恐不足地往上加，而我一项项地减除。"这一设计理念，让香奈尔 5 号香水瓶简单的包装设计在众多繁复华美的香水瓶中脱颖而出，成为最怪异、最另类，也是最为成功的一款造型。香奈尔 5 号以其宝石切割般形态的瓶盖、透明水晶的方形瓶身造型、简单明了的线条，成为一股新的美学观念，并迅速俘获了消费者。从此，香奈尔 5 号香水在全世界畅销 90 多年，至今仍然长盛不衰。

1959 年，香奈尔 5 号香水瓶以其所表现出来的独有的现代美荣获"当代杰出艺术品"称号，跻身于纽约现代艺术博物馆的展品行列。香奈尔 5 号香水瓶成为名副其实的艺术品。对此，中国工业设计协会副秘书长宋慰祖表示，香水作为一种奢侈品，最能体现其价值和品位的就是包装。香水的包装本身不但是艺术品，也是其最大的价值所在。包装的成本甚至可以占到整件产品价值的 80%。香奈尔 5 号的成功，依靠的就是它独特的、颠覆性的创意包装。

请问：什么样的包装最能吸引你？为什么？

一、包装的基本知识

（一）包装的定义

包装有狭义和广义之分。狭义的包装是指为在流通过程中保护产品、方便储运、促进销售，按一定的技术方法所用的容器、材料和辅助物品等的总体名称；也指为达到上述目的在采用容器、材料和辅助物品的过程中施加一定技术方法等的操作活动。广义的包装是指一切事物的外部形式。

包装有两种含义：一是关于盛装产品的容器、材料及辅助物品，即包装物；二是关于实施盛装和封缄、包扎等的技术活动。

（二）包装的作用

1）实现产品价值和使用价值，并且是增加产品价值的一种手段。

2）保护产品，免受日晒、风吹、雨淋和灰尘沾染等自然因素的侵袭，防止挥发、渗漏、溶化、玷污、碰撞、挤压、散失及盗窃等损失。

3）给流通环节储、运、调和销带来方便，如装卸、盘点、码垛、发货、收货、转运和销售计数等。

4）美化产品，吸引消费者，有利于促销。

5）进行形象上的装扮、美化，使其更具吸引力或商业价值。

产品包装的心理功能包括识别指示的功能、唤起兴趣的功能、传递信息的功能、促进信任的功能和便利增值的功能等。

（三）包装的分类

1. 包装按主要功能分类

1）周转包装。介于器具和运输包装之间的一类容器，实质上是一类反复使用的转运器具。

2）运输包装。以保护物品安全流通、方便储运为主要功能目的的包装。

3）销售包装。直接进入商店陈列销售，与产品一起到达消费者手中的包装。

4）礼品包装。以馈赠亲友礼物、表达情意为主要目的配备的实用礼品包装。

5）集装化包装。也称集合包装，是适应现代机械自动化装运，将若干包装件或物品集中装在一起形成一个大型搬运单位的巨型包装。

2. 包装的具体分类

1）按产品经营方式，分为内销产品包装、出口产品包装和特殊产品包装。

2）按包装在流通过程中的作用，分为单件包装、中包装和外包装等。

3）按包装制品材料，分为纸制品包装、塑料制品包装、金属包装、竹木器包装、玻璃容器包装和复合材料包装等。

4）按包装使用次数，分为一次用包装、多次用包装和周转包装等。

5）按包装容器的软硬程度，分为硬包装、半硬包装和软包装等。

6）按产品种类，分为食品包装、药品包装、机电产品包装和危险品包装等。

7）按功能，分为运输包装、储藏包装和销售包装等。

8）按包装技术方法，分为防震包装、防湿包装、防锈包装和防霉包装等。

二、包装的心理策略

（一）消费者对于包装的心理

1. 求便心理

消费者购物都求方便，方便易用的包装能够增添产品的吸引力。

2. 求实心理

产品包装的设计必须满足消费者的核心需求，即必须有实在的价值。现在五花八门的产品普遍是"形式大于内容"的过度包装。这些产品即使能够吸引到偶然的礼品购买，也难以赢得消费者的忠诚，缺乏长远发展的动力。

3．求新心理

对于科技含量比较高的产品，包装的选材、工艺、款式和装潢设计都应该体现出技术的先进性，通过新颖独特的包装来反映科学技术的优异成果，映衬产品的优越性能。

4．求信心理

在产品上突出了厂名和商标，有助于减轻购买者对产品质量的怀疑心理。特别是有一定知名度的企业，这样做对产品和企业的宣传一举两得。

5．求美心理

产品的包装设计是装饰艺术的结晶。精美的包装能激起消费者高层次的社会性需求，深具艺术魅力的包装对消费者而言是一种美的享受，是促使潜在消费者变为显在消费者，变为长久型、习惯型消费者的驱动力量。

6．求趣心理

人们在紧张的生活中尤其需要轻松和幽默。人们的好奇心往往可以驱使他们重复购买。

7．求异心理

年轻人喜欢与众不同，喜欢求异、求奇、求新，极力寻找机会表现自我。以这类消费为目标市场的产品包装可以大胆采用禁忌用色，在造型上突破传统，在标志语中大肆宣扬"新一代的选择"，以求引导潮流，创造时尚。但是这类消费者的心理不稳定又难以捉摸，潮流变幻无常，因此对其包装促销是高风险、高回报的尝试。

（二）影响消费者对包装心理需求的设计因素

1．引人注意是增强包装效果的首位因素

注意是人的认识心理活动过程的一种特征，是人对所认识事物的指向和集中。注意现象不是一种独立心理过程，人们无论在知觉、记忆或思维时都会表现出注意的特征。

从心理学研究分析，一件包装设计要想使消费者注意并能理解、领会、形成巩固的记忆，是和作用于人的眼、耳感觉器官的包装中的文字、图形、色彩及声音等条件的新奇性特征分不开的。

在人们的视觉认知活动中，不是被动接受客观刺激物的刺激作用的，而是在客观刺激物和人的主观内部心理因素相互作用下进行的。产品包装的文字、图形、色彩及造型形态，对消费者来说，都是一种"视觉元素"的刺激物，而这些刺激物必须具备一定的新奇形象特征才能引起消费者的注意。

2．情感与联想

设计师对包装做到醒目并不太困难，但要做到与众不同，又能体现出产品文化内涵和贡献点（需求）是设计过程中最为关键的。

在产品包装设计元素中，色彩冲击力最强。产品包装所使用的色彩，会使消费者产生联想，诱发各种情感，使购买心理发生变化。但在使用色彩来激发人的情感时应遵循一定的规律。心理学研究认为，在绘制食品包装时，不要用或少用蓝、绿色彩，而要用橙色、橘红色使人联想到丰收、成熟，从而引起消费者的食欲促使购买行为的发生。例如，在现实生活中，消费者购买滋补品时，大多会对大面积暖色调的产品包装感到满意，而购买洗洁用品时则对冷色调包装感兴趣。除产品本身因素外，消费者的情感与联想起到了很大作用。

3. 成功的产品包装

成功的产品包装不仅要引起消费者的情感与联想，而且要使消费者过目不忘。

心理学认为，记忆是人对过去经历过的事物的重现。记忆是心理认识过程的重要环节。基本过程包括识记、保持、回忆和再认。其中，识记和保持是前提，回忆和再认是结果。只有识记、保持牢固，回忆和再认才能实现。

（三）包装设计的心理策略

从上述消费者心理分析和产品包装本身的特征来看，包装对消费者心理具有影响的因素实质上就是构成包装的基本设计元素，即色彩、材料、图文和形态结构等。

1. 色彩

根据心理学测试的结果，进入人类大脑的信息有 85%来自眼睛，10%来自耳朵，其余5%来自其他器官。在眼睛所接收到的信息中，色彩是首要的信息元素。消费者接触产品包装时，首先注意到的是包装的整体色彩。与其他设计元素相比，色彩更感性化，对消费者心理的影响巨大。

2. 材料

材料是进行包装设计的物质基础，也是实现包装功能、体现形态结构的基本要素。在对具体产品进行包装设计时，设计师不仅要考虑所选材料的性能特点，还要考虑材料的感觉特性对消费者心理的影响。材料的感觉特性是一种心理感觉，是人的感觉系统因生理刺激对材料做出的反应，是人的感觉器官对材料的综合印象。材料的感觉特性由材料的触觉质感和视觉质感形成，一般归纳为粗犷与细腻、粗糙与光滑、温暖与寒冷、华丽与朴素、浑重与单薄、沉重与轻巧、坚硬与柔软、粗俗与典雅、透明与不透明等基本感觉特性。

3. 图文

产品包装上的图文主要包括商标、图形、文字等要素，它们是消费者了解产品信息、获得精神内涵和文化价值的主要途径。编排时要从消费者的阅读习惯和图文功能的重要性出发，把握规律、突出重点。一般情况下，产品标志、名称、形象或照片、广告语、重量和生产厂家等重要信息安排在包装的主要展示面上，包装标志、资料文字和功能性说明文字等编排在包装的侧面或背面上。包装的图形与文字是色彩的载体，同时图形与文字也需要借助色彩来完成自我表现。图文的编排与组合要结合被包装产品的品牌形象和营销策略，合理配置色彩，拓宽产品包装的表现力度与深度。

4. 形态结构

包装的形态主要有具象形态和抽象形态两种。具象的包装形态一般是设计师根据客观世界的具体自然形象进行仿生设计而获得的。抽象的包装形态是设计师由客观的自然形态提炼加工出来的。两者都由点、线、面和体等基本形态要素构成。产品包装要尽量简化结构，少采用或不采用烦琐的形式或复杂的造型，减少包装层数和包装空间。层数和空间要与被包装产品的质量和体积相适应，降低包装材料的用量，有效地利用资源，减少包装废弃物。为了遏制过度包装的现象，设计师需要深入研究消费者在包装使用过程中的操作动作及心理过程，通过合理适度的形态结构满足消费者使用方便与舒适的需求。

学习反馈

一、名词解释

新产品　　产品生命周期　　品牌　　包装

二、简答题

1. 什么样的消费者易采用新产品？他们具有什么样的心理特征？
2. 选择成熟期产品的消费者具有什么样的心理特征？
3. 哪些人在选择名牌产品？从心理学的角度分析他们选择名牌产品的原因。

三、案例分析题

洽洽瓜子，将小小的瓜子从安徽卖向全球，并能够卖出十几亿元的销售量。洽洽的出现推翻了行业的游戏规则，对行业进行了整合，由炒改为煮，不仅扩大了市场，而且改变了消费行为，演变成了休闲食品。"洽洽瓜子是煮出来的"，差异化的定位不仅锁定了消费者，而且形成了独特的卖点。当然，洽洽瓜子在营销过程中还主打文化牌，利用集卡等手段培养忠诚。

请问：洽洽瓜子成功的原因有哪些？

实务操作

1985 年 4 月 23 日，可口可乐公司董事长罗伯特·戈伊朱埃塔宣布了一项惊人的决定。

他宣布：经过 99 年的发展，可口可乐公司决定放弃一成不变的传统配方，因为现在消费者更偏好口味更甜的软饮料。为了迎合这一市场需求的变化，可口可乐公司决定更改配方调整口味，推出新一代可口可乐。

在美国乃至世界商业史上，还从来没有哪个商业决策能像可口可乐公司的决策那样引起如此巨大的震惊、骚动和争论。

在"新可乐"上市 4 小时之内，可口可乐公司接到 650 个抗议电话。1985 年 5 月中旬，公司每天接到的批评电话多达 5 000 个，而且更有如雪片般飞来的抗议信件。可口可乐公司不得不开辟 83 条热线，雇用了更多的公关人员来处理这些抱怨与批评。

可口可乐公司的市场调查部门再次对市场进行了紧急调查。结果他们发现，在 5 月 30 日前还有 53% 的消费者声称喜欢"新可乐"，可到了 6 月，一半以上的人说他们不喜欢"新可乐"，到 7 月，只剩下 30% 的人喜欢"新可乐"了。

于是，可口可乐公司决定恢复传统配方的生产，其商标定名为 Coca-Cala Classic（古典可口可乐）。同时继续保留和生产"新可乐"，其商标为 New Coke（新可乐）。7 月 11 日，戈伊朱埃塔率领可口可乐公司的高层管理者站在可口可乐标志下向公众道歉，并宣布立即恢复传统配方的可口可乐的生产。

消息传来，美国上下一片沸腾。ABC 电视网中断了当时正在播出的节目，马上插播了可口可乐公司的新闻。所有传媒都以头条新闻报道了"老可乐"归来的喜讯。民主党参议员大卫·普赖尔还在参议院发表演讲："这是美国历史上一个非常有意义的时刻，它表明有些民族精神是不可更改的。"华尔街也为可口可乐公司的决定欢欣鼓舞，"老可乐"的归来使可口可乐公司的股价攀升到 12 年来的最高点。

实训目的：通过对可口可乐案例的分析，了解品牌忠诚的重要性。

实训要点：

1. 品牌的价值；
2. 品牌忠诚；
3. 盲目开发新产品的后果。

延伸阅读：品牌名称决策

品牌名称决策可以大致分为以下 4 种决策模式。

一、个别品牌名称

个别品牌名称即企业决定每个产品使用不同的品牌。采用个别品牌名称为每个产品寻求不同的市场定位，有利于增加销售额和对抗竞争对手，还可以分散风险，使企业的整个声誉不致因某个产品表现不佳而受到影响。例如，宝洁公司的洗衣粉使用了"汰渍""碧浪"，肥皂使用了"舒肤佳"，牙膏使用了"佳洁士"。

二、所有产品名称

对所有产品使用共同的家族品牌名称，即企业的所有产品都使用同一品牌策略。对于享有高声誉的著名企业，全部产品采用统一品牌名称策略可以充分利用其名牌效应，使企业所有产品畅销。同时企业宣传介绍新产品的费用开支也相对较低，有利于新产品进入市场，如美国通用电气公司的所有产品都用 GE 作为品牌名称。

三、各大类产品

各大类产品使用不同的家族品牌名称。企业使用这种策略，一般是为了区分不同大类的产品，一个产品大类下的产品再使用共同的家族品牌，以便在不同大类产品领域中树立各自的品牌形象。例如，史威夫特公司生产的一个产品大类是火腿，还有一个大类是化肥，就分别取名为"普利姆"和"肥高洛"。

四、与企业名称并用

个别品牌名称与企业名称并用，即企业决定其不同类别的产品分别采取不同的品牌名称，且在品牌名称之前都加上企业的名称。企业多把此种策略用于新产品的开发。在新产品的品牌名称上加企业名称，可以使新产品享受企业的声誉，而采用不同的品牌名称，又可使各个新产品显示出不同的特色。例如，海尔集团推出"探路者"彩电、"大力神"冷柜，"大王子"、"小王子"和"小小神童"洗衣机。

价格组合与心理策略

学习目标

知识目标：通过本任务的学习，掌握产品定价的基本知识，掌握产品价格的心理功能，掌握消费者价格心理的特点。

技能目标：能够运用产品定价和调价的心理策略。

CASE 实际案例

电煤价格并轨 谁是最终买单者

国家发展和改革委员会发布《关于解除发电用煤临时价格干预措施的通知》，宣布从 2013 年 1 月 1 日起，取消对合同电煤价格涨幅和市场交易电最高限价的有关规定，电力企业用煤由供需双方自主协商定价，政府不再干预。这意味着历时 16 年的煤炭价格双轨制将从 2013 年起正式退出，煤炭价格将全面实现市场化，而电力企业也将脱去以往披着的行政保护外衣。

早在 20 世纪 80 年代改革开放初期，国家即逐步缩小了煤炭市场的指令性计划，但在 90 年代国家决定逐步放开煤炭价格后，市场出现了变化，当时煤炭价格连续 5 年上涨，使电力生产企业深感压力。为了确保电价稳定，国家又在 1996 年设立了国有大型电厂的电煤价格，对电力生产的上游行业煤炭采取了行政干预，要求煤炭企业的部分产品必须以低于市场的价格供应电力企业，从而形成了"计划煤"和"市场煤"两种价格。但是，用行政手段人为压低煤炭价格，让一部分煤企为电企做出利益牺牲，实际上造成了煤炭市场的价格混乱，利用两种价格之间的差价寻租的丑恶现象再度出现。同时，它也使电力企业养成了高枕无忧的惰性，不利于其深化改革。因此，这次决定电煤价格并轨，是我国逐步取消政府对市场行政干预的一个重要步骤，它对理顺煤炭市场和电力市场的价格机制都有积极意义。

电煤价格并轨对煤炭生产企业来说是一个利好消息。但是，考量我国煤炭市场目前的实际情况，这种利好却比较有限。近几年来，我国煤炭产量一直居高不下，2012年前三季度煤炭生产、运输、消费增幅回落，主要港口存煤4 076万吨，同比增长53%，煤炭企业库存9 800万吨，同比增长高达70%。与此同时，我国进口煤的数量也在直线上升，2012年11月进口近2 900万吨，12月就上升到3 500万吨。这种高库存、高进口导致煤炭市场的价格日渐走低，"计划煤"和"市场煤"之间的差价已经越来越小。因此，放开煤炭价格，不会引起煤炭价格的急剧上升，相反可以为消化高库存提供便利。而对于电力企业来说，电煤价格并轨后，它们不能再得到国家的行政保护，从表面上看是个利空，但是，由于目前煤炭市场供过于求，电力企业在与煤炭企业的市场博弈中握有更多的主动权，因此不会遭遇太多的冲击。

电煤并轨作为一种价格改革措施，总会造成一定的价格波动，而无论是煤炭企业还是电力企业，都不是消费链上的终端。只要它们对市场拥有足够的支配权，就可以借着这种价格改革来提高产品价格。在这方面，电力企业显然存有不小的操作空间。长期以来，我们看到的一个现象是，电力企业普遍出现超额盈利，其内部员工的高福利早已尽人皆知，但电力企业的高管却总是在喊穷，要求政府对其施予财政补贴，而由于电力企业背靠政府，因此它们的这种要求总是能够得到满足。很显然，需要我们警惕的是，电力企业是否会借着此次价格改革，提出电价上涨要求，从而让民众再一次成为这次改革的最终买单者。

电力作为一种非常重要的能源，目前基本上由国家资本实行垄断。如果说这种垄断有其合理性的话，那么它必须对民众承担起更多的社会责任，也就是说，它必须努力在内部挖掘潜力，消化电煤价格并轨以后可能形成的涨价压力，而不是简单地把这种压力转嫁到民众身上。必须看到，在经济企稳复苏之后，今后的物价也将有所上升。如果电力在物价上升过程中"助一臂之力"，那么这次改革所应该产生的正面作用，也就很容易被消解掉。

思考

1. 电煤的需求价格弹性是大还是小？为什么？
2. 电煤并轨制会不会引起电价上涨？为什么？

学习档案

情境一 消费者的价格心理

【导读案例】美国一名叫爱德华·华宁的商人，在波士顿市中心开了一家商店，采用"梯子价格"来表示降价销售产品的信息，而具体产品只标出价格、上架时间和售完为止。其做法是：前12天按全价销售，从第13天到第24天降价25%，第25天到第30天降价75%；第31天到第36天，如仍未售出，则送慈善机构。之所以采用此法，原因是他掌握了消费者的心理："我今天不买，明天就会被他人买走，还是先下手为强。"事实上，许多产品往往未经降价就被消费者买走了。

请问：价格是不是销售的决定性因素？

一、价格及其在营销心理学上的意义

从经济学的角度看，价格是衡量产品价值的指标。而营销心理学有关价格的含义则是指建立在消费者心理基础之上的各种产品价值的货币表现形式。因此，对同样的价格，不同的消费者会有不同的心理反应，有的消费者认为比较合理，而有的消费者则难以接受。由于消费者对产品价格的认知不同，消费者对产品价格的心理反应也有所不同。

影响消费者心理与行为的诸多因素中，价格是最重要因素之一。企业的定价或调价都会引起消费者的价格心理反应，会激励或抑制消费者的消费动机和购买行为。反过来，消费者的价格心理也会影响经营者的价格决策。深入研究价格对消费者的心理影响，把握其价格心理特征，是企业制定价格策略的基础和前提。

二、产品价格的心理功能

产品价格的心理功能是指产品价格对消费者心理的影响，以及影响过程中消费者所产生的价格心理现象。消费者在选购产品时，通常把价格与产品的其他要素如品牌、性能等综合起来加以评价，在此基础上决定是否购买。产品价格的心理功能主要有以下 3 个方面。

（一）产品价值认知功能

在市场上，人们常常可以看到，当有些产品内在质量相似，但由于包装不同，价格相差很多时，消费者愿意购买价格较高的产品；而对于一些处理品、清仓品，降价幅度越大，消费者的疑虑心理越重，越不愿意购买。在现实生活中，人们用价格认识产品。所谓"一分价钱一分货"，就是这种心态的反映。同样两件男式衬衫，质地看上去很相似，款式也差不多。如果其中一件用很漂亮的盒子包装，标价 360 元，另一件只用普通的塑料袋包装，标价 220 元。消费者的第一反应就是认为 360 元的那件品质好、价值高，220 元的那件相对品质差、价值低。

（二）自我意识比拟功能

消费者在购买产品时，除进行价值衡量外，还会通过想象和联想，把产品价格与自己的气质、性格等个性心理特征联系起来，与自己的愿望、情感、兴趣和爱好结合起来，以满足自己心理上的欲望和需求，这就是产品价格的自我意识比拟功能。这说明，产品价格不仅具有劳动价值的意义，也具有社会心理价值的意义。

1. 社会地位比拟

有些人在社会上具有一定地位，穿着用品追求高档、名牌，认为穿着一般衣物有失身份，当然不愿出入折价产品的市场。即使经济收入有限，其他方面节俭一些，也要保持自己良好的社会地位形象，并以此满足自己的心理需要。

2. 经济地位比拟

有些经济收入较高的人，追求时尚欲望强烈，是社会消费新潮的倡导者。他们往往以率先拥有高档电器、私人轿车和高档商品房等为消费追求目标，对低价产品不屑一顾。但有些人尽管经济收入并不低，却认为自己经济条件有限，爱购买廉价、折价产品，喜欢讨价还价，且乐此不疲。

3. 文化修养比拟

有些人喜欢购置、收集和储藏古董物品，作为家庭摆设，希望通过昂贵的古董来显示自己崇尚古人的风雅，并乐在其中。

4. 生活情操比拟

有些消费者以具有高雅的生活情趣为荣，即使不会弹钢琴，也要在居室里摆放一台钢琴；即使不十分喜爱音乐，也要购置高档的音响器材，获得心理上的满足。这类心理功能因人而异，各不相同，与个人的观念、态度和个性心理特征有关，会在购物中有意无意地显露出来。

（三）调节需求功能

产品价格的高低对供求关系有一定的调节作用。在其他条件不变的情况下，由于供求规律的作用，消费需求量的变化与价格的变动呈相反的趋势。特别是对于需求弹性大的产品，产品价格上涨时，销售量会减少；产品价格下降时，销售量会上升。精明的营销人员往往根据这一趋势，适时调整价格，以把握机会，寻找产品价格对供求关系的最佳调节点。

价格调节需求的功能要受到产品需求价格弹性的制约。需求的价格弹性是指价格的变动对市场供应量的影响。影响程度越大，它的需求价格弹性就越大，反之则越小。不同种类的产品，需求弹性是不同的。一般来说，与消费者生活密切相关的生活必需品的需求弹性较小，而非生活必需品的需求弹性较大。

价格调节需求的功能还要受到心理需求强度和价格预期评价的影响。首先，消费者对某种产品需求越强烈，对这种水平价格的变动就越敏感，产品价格对产品需求调节的力度就越大。其次，产品需求量的变动还受到消费者对产品价格预期评价的影响。如果消费者预期产品价格会继续上涨，这时产品提价出售，反而会增加需求。相反，如果消费者预期某种产品价格持续下跌，这时产品降价出售反而会减少需求量。这就是价格心理对供求关系的影响出现的复杂情况，如追涨杀跌心理。与通常薄利多销规律不同，有时人们往往表现出一种反常的行为举止：当产品价格上涨时，出于紧张心理，以为价格还会继续上涨，反而急于购买；当价格下跌时，出于期待价格进一步下跌的心理，反而持币待购。这就是在20世纪80年代末人们争相购买3000元一台的18英寸的一般彩电，而到21世纪开始时人们还希望2000元一台的29英寸的超平彩电继续降价后再买的主要原因。

三、消费者的价格心理表现

消费者的价格心理是消费者在购买活动中对产品价格认识的各种心理反应及表现。它是由消费者自身的个性心理和其对价格的知觉判断共同构成的，而且受到社会生活各个方面的影响。消费者的价格心理表现主要分为以下5种。

（一）消费者对价格的习惯性

消费者对价格的习惯性是指消费者根据自己以往的购买经验，对某些产品的价格反复感知，从而决定是否购买的习惯性反应。消费者对产品价格的认识，是从多次的买卖中发现的结果。特别是一些日用消费品，消费者由于长期购买，在大脑中留下了深刻的印象，并形成了习惯价格。在习惯价格的基础上，形成了一种对产品价格上限和下限的概念。如果产品价格高于上限，就会令人认为太贵；如果价格低于下限，就会令人产生怀疑。只有产品价格处于上限和下限之间，消费者才会乐于接受。如果产品价格恰好为消费者所认同，消费者就会产生最大的信赖感。消费者的价格习惯心理一旦形成，往往要稳定并维持一段时间，很难轻易改变。当有些产品价格必须变动时，企业一定要认识价格的习惯心理对消费者购买行为的影响，在制定和调整产品价格时，对超出消费者习惯性价格范围之外的产品要慎重行事，一定要弄清这类产品的价格在消费者心目中的价格上限和下限。

（二）消费者对价格的敏感性

消费者对价格的敏感性是指对产品价格变动的反馈程度。由于产品价格直接影响消费者的生活水平，所以消费者对价格的变动会做出不同程度的反应。消费者对价格变动的敏感心理，既有一定的客观标准，又有经过多年购买实践形成的一种心理价格尺度，因此具有一定的主观随意性。消费者对价格的敏感性是因产品而异的。对与消费者生活关系密切的产品的价格，由于购买频度较高，消费者的敏感性较高，如食品、蔬菜和肉蛋类等，这些产品的价格略有提高，消费者马上会做出强烈反应；而一些高档消费品，如计算机、音响、钢琴和家具等，由于购买频度较低，即使价格比原有价格高出几十元、上百元，人们也不太计较，即消费者对这类产品的价格敏感性较低。例如，学校的师生每天在餐厅就餐，饭菜价格哪怕是变动了 0.5 元，他们也会议论纷纷；而市场上同样一台电冰箱的价格即使涨了 300 元，他们也不会放在心上。

（三）消费者对价格的感受性

消费者对价格的感受性是指消费者对产品价格高低的感知程度。消费者对产品价格的高与低的认识和判断，不完全基于某种产品价格是否超过或低于他们认定的价格尺度，他们还会通过与同类产品的价格进行比较，以及与购物现场不同种类产品价格的比较来认识和判断。这种受背景刺激因素的影响，导致价格在感观上的差异，称为价格错觉。不同的产品或服务、不同的环境和营销氛围、消费者的不同心境和个性，都会产生不同的价格感受。这种感受性会直接影响消费者的价格判断。例如，一瓶葡萄酒，商场售价二十几元，而在三星级以上酒店里饮用，定价达上百元，这是因为豪华优雅的环境和气氛影响了消费者对价格的感受。消费者对产品价格的感受性心理在他们购买产品时的反应是普遍的，企业在市场营销中可以用优质的产品、优良的服务、精美的包装和优雅的环境来影响消费者的心理活动，影响消费者的观念态度，从而影响其对产品价格的感受性，以取得较好的销售效果。

（四）消费者对价格的倾向性

产品的价格有高档、中档、低档的区别，它们分别标志着产品不同的品质与质量标准。一般来说，当消费者对同类产品进行比较时，如果没有发现明显的差别，往往倾向于选择价格较低的产品。对各种不同种类产品的价格，消费者在比较时的倾向性也是不同的。对日常生活用品、短期时令产品，消费者倾向于选择价格较低的；对耐用消费品、高级奢侈品，消费者则倾向于选择价格较高的。目前，中国消费者的消费心理明显地呈现多元化特征，既有追求高档名贵的求"名"心理，又有追求经济实惠的求"廉"心理，还有居于两者之间的要求价格适中、功能适中的求"中"心理。此外，还有满足情感、文化需求的求

"情"、求"乐"、求"知"心理。由于不同消费者的社会地位、经济收入、文化水平和个性特点的差异，在选购产品时的价格倾向也不同，他们会根据自己的不同需求特点，做出不同的价格选择。企业在制定营销决策时，要充分考虑不同层次消费者的不同需求，研制生产高档、中档和低档等系列产品，采用合适的定价策略，满足消费者对价格的倾向性需求。

（五）消费者对价格的逆反性

消费者对价格的逆反性是指消费者在某些特定情况下对产品价格的反向表现。正常情况下，消费者总希望买到物美价廉的产品，对于同等质量的产品总是希望其价格更低。但是在一些特定情况下，产品的畅销性与其价格却呈反向表现，即并非价格越低越畅销，这是由消费者对价格的逆反心理造成的。

产品的主观价格是依据其客观价格而形成的，但是主观价格与客观价格经常会出现不一致甚至背离的情况，在消费者心目中常会产生这样的判断：产品的价格太高或产品的价格偏低。主观价格是构成产品形象的一个组成部分。对于一个有较高自我比拟意识的人来说，购买一件他认为价格偏低的产品会感觉有失身份，所以有这样一个传说：一件男式风衣在一家商店出售，刚开始的标价是 68 元，这个价格是低于同等产品平均价格水平的，但在商店挂了很久都无人问津。消费者在购买时看到这一低价会很自然地认为这件风衣可能是滞销货或存在质量问题，即使价格偏低也不愿意购买。但是当商家把价格改成 680 元之后，就有很多消费者因为这一高价而注意到这件风衣，很快这件风衣便以 560 元的价格出售了。

情境二　基本价格制定的心理策略

> **【导读案例】**日本任天堂的游戏机价格为 1.48 万日元，而其他企业的价格为 3 万~5 万日元，低价格使任天堂在 1983—1993 年销售了 1.08 亿台游戏机，打垮了日本国内其他游戏生产厂家，同时促进了价格为 4 000~6 000 日元的游戏软件的销售，10 年内销售量达 7.25 亿台。1993 年，仅有 950 名员工的任天堂税前利润为 1 648 亿日元，在丰田和日本电报电话公司之后居日本第三位，人均纯利润 9 000 多万日元，使当时世界上任何一个企业都望尘莫及。
>
> **请问：**如何定价最合理？

产品价格的制定，除要考虑成本、需求和竞争外，还要考虑制定价格的心理依据，这是产品成功走向市场、取悦消费者的重要前提。根据消费者心理和市场竞争状况采取的定价策略主要包括以下 11 种。

一、撇脂定价策略

撇脂的原意是在鲜牛奶中撇取油脂，先取其精华，后取其一般。这种定价策略运用到市场营销中，是指在新产品进入市场的初期，利用消费者的求新、猎奇心理，先制定高价获取高额的初期利润，而当竞争对手出现时，可以根据市场销售情况逐步适当降低的定价策略。

采用这种策略能使企业尽快收回投资成本，迅速获得大量利润；企业掌握市场竞争及新产品开发的主动权，树立高档品牌产品形象，扩大价格调整的回旋余地。但是在新产品尚未被消费者认识之前，不利于市场开拓，产品的销售量和市场占有率可能无法相对提高。高价厚利很容易诱发市场竞争，使企业获得高额利润的时间比较短。

二、渗透定价策略

渗透定价策略是指在新产品上市之初，迎合消费者求实、求廉心理，企业采取优质低价的手段迅速渗透并占领市场，扩大销售，提高市场占有率，待打开销路、占领市场后再逐步提价的策略。这种定价策略的目的在于渗透新市场，立即提高新产品的市场占有率与销售量，快速而有效地占据市场空间，销售利润反而退为次要目标。

采用这种策略的产品一般在市场上都有类似的替代品，产品需求弹性大，购买频率较高，消费者对此种产品价格较为敏感，所以低价可以扩大产品销售，因而可以增加利润总额。过了一段时间，当消费者接纳、认可该产品时，企业可以利用消费者对产品的感情和不可缺性，慢慢地提高价格。这样既不会失去消费者，又使企业增加了效益，在市场上站稳了脚跟。

三、反向定价策略

反向定价策略是指企业定价时不是以产品定价格，而是以价格定产品的策略。它是先从市场调查开始，获得消费者对该产品的期望零售价格，再计算该产品的生产成本和其他费用的控制范围，然后组织生产。

采用这种策略主要是从消费者心理愿望和购买能力出发，更能适应消费者的需求，从而扩大市场销售。

四、整数定价策略

整数定价策略是指针对消费者的价格自我比拟的心理，为产品定价时将价格尾数去掉，舍零凑整的定价策略。当消费者购买档次较高的产品或偏重于质量和品牌时，产品应尽量取整数价格，这样可使消费者产生一种品质高、可靠性强的心理感受，并能满足其心理上的某种荣耀感。如果为高档产品用零数标价，反而会使消费者心理不平衡，觉得有失身份。例如，价格998元的产品，可定价为1 000元，这样可以使这件产品的价格从3位数上升到4位数，给消费者带来更大的满足。而对于那些价值小、购买频繁的产品，有时为了方便消费者购买，也采用整数标价。

五、尾数定价策略

尾数定价策略是指企业保留价格尾数，采用零头标价的策略。采用这种策略主要是为了满足消费者的求廉心理，使消费者感觉价格低，甚至认为是对价格进行了十分精确的计算，从而增加对企业的信任。根据不同消费者的消费习惯，把尾数定价与吉祥数字的利用结合起来效果更好。例如，用9、8、6做尾数通常会受到欢迎；最好不要用4、7做尾数。这种策略一般适用于收入不高、对生活日常用品价格敏感的消费者，尾数可使他们感到价格保留在较低一级的档次，从而降低心理抗拒感。

六、招徕定价策略

针对消费者普遍存在的求廉心理，可以有意降低某些产品的价格来吸引大批消费者购买企业的产品。这种策略的实质是用降价产品作为诱饵，借机带动企业其他产品的销售。因为消费者既然进了门，就不可能只看降价产品。只要他们注意了其他产品，就会有销售的机会。为此，降价产品的选择及降价幅度的确定都很重要，要能达到招徕大批消费者的目的，又能扩大销售并增加利润。

七、声望定价策略

声望定价策略是指利用消费者的求名心理，制定高价的策略。它主要适用于一些名牌产品、高档产品或技术性较强的产品等，满足某些消费者追求名店、名牌和显示自身地位的心理。消费者在选购这类产品时往往相信"高价格象征高质量"。他们认为企业的声望与出售产品的质量成正比，产品价格高一些是合理的。一些世界驰名品牌，其高昂的价格相当稳定，宁可减少生产和销售，绝不轻易调低价格而维护其声望，如荣宝斋的字画、奔驰公司的汽车、一得阁的墨汁和拜耳公司的药品等。采用这种定价策略对于稳定产品销售和保持企业良好的市场形象都有重要意义。

八、分级定价策略

分级定价策略是指把不同品牌、不同规格和不同型号的同类产品划分为几个档次，为每个档次的产品制定一种价格，一方面会使企业的价格、进货和销售等管理工作简单化；另一方面较好地适应了消费者的求便心理，比较符合消费习惯。当然，档次的划分要合理，定价水平要能为消费者所接受。

九、组合定价策略

对于企业的生产或经营，在使用上具有关联性的几种产品，根据消费者的心理与习惯，可以采取相互补充的定价方式。为消费者购买次数少且对价格敏感较强的产品定较低价格，为消费者购买次数多且对价格不太敏感的产品定较高价格，高低价相抵后企业还有利可图。例如，对录音机定价低而对磁带定价高，对照相机定价低而对胶卷定价高，等等。组合定价策略主要针对的是消费者求廉心理与价格敏感性存在差异的特点而实施的。

十、习惯定价策略

对于已形成习惯价格的产品就要按照习惯价格为产品定价。已经形成习惯价格的产品主要是那些消费者经常购买的日用品。对于这些产品的性能和质量等，消费者已经详细了解并且形成了经验的评定和固定的心理价格标准。企业在为这些产品定价时一般不要背离习惯价格，否则会失去消费者的信任。

十一、综合定价策略

对于某些价值含量与技术含量较高的产品，在制定价格时，应该把相关费用计算在内。定价时一般包含送货费、维修费、保险费和随身携带的易损配件的价格等。综合定价虽然使价格水平提高了，但是由此提高了产品的可靠性与安全性，使消费者增强了安全感，因此，仍受消费者所欢迎。

情境三　折扣价格制定的心理策略

> **【导读案例】** 日本东京银座美佳西服店为了销售产品采用了一种折扣销售方法，颇获成功。具体方法：先发一公告，介绍某产品的品质、性能等一般情况；再宣布打折扣的销售天数及具体日期；最后说明打折方法，例如，第一天打九折，第二天打八折，第三、四天打七折，第五、六天打六折，以此类推，到第十五、十六天打一折。这种销售方法的结果是，第一、二天，顾客不多，来者多半是来探听虚实和看热闹的。第三、四天，顾客渐渐多起来。第五、六天，顾客如洪水般地拥向柜台争购。以后连日爆满，没到一折售货日期，产品早已售缺。这是一则成功的折扣定价策略。妙在准确地抓住顾客的购买心理，有效地运用折扣销售方法。人们当然希望买质量好又便宜的货，最好能买到二折、一折价格出售的货，但是有谁能保证你想买时还有货呢？于是出现了顾客头几天犹豫，中间几天抢购，最后几天买不着的情景。
>
> **请问**：折扣对消费者的影响如何？

折扣价格策略是指企业为鼓励客户尽早付清货款、大量购买、淡季购买，或鼓励渠道成员积极推销本企业的产品，在基本价格的基础上按一定的折扣率给予买方的一种优惠措施，是企业进行产品促销、发展稳定客户的一种价格策略。折扣让价的形式有很多。在现实营销实践中，企业常用的有以下 5 种。

一、现金折扣

现金折扣是指企业为了加速资金周转，减少坏账损失或收账费用，给予现金付款或提前付款的消费者在价格方面的一种优惠。折扣常常在应付金额的 1%～3%之间。例如，某企业规定提前 10 天付款的消费者，可享受 2%的价格优惠，提前 20 天付款的消费者，可享受 3%的价格优惠等。在国外称为"2/10，信用净期 30"，其意思是购买者须在 30 天内付清货款，但如果在交货后 10 天内提前付清，则可有 2%的折扣。这种折扣不是针对某固定客户的，而是保证必须给所有符合这些条件的客户同样的待遇，这种折扣在许多行业内都已成为惯例。

二、数量折扣

数量折扣是企业给予大量购买某种产品的消费者的一种价格折扣。例如，购买西瓜在 50 千克以内，每千克价格为 1.2 元；购买西瓜在 50 千克以上，则每千克为 1.0 元。同样的道理，数量折扣也必须辐射所有消费者，但是折扣额不能超过销售者大量销售所节省的成本，这些节省包括销售、储存和运输降低的费用。数量折扣又分为累计折扣和非累计折扣。累计折扣是指同一消费者购买某产品达到一定数量后所给予的价格折扣。采用这种策略可鼓励消费者经常购买本企业的产品，有利于稳定消费者，与消费者建立长期互信互利关系。非累计折扣则是指消费者一次购买产品达到一定数量或一定金额所给予的价格折扣。采用这种策略可鼓励消费者大量购买，扩大销售，同时又能减少交易次数和时间，有利于减少人力、物力方面的费用。

三、功能折扣

功能折扣，又称贸易折扣，是产品生产者和加工者给予中间商（批发商、零售商等）的一种价格折扣。目的是激励中间商积极主动地执行某种市场营销功能（如广告、储存、融资和服务等）。这种折扣不是将价格作为竞争手段来使用的，而是把制造商因减少功能节约下来的开支，以折扣的形式让给中间商，以密切同中间商的友好合作关系。一般根据不同类型的中间商在不同分销渠道中所提供的不同服务及所发挥的不同作用，给予不同的折扣，而制造商则必须在每一交易渠道中提供相同的功能折扣。例如，某企业某产品的零售价目表注明每单位500元，商业折扣为40%~10%。它所表示的含义如下。

零售商进货价：500×（1-40%）=300（元）

批发商进货价：300×（1-10%）=270（元）

四、季节折扣

季节折扣是企业给予购买过季产品或服务的消费者的一种价格折扣，目的是使企业的生产和销售在一年四季都保持相对稳定。例如，旅馆、航空公司等在营业额下降时给予旅客季节折扣；羊毛衫的经销商在夏季给予消费者较优惠的价格；滑雪橇制造商在春季和夏季给予零售商季节折扣，以鼓励零售商提前订货等。

五、折让

折让是制造商或经销商根据价目表给予消费者价格折扣的另一种形式。常见的有以旧换新折让和促销折让等。例如，一台全自动洗衣机的标价为2 260元，消费者以一台旧的双缸洗衣机折价160元购买，则只需支付2 100元，这称作以旧换新折让。如果经销商同意参与制造商的促销活动，制造商为报答经销商对其参与广告和支持销售活动所支付的款项，制造商卖给经销商商品时可打折扣，这种折扣称作促销折让。例如，在牛奶的销售中，制造商经常给予经销商一定的折让，以答谢经销商在销售本公司牛奶中所做的贡献。

情境四　产品调价的心理策略

【导读案例】格兰仕作为国内微波炉行业的龙头老大，素以刚性的营销策略——价格战闻名。几年来，格兰仕陆续发动了数次价格战，在将微波炉的价格大幅降下来的同时，也使自己的市场占有率节节攀升。2000年4月以来，格兰仕通过价格战使自己的市场占有率达到了65%以上，生产能力发展到1 200万台，并跻身世界最大微波炉生产企业行列。

格兰仕一直信奉"价格是最高级的竞争手段"，以确保其成本领先的优势。其价格战的目标十分明确，就是消灭散兵游勇。每当其规模上一台阶，格兰仕就要打一次价格战。当其生产规模达到125万台时，它立即把出厂价定在规模为80万台的企业成本价以下；当达到400万台时，它又把出厂价调到规模为200万台的企业成本价以下；当2000年其生产能力达到1 200万台时，它又再次调低价格，将其出厂价定在规模为500万台的企业成本价以下，使微波炉行业的"成本壁垒"站到了"技术壁垒"之前，让很多年产只有几万台、几十万台的家电企业对"微波炉生意"失去了兴趣，甚至连海尔、荣事达这样的大集团在它面前也只能输得头破血流。

请问：价格调整应从什么时候做起？

　　产品调价即降价与提价，这两种价格的变动都会引起消费者心理上与行为上的反应。调价的原因非常复杂，除销售者本身的原因外，还受市场供求状况、产品本身价值变动和市场货币价值等因素的影响。企业要取得利益最大化，就应科学地运用产品调价的心理策略。

一、降价的心理策略

　　企业在经营过程中，由于竞争需要、产品积压、产品有缺陷或产品处于衰退期等原因，都会迫使企业降低产品销售价格。降价能否促进产品销售，关键是降价能否把握消费者心理，制定符合消费者心理的降价策略。

1. 降价的幅度要适宜

　　降价的幅度应足以吸引消费者购买。如果降价幅度过小，不能引起消费者的注意与兴趣，就达不到降价的效果；如果降价的幅度过大，不仅会减少企业收益，还会造成消费者的疑虑，弱化消费者的购买动机。根据大多数企业的实践经验，普通产品降价幅度在10%～40%之间有利于刺激消费者购买，消费者会感到这些产品还有使用价值，认为没有很大的购买风险；当降价幅度超过50%时，消费者则会增大对产品的使用价值、品质和安全卫生等方面的疑虑，丧失购买信心。当然，一些名牌服装由于过了流行期和销售旺季，价格大幅度下降，也会有促销效果。

2. 正确把握降价时机

　　降价时机的选择关系到降价策略的成败。降价时机选择得好，会大大刺激消费者的购买欲望；选择得不好，则会失去消费者，失去营销机会。例如，对于流行产品，当流行高峰一过就要马上采取降价策略，否则，失去了时机即使降价也难以收到预期的效果；对于季节性产品，应在快换季时降价；对于一般产品，进入成熟期的后期就应降价；对于某些产品，由于技术上的明显改进而使成本大幅度下降后，也应相应降低价格。需要注意的是，降价不能过于频繁，应避免使消费者产生期待再降心理和对产品的不信任感。

3. 采用暗降策略

　　暗降策略就是通常所说的变相降价。降价要特别慎重，一般情况下，直接降价会招致同行的不满与攻击，甚至引发同行间的价格大战。为了避免直接降价带来的不利因素，可采用暗降策略。例如，实行优待券、予以实物馈赠和更换包装等方法。采用变相降价既维护了企业及产品的形象，又扩展了市场占有率，促进了产品销售。

二、提价的心理策略

　　消费者通常对产品提价会产生消极的心理反应。但在企业的经营过程中，由于多种因素的影响，如原材料大幅度涨价、运输成本增加等，企业不得不提高产品的销售价格。对企业来讲，无论是什么原因造成的产品提价，都要充分考虑消费者的购买力和心理承受能力，认真分析和预测提价后消费者可能产生的心理反应，采用相应的心理策略。

1. 控制好提价幅度

　　产品在提价前应做好充分的市场调查，使之既能达到预期目的，又能为消费者所接受；产品在提价过程中应尽量压低提价幅度，避免引起消费者的抱怨和不满，减少消费者的恐惧心理。如果需要提价的幅度较大，应尽量采取分步到位的做法，使消费者有一个逐步适应并形成新习惯的过程。

2. 掌握好提价时机

例如，由于外部原因而引起的产品成本大幅度上升时，可以提价；由于产品在市场上供不应求，为平衡供求时，也可以适当提价；由于对产品进行了重大改进，价值有了大幅度上升，也应当提价。由于提价总是会使消费者感到不愉快，所以，应严格控制提价的次数，不要轻易提价。

3. 采用暗调策略

直接提价往往使消费者产生反感，因此在可能的情况下，企业最好采用暗调策略进行提价。一是可以更换产品型号、规格、花色和包装等，对于同一产品只要稍做改动，在消费者没有察觉的情况下提价，则不会引起消费者心理上的反感。二是减少产品重量而价格不变，达到实质上的提价目的。这种方法应尽可能避免使用，因其极容易引发投诉和失去消费者。

4. 做好宣传解释工作

产品提价事关重大，它关系到企业的声誉和消费者的利益，稍有不慎，就可能造成消费者心理上的伤害，给企业带来无法挽回的损失。所以，企业应通过媒体向消费者解释调价的实际原因，并且提供更热情周到的服务，尽量减少消费者的损失等，以诚意来求得消费者的谅解和支持。

总之，产品的价格变动是企业适应市场变化的手段之一，但处理不好，会对消费者心理产生一定影响，或不能达到预期的效果。因此，企业要认真研究消费者的价格心理，做好价格的调整工作，从而使企业获得最大的经济效益。

学习反馈

一、单项选择题

1. 企业给予那些购买过季商品或者服务的顾客的一种减价，使企业的生产和销售在一年四季保持相对稳定，这种价格折扣属于（　　）。
   A. 现金折扣　　　B. 数量折扣　　　C. 功能折扣　　　D. 季节折扣
2. 在新产品上市初期，将价格定得较低，这种定价技巧是（　　）定价。
   A. 撇脂　　　B. 渗透　　　C. 中间　　　D. 竞争
3. 下列（　　）的需求价格弹性最小。
   A. 手表　　　B. 食盐　　　C. 化妆品　　　D. 时装
4. 企业通过定价来取得控制市场的地位，使市场占有率最大化，这种定价目标属于（　　）。
   A. 维持生存　　　　　　　B. 当期利润最大化
   C. 市场占有率最大化　　　D. 产品质量最大化
5. 企业主要以成本为依据对产品进行定价的方法，属于（　　）。
   A. 成本导向定价　　　　　B. 需求导向定价

C．竞争导向定价　　　　　　　　　D．市场导向定价

二、名词解释

价格　　折扣　　折让

三、简答题

1．产品提价的心理策略有哪些？
2．基本价格制定的心理策略有哪些？

四、分析题

家乐福自 1963 年在法国开业以来，截至 1997 年年底已在全球的 18 个国家和地区开设了 307 家分店，1996 年家乐福以年总销售额 300 亿美元在全球零售行业中排名第六。家乐福北京分店是 1995 年 12 月 5 日在中国内地开设的第一家分店，随后又陆续在深圳、上海、天津和重庆开设分店，到 1997 年年底已有 7 家。北京家乐福卖场营业面积 7 500 平方米，员工近 700 人，开业以来，最高日营业额达 430 万元，年销售额达 4 亿元。家乐福的成功很大程度上取决于它的价格策略。

结合定价模式，分析家乐福的价格策略。

五、案例分析题

宝洁公司是世界上最大的日化品生产厂家，经营的产品以花色品种繁多而闻名。在中国市场，就包括美容时尚类、健康类和家居类等不同产品大类，其中每个大类中又包含不同的种类。例如，在家居类的洗涤剂产品中，就推出了定价不同的汰渍和碧浪洗衣粉，汰渍属于经济型定价，而碧浪则属于高端价位，而其中每种不同的汰渍洗衣粉的定价也有所差别。在宝洁健康类的剃须产品中，其收购的吉列剃须刀虽然是名品牌，但市场定价其实很低，主要靠销售替换用的刀片赚钱，而刀片价值不菲。

请问：

1．宝洁公司的定价属于定价策略中的哪一类？其主要内容是什么？包含哪些情况？
2．其洗涤剂和剃须刀各属于该定价策略中的哪种情况？

🔊 实务操作

第一步，在学校所在地选取 2 ～ 4 个生产经营不同类型产品的企业或经销商，组织学生对它们的产品售价进行实地调查，详细了解企业在产品销售过程中采取的具体定价策略。

第二步，结合企业的营销目标、产品特色及企业所处的市场环境，将学生进行分组，每 5 ～ 6 人为一组，要求他们采用所学定价策略知识与方法对所调查企业的产品进行重新定价。

第三步，对企业的定价与学生的定价进行头脑风暴的对比分析，在此基础上，选择制定更为合理的定价策略，并以书面报告的形式向企业提供有理有据的价格调整方案。

实训目的：掌握定价模式。

实训要点：
1. 企业的营销目的；
2. 定价过程；
3. 头脑风暴对比分析。

延伸阅读：日本电视机的价格战术

日本电器业六大公司（日立、松下、三洋、夏普、三菱和东芝）的头脑人物在日本东京的皇宫饭店内密谋如何对付美国电器的竞争。这时，日本的电视机产业还处于起步阶段，不但无法打入美国市场，就连在本国市场也要和美国电视机竞争。但是此时的日本不论是用提高关税还是对出口商进行补贴都会招到美国的指责和报复，因为，此时的日本经济还离不开美国的扶持和资助。

于是，六大公司决定用不公平的竞争方式保证自己的利益。首先，内部统一电视机价格，定出每台电视机的利润和各公司可能销售的台数。这是违反国际上公平竞争原则的，但这使日本电视机厂商在本国市场维持着比美国同类电视机高出两倍的价格，在本市场获得巨额利润。

接着，日本六大公司在本国市场稳固之后，向美国市场进攻。他们利用出口一台电视机，得40美元的高额回扣来吸引多家美国进口商的帮助，利用一个"双重价格"方案向美国倾销。同时为了避免遭到反倾销诉讼，日本向美国海关提供了假的记录，把官方的"控制价格"说成一般的电视机售价。然后，日本厂商甚至用低于生产成本的价格倾销。

20世纪60~70年代，美国一些小的电视机厂商被挤出市场，许多厂商被日本同行吞并。1971年美国才正式宣布日本在美国倾销电视机。

虽然后来美国对日本出口电视机进行数量的限制，但在某些"美国人士"的帮助下，允许日本厂商在美国设厂生产电视机，不受限制条款约束。其结果可想而知：日本电视机厂商干脆直接在美国生产、销售，它已成功地越过了贸易壁垒，进入了美国市场，成为美国电视机市场上强有力的竞争对手。

分销组合与心理策略

📖 学习目标

知识目标：通过本任务的学习，了解批发商的基本知识，掌握批发商的采购心理；了解终端市场的基本知识，掌握终端市场与消费者心理；掌握商店选址、招牌命名、橱窗设计、商店内部规划和产品陈列的心理分析。

技能目标：能够分析营销场景对消费者行为的影响，正确运用商店的店址、招牌和橱窗等消费心理策略开展营销活动；能够正确运用商店的内部规划、产品陈列的消费心理策略。

CASE >>>> 实际案例

北京故事：巧用策分销，销售量超天猫

"北京故事"的创始人、总设计师 Anni，标准的"80 后"女孩，毕业于英国哥拉斯哥艺术设计学院，天生便对新事物保持着敏感的好奇心。2006 年年初，Anni 萌发打造属于自己的民族时尚品牌，通过女性对时尚服饰天然的亲近，从而创立品牌"北京故事"。经过 8 年的发展，"北京故事"已拥有女士围巾、男士围巾、精品帽子、腰带/腰链等众多品类。

（1）线下到线上，开天猫为他人做娘家衣

"北京故事"在创立之初，采取了直营店、加盟店等实体店形式进行渠道建设，迄今店面已有 200 余家。但 Anni 并不满足于当下的发展，在她看来，只有实现销售模式的多元化，才能最大限度地降低企业风险。于是，Anni 将目光由线下转到线上，名气最大的天猫商城便成为首选。

不过，对新进品牌而言，进驻天猫商城面临着高流量成本，同时缺乏有效的沟通机制，复购率并不高。一般来说，每个商户在天猫商城进驻的成本为 5 万~8 万元。"北京故事"对每个代理商拿出了 3 万元进行扶持，力度不可谓不大。但由于投入成本过高，与收益不

成正比，加盟店商户的收入远高于官方的天猫旗舰店。虽然达到了品牌曝光的目的，但在销售层面并未使品牌商与加盟商实现双赢。

（2）线上到线下，"分销佣金"催化融合

对创业者而言，淘宝、天猫、京东等早期的电商平台已度过了红利期。面对众多先行者，各种电商"后进者"即使付出高额的成本，也很难将店铺流量转化为销售流量。当天猫商城收效不大时，"北京故事"急需一种线上能够快速实现店铺传播并转化为实际销售量的方法。于是，Anni 将目光转向了当下火热的微信营销。

与常见的建设微店铺软件不同，在微分销平台创建微商城后，每款产品在设定价格的同时，还要再设定一个销售佣金和分销佣金的比例。当店铺以二维码或网址的方式一键分享到朋友圈时，其朋友都可以申请成为该店铺的分店，而当分店产生销售量时，则会收到产品最初设定的佣金。

"这是一种很好的推广方式。"Anni 使用一段时间后认为，微分销平台带有先天的优势，首先，解决了互联网人与人之间的信任问题，店铺和产品的推广是建立在朋友信任的基础上；其次，很好地解决了供货商和分销商的利益问题，分销商申请微店不花一分一毫，店面维护、美工、供货、送货全由供货商负责，自己只需一键转发即可，在家坐收销售佣金和分销佣金；而微分销平台独有的二级佣金机制恰恰解决了店铺或产品信息在朋友圈传播动力不足的问题。

（3）微店+分销，员工顾客纷纷开店

在使用微分销平台后，"北京故事"的移动电商之路异常平坦。自当年 3 月以来，微信公众账号的粉丝已超过 30 000 个，其中申请的分销商就超过 1 000 个。目前，"北京故事"在微电商领域，一个月只需支付 1 000 元左右的佣金，销售额就能高达 30 万元以上。该销售数据已超过了天猫旗舰店。

使用一段时间后，"北京故事"发现，微分销平台并非只帮助企业在微信朋友圈建设分销渠道，更将线下门店成功地融入线上销售中。由于微分销提升销售效果显著，"北京故事"的门店员工也积极申请成为分销商，其中推广效果优秀的员工月收入达到几千元。微分销成功让实体店的员工、顾客和彼此的朋友都成为分销商。

目前，"北京故事"实现了线下门店、平台电商（天猫旗舰店）、自建电商（"北京故事"B2C 商城）和移动电商（微分销）渠道多元化发展，微分销在其中成功整合了线上和线下资源。Anni 表示："未来 5 年电商销售额要占到总销售额的 30%以上，要建立现代模式，打造百年企业。"

? 思考

1. "北京故事"的分销组合策略是什么？

2. 企业怎样与中间商或中介机构建立关系？

学习档案

情境一　批发商的采购心理

> **【导读案例】** 格里菲旅游集团（GTA）于 1975 年在英国伦敦成立，经过几十年的快速发展，已是全球最大的旅游产品独立批发商（不含国际、国内航空服务和金融服务），年营业额高达 8.8 亿美元。GTA 在世界各地拥有 2 000 多名员工和 31 家分支机构，其中包括在北京、上海、成都和香港建立的 4 家分支机构。目前仅在成都和中国西部，GTA 已与 250 家星级酒店签下合作协议。
>
> **请问：** 格里菲旅游集团作为批发商，有哪些采购心理？

批发商是区别于零售商而言的，它们同属于中间商，在分销渠道中起着举足轻重的作用。

一、批发商的基本知识

（一）定义

美国著名营销大师菲利普·科特勒在《市场营销管理》中对批发做了如下表述："批发包含一切将货物或服务销售给为了转卖或商业用途而进行购买的人的活动。"

根据中国批发业发展的特点，将批发定义为：批发是将产品或服务销售给为了再销售或生产其他产品或服务的使用而购买的人或组织所发生的一切活动。

批发商是指向生产企业购进产品，然后转售给零售商、产业用户或各种非营利组织，不直接服务于个人消费者的商业机构，位于产品流通的中间环节。

（二）作用

1. 销售更具效果

批发商的销售力量使生产商能够以较小的成本接触更多的中小型客户。由于批发商接触面比较广，常常比生产商得到买方更多的信任。

2. 有效集散产品

批发商通过广泛接触不同的生产商，可以高效率地采购、配置多种产品，迅速把产品供应给零售商和生产企业，提高消费者的采购效率。

3. 产品储存保证

批发商备有相当数量的库存，减少了生产商和零售商的仓储成本与风险。

4. 提供运输保证

由于批发商备有充分的库存，可以迅速发货，并提供相关的运输服务保证。

5. 帮助资金融通

可以为消费者提供便利的财务条件，如准许赊账，还可以为供应商提供供货等方面的资金保证。

6. 承担市场风险

批发商购进产品后，承担了经济风险。例如，生产供求和价格变动带来的风险、产品运输和保管中的风险、预购和赊账中的呆账风险等。

7. 沟通产销信息

向供应商和消费者提供有关竞争对手的产品、服务及价格变化等方面的信息。

8. 为零售商服务

经常帮助零售商改进经营管理。例如，培训销售人员帮助零售商建立会计和存货控制系统。

（三）分类

1. 普通产品批发商

普通产品批发商经营的产品范围比较广、种类繁多，销售对象主要是中小零售商店，如杂货店、五金商店、药店、电器商店和小百货商店等。产业用户市场上的普通产品批发商一般是工厂供应商，它们直接面对产业用户，销售品种规格众多的设备和工业产品。

2. 大类产品批发商

大类产品批发商专营某大类产品，经营的这类产品花色、品种、品牌和规格齐全，同时还经营一些与这类产品密切相关的产品。通常以行业划分产品品类，如酒类批发公司、专营汽车零配件公司和仪器批发公司等。

3. 专业批发商

专业批发商专业化程度高，专门经营某一类产品中的某个品牌。经营产品范围虽然窄且单一，但业务活动范围和市场覆盖面非常大，一般是全国性的。例如，产品粮批发商、石油批发商、木材批发商、纸张批发商、金属材料批发商、化工原料批发商和矿产品批发商等。

4. 批发交易市场

批发交易市场是介于零售业和批发业之间的一种经营业态，交易行为不十分规范。它是以批发价格对产品进行批量交易的。其类型有产地批发市场、销地批发市场、集散地批发市场，如义乌小产品批发市场、石家庄正定小产品批发市场等。

二、批发商的采购心理

（一）批发商购买行为的特点

1. 购买的规模较大

批发商进行经营的目的是要以销售所购产品来获得利润的，利润的最大化要求前期投入的成本最小化，因此，必须有相当的规模才能弥补经营中的各种耗费和获取利润。同时，批发商在购买产品时都是大批量的，因此，它集中了市场上重要的产品货源，并且在销售时将货源分割成小批量转售给零售商，从而解决了生产商不愿小批量销售和零售商无力大批量购买的矛盾，保证产品流通的连续进行。

2. 购买对象比较稳定

批发商的经营活动是从生产企业或商业企业购进产品再转售给零售商或生产企业。客观上存在着生产和消费的矛盾，这种矛盾表现为市场上销售的产品存在着常年生产季节消费或季节生产常年消费、本地生产外地消费或外地生产本地消费的矛盾，使得市场交易需要通过批发商来组织生产企业与零售企业之间的产品流转。在这种情况下，生产企业不可能将产品直接销售给消费者，而需要通过批发商的转售来满足消费者的需求。出于经营的目的，批发商所选择的生产企业往往是生产同类产品比较固定的生产企业，进货途径比较稳定。

3. 购买频率比较均衡

批发商在购买时大多以签订采购合同的方式进行。为了解决产品常年生产季节消费和季节生产常年消费、本地生产外地消费或外地生产本地消费的矛盾，批发商同生产企业签订较长期的购销合同，以此通过采购合同掌握产品的主要货源。为了适应生产企业生产均衡性，批发商多采取均衡购买方式，保持较稳定的购买频率。

4. 购买的理智性较强

批发商经营活动的一个重要内容就是购买。为了获取利润并实现利润最大化，采购行为很少掺杂个人感情因素，而且完全从利益的角度考虑问题和做出决策，因此，批发商的采购行为十分冷静、理智。

5. 重视产品的获利能力

批发商的购买行为不是自己使用，而是为了转卖，因此，批发商在购买产品时，主要考虑该产品在市场上是否有较好的销售前景，是否能给自己带来足够的利益。如果该产品在市场上没有销售前途和获利潜力，那么批发商是不会购买的。

6. 购买者的经验丰富

批发商不同于消费者，它们拥有专业的采购队伍，采购员一般对产品的特性、功能和价格等信息非常熟悉，在同生产企业的交易洽谈中也具有熟练的技巧和较高的能力。

7. 注重购买时机

批发商为了减低自己的经营风险和经营成本，一般会根据市场的行情来采购产品，尽量减少储存和运输费用，因此，十分注重购买时机。

（二）批发商的购买心理

从批发商的行为分析，可以看出批发商的采购心理有以下特点。

1. 规避风险心理

批发商由于拥有了产品的所有权，对产品进行自主经营，而且因其购买的规模较大，所承担的商业经营风险也较大，因此，在心理上想尽量规避风险，追求零风险的意识很强烈。具体表现为批发商对制造商的交易方式格外关注，力求在交易上降低风险，保证自己获取较好的经济效益。因此，对有销售前景的产品，批发商愿意采取经销方式。当批发商预测到某种产品的销售会有巨大的市场需求时，则希望获取这种产品的独家经销权，以此获取最大的利润并形成向其他中间商转批的垄断权。而对自己摸不准销路的产品，则希望采取代理的方式，既不占压资金，也不承担该产品经营的风险。因此，制造商需根据批发商规避风险的心理，采取合适的交易方式，在心理上使其稳定，同时保持长久的合作关系。

2. 高质量心理

批发商作为中间商，购买产品的目的在于转卖，购进的产品质量如何，直接关系到产品是否能售出，并直接影响到批发商的信誉和实际利益，因此，批发商要求销售的产品质量上乘。如果产品质量不好，不仅批发商会遭受其他中间商的退货、索赔等经济损失，还会受到有关法律的制裁。因此，批发商在心理上对产品的质量看得很重，希望其所购买的是高质量的产品并且性能稳定。由于批发商是中间商，不参与产品的生产制造，所以无法从生产环节对质量进行控制，但可以从购货的环节加以控制。因此，生产企业可针对批发商高质量的心理，严格控制产品质量关，取得批发商的支持和信任。

3. 低价格心理

批发商通常在货物成本上按传统的比率加成。例如，20%用以支付自己的开支，其中17%为可能的开支，剩下的 3%就是批发商的利润。杂货批发商的利润一般在 2%以下。有时批发商为赢得重要客户，甚至会减少某些产品的毛利。批发商作为供应链上的中间环节，为了其生存和经营的需要，必然会向制造商要求低的供应价格。如果制造商适当降低其供应价格，那么对批发商的吸引力是相当大的。

4. 名牌产品心理

批发商从自身的经济利益和销售成本核算的角度出发，往往对供应商尤其是生产企业的产品品牌形象非常重视。因此，批发商较注重经营产品的品牌形象，对产品广告、产品评选和其他促销措施予以更多的关注。制造商如果能制订一系列营销方案，在产品广告和推广等方面投入资金，花力气做广告和开展其他促销活动，树立企业形象和产品形象，就会受到批发商的关注，成为批发商的目标。

5. 货源稳定心理

批发商的交易特点是批量大、次数少，因此，为保证其正常运转，批发商在购买产品时，除注重产品质量、包装、品牌和价格等方面的因素外，还非常看重供应商的供应能力，即是否能满足其进货数量要求、时机要求和供货的运输工具要求等，以及是否有稳定的货物供应。因为缺货会使客户转向竞争产品的采购，还会给企业的声誉造成不良的影响。所以，制造商可针对批发商货源稳定心理，满足批发商的货物需求，保持长久的合作关系。

情境二　终端市场与消费者心理

【导读案例】

舒蕾是丝宝集团的一个品牌。它从一个名不见经传的小品牌迅速地成长为一个市场占有率第二，品牌价值超过宝洁的海飞丝、潘婷，仅次于飘柔的知名品牌。丝宝集团特色的终端战略功不可没。

舒蕾的成功证明，与其他营销方式相比，"终端模式"有其显著特点：突显品牌的差异化营销策略，激发顾客的冲动购买，对竞争对手实施有效抑制，有助于品牌低成本营销扩张。

丝宝集团的终端模式成功地告诉我们：持续保持对中国市场的远见与敏锐观察，把握时代机遇是赢得事业成功的基础。

> **请问：**
> 1. 丝宝集团的终端战略是什么？
> 2. 丝宝集团的终端模式的核心竞争力是什么？

任何一个产品都必须通过终端市场进行销售。如果生产企业终端市场工作做不好，销售通道就会脱节，甚至中断，其产品就无法实现良好的销售。因此，终端市场将是未来的决胜地，谁掌控终端，谁就是赢家。

一、终端市场的基本知识

（一）终端市场

1. 终端市场的定义

终端市场就是销售渠道的末端，是制造商产品最后的"出口处"。

终端市场是消费者和产品直接会合的主战场，是产品、消费者和金钱三项要素的连接点，是厂家销售的最终目的地，是"卖的终结"的场所。终端市场担负着承上启下的角色。所谓承上，就是上联厂家、批发商；所谓启下，就是下联消费者。

2. 终端市场的分类

一般来说，终端分为硬终端和软终端。

（1）硬终端包括产品陈列与展示、门面广告、招牌、招贴画、吊旗、展示柜和包装袋等。良好的硬终端设施不仅可以提升产品的品牌形象和品牌附加值，同时可以形成良好的购买氛围，提高消费者的购买欲望。

（2）软终端包括营业员的口碑推荐、现场促销、有奖销售和配赠销售等。与硬终端相比，软终端的工作更加重要、关键，相对而言，难度也更大。但如果没有良好的软终端的实施，那么大部分的硬终端更难实施，也不能发挥良好的作用。

（二）终端营销

1. 概述

终端营销是指在企业营销方针的指导下，利用企业内外部的人力、物力、财力和信息等资源，即以卖场资源为依托，对消费者进行的营销活动。

消费者是终端营销的末端，也是整个市场营销的中心，所以，终端营销的重心在于消费者。只有读懂消费者的心理，终端营销才可以顺利进行，企业的市场营销价值才能得以实现。

2. 终端营销的意义

（1）终端销售量是有效的促销手段

目前，买方市场不复存在，市场上的产品品种繁多、琳琅满目，消费者不再会为买某个产品而东奔西跑地寻找，买不到甲就买乙，选择比较多。因此，购买是否方便成了影响购买行为的主要因素之一。

消费者购买产品是在零售店内而不是在厂家或经销商的仓库里，因此，产品只有占据终端市场，在销售点上与消费者见面，才能方便被消费者购买。企业必须使产品摆到零售店的柜台上，让消费者看得到、买得到。宝洁公司的销售代表培训手册中说："世界上最好的产品，即使有最好的广告支援，除非消费者能够在销售点买到它们，否则根本销售不出去。"

另外，消费者大多数购买行为都是无计划的（尤其是消费品）。例如，很少有人会在家列好购物清单上街去购买；大多数人都是因为看到产品实物陈列而引发消费欲，临时决定购买的。

（2）消费者的购买行为会受到销售现场的影响

消费者的购买意识会受到终端卖场魅力、气氛、陈列效果与店头广告物等影响。一位进入商店前相当理智的消费者，会在进店后产生某种程度的冲动性购买行为。

终端销售应迎合消费者冲动购买的心理特点，直面一线售点，提高产品的终端铺货率和生动化陈列效果，从而增加消费者的购买方便程度，使消费者在生活中受到更深刻的视觉刺激，也就增加了更多的销售机会。

（3）终端销售是强有力的竞争手段

终端市场是整个营销的末端，直接影响企业产品的销售量。但目前市场上同性质产品越来越多，消费者感到无所适从，品牌忠诚度越来越低。因此，企业应在终端市场上投入更多的心血，使自己的产品能在商店里脱颖而出，通过展示和陈列等方式，让自己的产品从货架中"跳出来"，以新颖、独特的形象吸引消费者的注意，刺激消费者的需求，最终使消费者产生购买行为。

二、终端市场与消费者心理

（一）现代消费者购买心理特征分析

消费者心理是客观存在的社会现象，是产品经济条件下影响市场运行的基本因素。分析消费者的购买心理对于终端营销来说至关重要。只有分析、掌握了消费者的购买心理，终端营销人员才能根据消费者的心理做好终端营销。

1. 追求新颖时尚、崇尚品牌与名牌

现代消费者在购买产品时一般都求"新"，即新产品、新花色和新款式。消费品牌化产品或名牌产品既可以满足消费者追求高品质的要求，又能让消费者通过品牌消费彰显个性与自我，让消费者最大限度地体验到自我价值与自我存在。

2. 消费心理从理性消费过渡到感性消费

随着社会经济的发展和人们生活水平的提高，消费者需求日益多样化和复杂化，社会进入了重视"情感价值"的时代。消费者在购买过程中，不再单纯地想着产品是否实效有用，而是重视自我情感的实现，注重在购买过程中身心愉悦的体验。因此，消费者的购买心理正趋于感性化发展。

3. 消费者心理趋于个性化、差异化

随着消费者独立自主意识的增强，消费者心理更趋于个性化和差异化，这体现在消费者所购买的产品一般要与其品位、个性和价值观相吻合。

4. 消费方式追求便捷化

互联网的兴起造就出新的消费群体。他们生长在技术集成的环境里，通过互联网能够接触到世界各地任何一种产品和服务的信息，他们要求各类经营者满足他们个性化的需求，并要求有快捷的服务方式以满足其独特的需求。

5. 消费更趋健康化

所谓绿色消费，狭义上讲是对人们的身心健康不构成影响的消费。随着经济的发展、人们健康意识的增强，消费者越来越注重绿色消费，绿色消费已成为消费者的一种共识。

（二）如何根据消费者心理做好终端营销

1. 品牌营销

企业的竞争归根结底是品牌的竞争。因此，品牌营销成了终端营销的核心。所谓品牌营销，就是指引导产品或服务从生产者到消费者和使用者所进行的一切企业活动。企业应根据消费者购买决策的心理特点进行品牌营销。

（1）坚持统一的品牌形象

品牌形象是指品牌留在消费者头脑中的印象，它反映的是当前品牌给人的感觉。坚持统一的品牌形象会使消费者对品牌的印象深刻。坚持统一的品牌形象，应该将所有的人、所有的动作都往同一个方向努力，让每个品牌行为都对品牌形象的发展有所贡献，让点点滴滴的传播动作都成为良好的品牌形象的累积和沉淀。在终端营销中，企业应该有两个统一：一是横向统一，即一个时期内，产品、包装、传播和推广各营销环节一系列品牌行为围绕同一个主题展开；二是纵向统一，即长时间坚持同一个主题和同一个风格。

（2）强化品牌不断创新

人们普遍存在喜新厌旧的心理。消费者总是在不断追求更好的、更新的产品，期待功能更好、更强，能提供更多选择的品牌。所以，企业必须做到以下3点。

1）创新产品。企业要引领时代潮流要求，不断研发新的产品，以满足消费者的要求。

2）为品牌寻找全新的符号。品牌这个概念对于消费者来说非常抽象。如果有一个符号、一个形象，成为品牌的代言人，那么它和消费者的距离即刻就可以拉近，消费者在无意识中就接受了这个全新的品牌形象。因此，企业应重视品牌的创建和完善。

3）加强品牌的推广。商场不是静止的，品牌并非存在于一个时间的胶囊中，消费者的品位无时无刻不在变化着。如果你在很长的一段时间里，仍然没有告诉消费者你存在的消息，他们很快就会将你忘记。因此，要进行品牌的推广，使消费者不断认识企业。

（3）扩大品牌知名度，提升企业品牌美誉度

品牌有两层含义：一是知名度，二是美誉度。一个品牌需要让消费者产生丰富的联想。

1）品牌知名度，就是消费者对品牌的熟悉程度。品牌知名度越高，表明消费者对其越熟悉，而熟悉的品牌总是令人感到安全、可靠，使人产生好感的。

2）品牌美誉度，就是一个组织获得公众信任、好感、接纳和欢迎的程度，即公众对组织的信任和赞美程度。美誉度越高表明消费者对企业越信任。

所以，终端产品的品牌知名度越高、美誉度越好，消费者对其喜欢的程度就越高，选购的可能性也就越大。

（4）提升品牌忠诚度

品牌忠诚是指消费者对某一品牌形成偏好，试图重复选择该品牌的倾向，它是品牌价值的核心。它在消费行为表现上，就是对该品牌产品的不同时期的反复购买，即使面对竞争品牌在价格等方面的诱惑，也愿意为该品牌付出高价。要维护品牌的忠诚，企业就必须努力提高产品的质量，保持产品品质的一致性，努力塑造与目标消费者自我形象相一致的品牌形象。

2. 情感营销

情感营销是终端营销的催化剂。

在当今的市场争夺战中，企业只有从心理和情感上赢得消费者，才能真正赢得市场。

（1）丰富产品的情感因素，激起消费者的购买欲望

情感营销就是要密切关注消费者对产品的个性化偏好，深入了解并提供消费者希望的各类产品和服务。所以，企业在产品的名称、商标、包装和造型等方面设计时都要注入丰富的情感因素。这样才能迎合消费者的个性心理，诱发他们的积极情感，引起他们的购买欲望。

（2）提供精确化的情感服务、绿色服务

终端是企业对消费者实施精确化服务的最直接体现。情感服务要求商家不仅在服务态度上让消费者感到如同沐浴和煦的春风，而且在服务内容上，消费者想到的企业理应做到，消费者没有想到的企业也要做到，同时企业要进行绿色服务。绿色服务是绿色产品交易的一个重要组成部分。绿色服务要求以节约资源、减少污染的原则为服务导向，引导消费者在产品的消费过程中，努力保持人与自然的和谐，改善人类生存环境。这样企业才能产出超值服务去超越消费者满意，占领消费者的心理制高点。

（3）消费者化的情感定价、绿色价格

定价消费者化即定价自主化，就是针对消费者最为敏感的价格问题，在一定程度上把定价权交给买主，由买主以自己的感觉和认知程度确定价格水平和付款数额。其目的在于最大可能地提高价格的透明度，并借此表达商家对消费者的高度信任和真诚。同时，根据污染者付费和环境有偿使用的原则，企业应将对环保的投入计入产品的成本之中，合理定价，在价格上反映资源与环境的价值，同时合理利用人们求新、求异、崇尚自然的心理，引导消费者理解和接受绿色产品较高的价格。

（4）通过广告宣传激发情感共鸣

创造情感广告，引起心理共鸣是广告策划的一个重要方面。要消费者行动，先要消费者心动。所以企业要以极富感染力的情感广告打动消费者的心，激发他们强烈的情感，引起他们情感共鸣，从而引发他们的购买欲望。

3. 强化终端货品陈列

强化终端货品陈列是终端营销的关键。

货品的终端陈列是无声的广告，能够产生较强的视觉冲击和吸引力，是企业产品品牌和形象最直观的诠释，也是导致冲动型消费者购买的最主要原因。

（1）适宜的陈列位置

产品的陈列位置会影响消费者的吸引力，所以要根据产品的不同种类，选择最合适的位置。就超市而言，醒目和人流多的地方是最理想的区位，也是厂商竞相抢占的黄金位置。

（2）精心的产品布局

首先，要使已获得的陈列空间充分利用，排列整齐美观，达到充实和谐的整体效果，产生强烈的吸引作用，同时也可以有效防止空间闲置较多，致使竞争对手乘虚而入，抢占

有利位置。其次，要陈列所有规格的产品，以便消费者购买。再次，要保证产品陈列一定的聚集性或占用空间。最后，还要考虑各种产品的摆放位置，产品的摆放要方便消费者浏览和拿取。

（3）整洁的产品外观

产品陈列待售期间，应该一直保持其外观及其存放货架干净卫生，这样容易使消费者产生鲜活的联想。另外，还要密切关注产品的保质期限。保质期限一到，就应该及时把产品撤架。

（4）"物尽其用"的终端宣传

目前的终端竞争，最直接的表现就是终端宣传物的竞争。企业应该努力做到终端宣传物与消费者形成直面、互动的真正沟通，吸引消费者，打动消费者，激发他们的购买欲望。例如，有些超市经常免费发放超市的促销信息和换购信息等，引起消费者的注意，吸引大量的客流，促进产品销售。

情境三　终端市场营销场景的设计

【导读案例】

奢侈品的导购艺术：放"电影"

与众多国内品牌的传播策略不同，欧洲经典奢侈品进入中国很少采用密集投放式的广告策略，它们更重视品牌终端的视觉形象和导购艺术。在中国市场上，中国和比利时联合奢侈品牌 TESIRO 合作，通过在终端运用情境营销策略，成功地让营销人员踢好"临门一脚"。

1. 从"心"突破

奢侈品的价值无法用一般产品的标准来衡量，而它们的消费者也更多地寄希望于通过消费，享受奢侈品的象征性价值，体验一种期盼已久的精致生活。消费者消费心理的特殊性，就决定了奢侈品的营销手段与众不同。

2. 设计不同场景

在实际的营销过程中，欧洲奢侈品牌的销售人员一般会通过询问，了解消费者购买产品的原因，并分析各类产品对主体消费者而言意味着什么，再从这些出发点根据顾客的实际需求进行场景描绘。

3. 激发想象力

在情境营销中，仅仅掌握好语言的表达方式还远远不够，更重要的是，销售人员还要把售卖的奢侈品和消费者的需求有机地联系起来，并想象出一幅有趣的、具体的、能打动人心的图画，然后把这幅图画像放电影一样有声有色地描绘给你的消费者听。在"放电影"之前，销售人员首先需要做好消费者的消费动因分析工作，然后把握好消费者进店、介绍产品、深入沟通、消费者离开四个主要的时机，才能最大限度地发挥情境营销的效用。

请问：在销售过程中，如何在终端运用情境营销策略呢？

在现代产品营销活动中，营销场景对消费者消费心理和购买行为产生重要的影响，主要体现在营销场景因素给予消费者的不同印象，引起他们不同的情绪感受，从而引起购买心理的变化，对购买行为产生作用。

营销场景主要分为外部环境因素和内部环境因素两种。外部环境因素包括商店的地址、招牌和橱窗等营业现场外观对消费者的购买兴趣会产生直接影响的环境因素；内部环境因素主要包括营业现场的内部规划和产品陈列等对消费者的购买动机心理会产生直接影响的环境因素。

一、商店选址的心理分析

如何根据消费者在进入商场前的预期心理要求寻找符合特定经营业务的场所，是成功实施商业经营的第一步。

（一）商店区域与选址心理分析

商店选址是指对商店经营地址的选定。商店选址是一个综合决策问题，是一项大的、长期性的投资，由于资金投入量大，投入后不易变动，因此被认为零售商战略组合中最缺乏灵活性的要素。同时，它也影响企业对其他战略的制定，如经营目标和经营策略的制定，所以商店选址的重要性是不可低估的。因此，在筹建商店时，应慎重而科学地进行店址选择。

商店区域地址选择要综合考虑所在区域的人口因素、地理环境因素、地段因素，并掌握与此相关的消费者购物过程中的消费心理。

1. 商店集聚心理

商店选址首先要了解人口是否密集，消费者人数是否足以形成市场，规模性的目标消费者群是否存在。而商店林立的商业街，由于商家聚集，就会形成一个规模大、密度高的消费者群。

商业经营中具有明显的马太效应，很多消费者具有浓厚的从众心理，人越多，认为商店越吸引人，购买兴趣就越高。营业场景形成马太效应的条件一般是营业单位的地理位置接近、营业性质接近或相互兼容，促使消费者在这个营业圈内保持持续消费的动机。因此，人口密集、商家聚集的区域是开设商店的理想区域。一般超市经营日常生活用品，受消费者行走距离规律的影响，不可能像百货公司那样具有较多的流动消费者群体，主要依靠附近居民的光顾。除购买特殊种类、特殊吸引力的产品外，消费者是不愿走远路去购买那些近处可以购得的一般产品的。

2. 购买便捷心理

购买便捷心理主要是指消费者希望购物场所周围的交通比较便捷、快捷的心理需求。公共交通条件无疑是影响营业场景最重要的外部因素。交通条件越便捷，消费者购买产品越方便。

如今的很多经营单位，如各大商场电器部门和家具专卖店等已为购买大件及大宗产品的消费者提供了免费送货上门服务及安装服务，但是要为所有的消费者解决产品运输问题较为困难。所以商店选址要选择交通比较便捷、进出道路比较畅通、产品运输安全省时、主要消费者购买路程不远或乘坐公交汽车站数不多且不必换车的地方。

3. 最佳地段心理

在一条商业街内，其两端购物的人要明显少于其他地段，其他一些地段相对比较优越。

上海十里南京路上的第一百货商店是上海百联集团股份有限公司的所属企业。商店诞生于1949年10月，是中华人民共和国成立后的第一家大型国有百货零售企业，与共和国一起经历了70年风雨，生意兴隆、享誉全国，云集了来自世界各地的消费者。从外滩到静安寺的十里南京路段中，它正好处于1/3距离处，接近于黄金分割。有人从消费者心理角度分析，认为人们从外滩到达此地，购物的欲望恰好达到了最高潮。

（二）产品与选址心理分析

商店选址除考虑地理区域等因素外，还要分析产品性质、消费者的消费习惯等特点，准确选择面向目标区域消费者的产品门类或产品价格定位。

1. 产品性质与选址心理

产品性质与人们的消费心理密切相关，选址时应充分考虑这一点。例如，日常生活用品的便利超市应设在靠近居民区聚集的地段，以方便居民日常购物消费的需求；黄金珠宝饰品等贵重物品应设在与高档商店相毗邻的地段，以适应消费者在购买高档物品时对商场档次、商场信誉和外部环境的心理要求。

2. 产品价格与选址心理

产品价格的高低与其周围居民的消费品位、消费水平有直接的联系。应根据消费者对产品价格的需求心理选择店址。例如，销售高档文化艺术类产品、豪华生活消费品的商场应设在高收入居民生活区域或高档商业街；价格一般的普通大众产品的销售则可以选择在中低收入居民的生活聚集区。

北京新光天地坐落在朝阳区建国路，紧临四环路，与京通快速路、地铁主干线相连，交通便利，同时与华贸中心内的丽思·卡尔顿、JW万豪两座超豪华酒店、三座甲级智能写字楼相邻。该区域吸引了世界级众多的财团和集团公司进驻，使中央商务区（Central Business District，CBD）繁华地段东移，形成了新的国际商务区域。作为中国单体面积最大的百货公司，新光天地拥有宽敞舒适的购物空间，它将国内外百货零售业的领先优势整合在一起，除时尚食品超市外，经营品种主要是来自欧美等国家的世界顶级名品、国内精致产品和全国各地的特色消费品。同时以独特的"高感度国际百货"经营理念，打造全新百货品牌新概念，吸引了包括周边高收入阶层、白领、商务人士及众多明星来此购物消费。

3. 消费习俗与选址心理

不同地区、不同民族的人们，其消费习惯各不相同。商店选择要根据产品的特性，考虑消费者消费习俗的不同，因地而异。例如，北方地区由于气候寒冷，所以毛皮产品非常畅销，因此，北方毛皮商店兴盛，而南方地区气候温暖湿润，则不宜过多开设。西部地区的贵州和四川等地天气潮湿，很多人都喜吃辣椒，在重庆火锅、川菜等中辣椒用量非常大。在这些地区可广设辣味专营店，而在其他地区则不宜多设。

（三）商店类型与选址心理分析

在商业发达的地区，消费者购物除考虑产品因素外，商场类型往往是重要的选择因素，可以从以下3个方面进行分析。

1. 业态分布心理

业态是服务于某一消费者群或某种消费者需求的销售经营形态，是目标市场进一步细分的结果。商务部根据近年来中国零售业的发展趋势，并借鉴发达国家对零售业态划分方式，组织有关单位对国家标准《零售业态分类》（GB/T 18106—2000）进行了修订。新标准按照零售店铺的结构特点，根据其经营方式、产品结构、服务功能，以及选址、商圈、规模、店堂设施、目标消费者和有无固定经营场所等因素，将零售业分为17种业态，包括食杂店、便利店、折扣店、超级市场、仓储式会员店、专业店、专卖店和网上商店等。

百货商店、超级市场、连锁商店和专业化商店等在进行选址时，必须依据消费者对不同业态的需求心理来选择店址。标准食品超市应临近居民区，以居民区的常住居民为主要目标消费者群，并与大型超市保持一定距离，使自己处于对手边际商业圈以外；仓储式会员店应优先考虑交通方便，不以靠近居民区为第一选择目标，因为它可以以低价吸引人。

2. 竞争环境心理

商店周围竞争环境是消费者心理的重要因素，是商店选址心理的重要组成部分。商店选址要考虑业种和类态分布，或与其周围的其他产品类型相协调，或能起到互补作用，或有鲜明的特色。同类小型专业化商家聚集设店，可形成特色街吸引人气。这可以满足消费者到特定的商业街购物时持有的特定心理预期。例如，各大城市有一种普遍的现象，即服装市场、汽车市场、家具市场和电子科技市场等都是规模开设，一个市场内部少则几十家、多则上千家的商户经营，虽然竞争激烈，却都是消费者盈门；如果一家珠宝玉器商店孤零零地开在汽车配件的一条街中，虽独此一家，无人竞争，却不能招徕消费者。

3. 配套场所心理

消费者在商店购物中要求获得配套服务，因此，在选择店址时要同时考虑配套场所。例如，仓储式会员店为方便频繁的进货与消费者大批量购物后的用车停放，需要停车场，一般情况下，停车场面积与营业面积之比为1:1；以低廉价格销售产品的大卖场可设在市郊综合部，以便在配备与营业面积相适应的宽敞的停车场的同时，承受较低的地价。尽管路远一些，但它可以低价取胜，满足消费者的求廉心理。

二、招牌命名的心理分析

招牌是商店的牌号，即商店的名称，是商业企业区别于其他经营者的语言性标志，便于消费者识别，是商业企业形象和风格的标志。从营销的角度看，招牌是一种广告的形式，是用文字描述的商业广告。在繁华的商业街区，消费者往往首先浏览的是各式各样的招牌，寻找实现自己购买目标或值得逛游的商业服务场所。一块设计出色的招牌，往往能激发消费者美好的联想和想象。所以，具有高度概括力与强烈吸引力的商店招牌，对消费者在购买活动中的视觉刺激和心理活动的影响是十分明显的。

（一）招牌的心理作用

商店招牌讲究特色，可以给人留下深刻印象，让人愿意进入店堂，进而激发购买欲望，诱导消费行为。招牌具有如下心理功能。

1. 引起注意，激发兴趣

商店招牌设计新颖独特、富有艺术气息，能够强化商店的形象与风格。突出主题和卖场文化的招牌往往能快速吸引消费者，激发消费者的兴趣。

例如，提到麦当劳，最先想到的就是"金色拱门"。中国红做背景，象征着吉祥如意；金黄色的拱门，象征着欢乐与美味，象征着麦当劳的美味像磁石一般把消费者吸进这座欢乐与美味之门。白色的"Mcdonald's"则是麦当劳的英文全称。红、黄、白三色搭配，鲜艳而醒目。整个招牌简单大方，内涵深厚，让人过目不忘。

2. 目标引导，方便消费者

商店招牌一般都简单地标明行业属性、经营范围或服务项目等内容，消费者可以一目了然，起着引导和方便消费者购买活动的作用。

例如，"爱得利孕婴专卖店""苏宁电器""内衣品牌折扣店"等招牌只要消费者一看到，便可大体知道店内的主要经营范围和服务项目。招牌客观上充当了消费者的向导，有助于消费者迅速地实现购买目的。

3. 突出传统，反映特色

各商店都有各自的经营特色，有的经营名优产品，有的经营特价产品等。所有经营特点都可以从招牌中反映出来。有的商店具有悠久的经营历史或浓郁的民族风格，其经营方法和服务方式都带有一定的传统色彩和民族特色。这些商店的招牌一般也都采用传统的、典雅的字号，再加以名家题写的匾额，显得雍容华贵、朴实庄重，使消费者看后就能产生一种敬慕之情，充满信任感。中国有不少中药店、字画店、文物商店和酒楼饭馆等，都保留着这种具有一定传统色彩和服务方式的招牌，力求发挥它对消费者的影响力。

例如，老字号的"全聚德"包含了"全而无缺、聚而不散、仁德至上"的内涵，象征着"全聚德"圆满、团圆、仁义、恭谦的道德观念，以及以德为先、诚信为本、热情周到地为各方宾客服务的经营理念。

4. 朗朗上口，易于传播

一个独特的招牌名称，朗朗上口，易读易记，会给消费者留下深刻的印象，从而在人群之间广为传播。例如，天津的"狗不理"、杭州西湖的"山外楼"、北京的"全聚德"历经岁月的洗礼，因其名富有特色，再加上几代人对品牌的精心培育，深深地印刻在人们的心里，并广为传播，成为"金字招牌"。

（二）招牌命名的心理方法

招牌的命名，应做到引人注目、简洁易记，从而能够满足消费者的方便、信赖、好奇、慕名和喜庆吉祥等心理需求，以便吸引更多的消费者。常见的商店招牌命名方法有以下5种。

1. 以商店的经营特色或主营产品命名

以商店的经营特色或主营产品命名，满足消费者的求便心理。这种命名方法通常能反映经营者的经营特色，或反映主营产品的优良品质，使消费者易于识别店铺经营范围，引导和方便消费者选购，达到招徕消费者的目的。例如，"爱得利孕婴专卖店""安大妈丸子"反映了商店的经营范围，北京老字号"六必居酱菜园"突出了该店产品用料必精、加工必细等特点。这些店名使消费者对商店的经营产品和范围一目了然，满足消费者求便、求速的心理。

2. 以商店的服务精神或经营格言命名

以商店的服务精神或经营格言命名，使消费者产生信赖感。这种命名方法通常能反映经营者文明经营、讲究信誉、全心全意为消费者服务的商业道德和服务精神，使消费者产生信任的心理感觉。例如，"一分利海鲜城"，其中"一分利"寓意经营者实行薄利经营的宗旨；而"精益眼镜行""百信鞋城"等，寓意经营者打造精品、诚信经营的经营宗旨，使消费者对商店产生信赖感。

3. 以历史名人或民间传说相联系命名

以历史名人或民间传说相联系命名，满足消费者的求名心理。这种命名方法是以反映经营者的经营历史、服务经验和丰富学识，使消费者产生浓厚的兴趣和敬重的心理。例如，"陆羽茶叶店"以撰写中国第一部茶叶专著《茶经》的唐代作者陆羽命名，反映了经营者熟知茶经，具有一定的茶叶经营经验。

4. 以寓意美好的词语和实物命名

以寓意美好的词语和实物命名，迎合消费者喜庆吉祥的心理。这种命名方法通常能反映经营者乐意为消费者的生活增添乐趣，同时包含对消费者的良好祝愿，引起消费者的联想，从而对经营者产生亲切的心理感觉。例如，"戴梦得"珠宝店以销售高档珠宝饰品而闻名，其以传播珠宝文化，引导人们对"美"的领悟，寻找"不是最贵，而是最令自己感动、与自己最贴切的首饰"为理念，传播人间真情。

5. 以新颖、奇特的表现方式命名

以新颖、奇特的表现方式命名，引起消费者的好奇心理。好奇是人的天性，好奇心能引起消费者的兴趣、渴望、快乐、喜欢和满足等情感，容易诱发消费者购买产品的情感动机。例如，某理发店取名为"星期八金剪"，其意为其剪发手艺超乎你的想象，最终吸引了大批喜欢新颖、奇特的年轻消费者的眼球。采用这种命名方法，要注意形式与内容要保持一致，不能只在名称上做文章，一定要有真特色，防止给人故弄玄虚之感。

最后要特别强调的是，一个商店或商场名称取得好不好、招牌做得好不好，固然是很重要的，但更重要的是，商店服务质量必须做到表里如一、名副其实。

三、橱窗设计的心理分析

商店橱窗是在商店沿街的窗户内设立的玻璃橱窗，把所经营的重要产品，按照巧妙的构思设计，通过布景道具和装饰画面的背景衬托，并配合灯光、色彩和文字说明，排列成富有装饰性和整体感的货样群，进行产品介绍和产品宣传的综合性艺术形式。

在现代商业活动中，橱窗既是一种重要的广告形式，也是装饰营业现场店面的重要手段。同时，商店橱窗对于消费者的心理和行为也具有重要的影响作用。它可以激发消费者的购买兴趣、促进购买欲望、增强购买信心、促成购买行为。

（一）橱窗的心理功能

橱窗位于商场与商业街的接触界面之间，是商场外观的重要组成部分，也是消费者进入商场前视觉最先接触到产品信息的场所，对于人们具有显著的心理导向功能。

1. 唤起有意注意

在现代社会中，新产品不断推向市场，产品的品种越来越多。面对琳琅满目的产品，不免让人眼花缭乱，视野被淹没在产品的海洋中。随着买方市场的形成，人们对产品选择的余地越来越大，但往往苦于无从着手。橱窗既是装饰商场店面的重要手段，也是直接向消费者推介产品的不可或缺的广告宣传形式。当消费者路过琳琅满目的商业街的大大小小橱窗时，一个构思精巧、独具匠心的橱窗布置很容易刺激消费者的视觉器官，引起消费者的注意，使其产生进入店内细看的动机。

2. 激发购买兴趣

橱窗的最大特点是以产品实物的形态向消费者进行产品推介，形象而生动。通常商家会把精选出来的热销产品或新推广产品陈列在橱窗的显眼位置，并根据消费者的兴趣和季节的不同而有所变化。当消费者注意到它时，视觉上的注意进而会激发成情绪上的兴趣，产生要进一步对产品进行了解的愿望。

3. 促进购买欲望

橱窗展示具有特殊的丰富表现手法，光线、色彩和造型手段全方位的运用，可以淋漓尽致地将产品的形象、性能和功用加以渲染，不但能使消费者对产品有一个良好的直观印象，具有很强的说服力，还会引起他们内心的美好联想，获得精神上的满足，从而产生购买的欲望。

4. 增强购买信心

橱窗用实在的产品组成货样群，配以真实的文字，形象地介绍产品的功能、用途、使用和保管方法，直接或间接地反映产品的质量可靠、价格合理等特点，不但可以提高消费者选购产品的积极性，还可以带给他们货真价实的感觉，增强其购买产品的信心。

（二）橱窗设计的原则

橱窗要起到介绍产品、指导消费、促进销售和宣传教育的作用，首先要引人注目，要讲究视觉效果。从心理学的知觉规律角度看，橱窗设计应遵循的心理学原则有以下4点。

1. 增强橱窗的刺激性

消费者对营销刺激物的注意程度与感官信息刺激强度成正比。凡色彩鲜艳、光度明亮、标记突出的，刺激性就强，必然会引起更多的注意。例如，食品橱窗用橙黄色的暖色光，更能增强人们对所做广告食品的食欲。

2. 加强橱窗的对比度

消费者所感知的知觉对象与知觉背景的差别越大，越容易被消费者清晰地感知。雪地里的白天鹅与草地里的变色龙，由于他们本身的一层保护色而不容易为人们所知觉，相反"万绿丛中一点红"，则很容易被人们注意。例如，电冰箱橱窗陈列应以皮、毛类材料做背景、颗粒材料做底面，更能突出电器产品的表面金属质地感。

3. 注意陈列产品的活动性

一般来说，运动的对象、反复出现的对象，都容易引起人们的注意。例如，橱窗中设计一些闪光的霓虹灯、电视播放广告或设计活动的电动模特，给静止的橱窗布置增加了动感，更容易被人们所知觉。

4. 注意陈列产品的组合性

由于知觉具有整体性，所以刺激物的不同组合，往往能对人的知觉造成很大的影响。

例如，橱窗内陈列的产品实物、布置上的文字图画都不能太多太零碎，否则会分散人们的注意力。另外，摆放的位置以视觉中心的位置即被众多广告学家尊崇的在"黄金分配线"上为最佳。

（三）橱窗设计的心理方法

随着产品生产和科学技术的发展，商店橱窗的反映内容、表现形式、艺术手法、色彩灯光装饰美化、制作材料和制作工艺等方面都有了很大的发展，尤其在表现形式和艺术手法上不断推陈出新，使橱窗设计呈现千姿百态、百花争艳的局面。橱窗的设计手法多种多样，但是不管采用什么样的设计方法，都必须注意适应消费者的心理，满足消费者的心理需求，以赢得消费者的喜爱，激发购买欲望，促进购买信心。为此，橱窗设计可采用以下4种心理方法。

1. 精选产品，突出主体

消费者观看橱窗的目的，往往是观赏、了解和评价橱窗的陈列产品，为选购产品收集有关信息，以便做出购买决定。"你只有10秒的机会"，的确，消费者会在10秒内决定进店与否。一般的家纺店，按平常人的行进速度，通过的观看时间大约是10秒，怎样在这短短的10秒内抓住消费者的目光，就是橱窗设计中最关键的问题。因此，商店橱窗在设计时要充分显示和突出产品，把产品的主要优良品质或个性特征清晰地显示给消费者，以激发他们的购买兴趣。为达到这一目的，橱窗陈列产品应做到以下3点。

1）必须选择理想的陈列产品。陈列产品的选择，应从吸引注意力、方便购物和引导购买等方面去考虑。一般可以选择流行性的产品、新上市的产品、反映经营特色的产品、适应季节的产品和新颖美观、质量优良的产品等。

2）要根据陈列产品的内容，充分考虑光线、照明和色泽对陈列产品的影响。

3）必须根据陈列产品的性质、用途和特点，考虑产品的展示形式和摆放部位。

2. 塑造形象，以美感人

商店橱窗设计属于实用美学的范畴，设计中应当给人以美感。因此，在适应消费者的审美趋势上，运用各种艺术手段，生动巧妙地布置橱窗。橱窗的艺术构思要单纯、新颖，橱窗的色彩要清新、和谐。具有强烈艺术感染力的商店橱窗不仅可以装点市容、美化商店，而且可以加深消费者对产品的视觉印象，使消费者从中得到美的享受。

同时，橱窗是卖场的一个部分，在布局上要和卖场的整体陈列风格相吻合，形成一个整体，如同把卖场比喻成一本书一样，封面的设计风格必须和内页的版式相协调。特别是通透式的橱窗，不仅要考虑和整个卖场的风格相协调，更要考虑和橱窗最靠近的几组货架的色彩协调性。

3. 进行渲染，启发联想

用以景抒情的艺术手法体现橱窗的设计主题，对橱窗内的陈列产品进行间接的描绘和渲染，使橱窗陈列具有耐人寻味的形象象征，能使消费者从寓意含蓄的艺术构思中联想到美好愉快的意境，满足消费者的情感需求。利用景物间接渲染橱窗的手法很多，一般可从产品的名称、性能、产地、原料、用途、使用对象和使用季节等方面，挖掘其内在的联系，抓住最能描绘渲染产品的某个方面进行丰富的想象，创造诱人的意境，从而突出一个富有时代气息、生活气息和社会意义的为消费者所关心和喜爱的题材。

4. 及时调整产品陈列

商店要运用科学的方法，经常对产品、市场和消费者进行调查研究，以取得可靠的市场情报和资料，作为及时调整产品陈列的依据。把适销产品、新产品适时地摆在橱窗的显眼位置上。人是好奇的，新奇的产品对人的刺激性最大，因而最容易吸引人的注意，可以此来发挥橱窗的促销作用。例如，橱窗里是"新装上市"的主题，店堂里陈列的主题也要以新装为主，并储备相应的新装数量，以配合销售的需要。

四、商店内部设计的心理分析

商场内部设计是指商场的整体布局、内部装饰、货架陈设、色彩、照明和音响等状况的综合体现。一个方便、舒适、温馨和和谐的购物环境，可以使消费者心情愉快，甚至流连忘返。同时，良好的购物环境也是促使营销人员热情服务的重要前提。商店内部的装饰和产品摆放的位置，都会影响消费者的心理。

（一）柜台设计心理

柜台是陈列产品的载体。柜台的设计方式直接影响着消费者的购买心理。

1. 柜台分类

（1）按照售货方式分类

按照售货方式，柜台可分为开放式柜台和封闭式柜台。

1）开放式柜台采用由消费者直接挑选产品的方式。消费者可以根据自己的需求和意愿，任意从柜台上拿取、选择和比较产品，从而最大限度地缩短与产品的距离，增强亲身体验和感受；可以获得较大的行为自由度，产生自主感和成就感；可以减轻心理压力和其他因素的干扰，在自由接触产品中形成轻松愉悦的情绪感受；还可以感受到商店对自己的尊重和信任。这些都会进一步激发消费者的购买欲望，促成购买行为，如书店、鲜花商店、家具商店、超级市场和专卖店等大多采用开放式柜台。现在，一级大商场也采用开放式柜台陈列，如服装区、健身器材区和儿童玩具区等。

2）封闭式柜台是依靠售货员向消费者递拿、出售产品的设置形式。这种形式增加了消费者与产品联系的中间环节，扩大了距离感，降低了个人的行为自主性，同时增加了与售货员产生人际摩擦的可能性，对消费者心理的负面影响较多。但在如珠宝首饰、钟表、化妆品、电器和副食等不宜或无法直接挑选的产品销售中，封闭式柜台仍不失为较为妥当的柜台形式。

（2）按照排列方式分类

按照排列方式，柜台可以分为直线式柜台和岛屿式柜台。

1）直线式柜台是将若干个柜台呈直线排列。这种形式不受营业场所大小或墙角弯角的限制，能够陈列较多的产品，使消费者能够一目了然地看清产品，便于选购，也便于售货员取放用品，但不利于迅速寻找和发现目标。选择这种陈列的多是挑选性较小、产品颜色对比明显的产品，如鞋帽、服装、食品和文具等。

2）岛屿式柜台是将一组柜台呈环状排列，形成一个"售货岛屿"。这种排列方式可以增加柜台的总长度，扩大产品陈列面积，还可以按经营大类划分和集中陈列产品，便于消费者迅速查找和发现所要购买的产品。这种方式还有利于营业现场的装饰和美化，通常为大型商场所采用。

2. 柜台布置的基本要求

按照经营产品的特点及消费者的购买特点，可以选择不同的设置区位。在柜台的摆放地点或区位设计中，应以经营产品的性质及消费者的需求和购买特点作为主要依据。对于人们日常生活必需、价格较低、供求弹性小、交易次数多和无售后服务的便利产品，如香烟、糖果、电池和饮料等柜台，应摆放在出入口附近，以满足消费者求方便、求快捷的心理；对于一些价格较高、供求弹性较大、交易次数少、挑选性强和使用期较长的选购产品，如时装和家具等，应相对集中摆放在宽敞明亮的位置，以便让消费者观看、接近和触摸产品，从而满足消费者的选择心理。对于一些高档、稀有、名贵和价格昂贵的特殊产品，如彩电、照相机、工艺品、珠宝首饰和古董等柜台，可以摆放在距出入口和便利品柜台较远、环境幽雅的地方，以满足消费者求名、自尊和私密等特殊需求。

（二）色彩设计心理

色彩是指商店内部四壁、天花板和地面的颜色。在商店内部环境设计中，色彩可以用于创造特定的气氛，它既可以帮助消费者认识商店形象，也能使消费者产生良好的记忆和深刻的心理感觉。不同的环境色彩能引起消费者产生不同的联想和不同的心理感受，激发人们潜在的消费欲望，同时还可以使消费者产生即时的视觉震撼。

从适应消费者购买心理的角度来说，一般可根据以下情况确定营业场所的色彩装饰。

1. 利用"错觉"扩大营业场所的空间

不同的色彩效果会给人不同的空间大小感觉。一般来说，浅淡色和灰暗色显得较远，给人空间面积扩展变大的错觉；鲜艳色和光亮色显得较近，给人空间面积缩短变小的感觉。因此，可以根据营业场所的不同空间状况，利用色彩的远近感，调配不同的色调"修饰"空间状况，扩展营业场所的空间感，改变消费者的视觉印象，给人舒展开阔的良好感觉。

2. 主营产品色彩的不同，装饰色彩也随之变更

商店主营产品的色彩不同，营业场所各方面的装饰色彩也应变更。根据主营产品的色彩在色彩调配时，既要突出产品形象，又要显示产品格外美观，才有助于加强色彩的吸引力，刺激购买欲。例如，主营呢绒和布匹，一般多用淡黄、浅蓝和浅绿等色彩装饰，便于消费者挑选，显得布匹更鲜艳；主营蔬菜和水果，一般多用米黄色和玫瑰色等色彩装饰，可以突出产品的鲜美。

3. 地区季节变化，装饰色彩要变换

商店装饰的色彩要根据不同的季节与地区气候变化来调配。一般来说，春季可调配嫩绿色等偏冷色的色彩效果，给人春意盎然的感觉；夏季可调配淡蓝色等偏冷色的色彩效果，给人清爽阴凉的感觉；秋季可调配橙黄色等偏暖色的色彩效果，给人秋高气爽的感觉；冬季可调配浅橘红等偏暖色的色彩效果，给人温暖如春的感觉。处于寒冷气候的地区，可以把商店内部色彩调深一些；处于炎热气候的地区，可以把商店内部色彩调浅一些。

另外，商店外部环境色彩、门面色彩等与内部色彩、装饰和灯光要协调搭配。

（三）照明设计心理

照明直接作用于消费者的视觉。营业厅明亮、柔和的照明，可以充分展示店容，宣传产品，吸引消费者的注意力；可以渲染气氛，调节情绪，为消费者创造良好的心境；还可以突出产品的个性特点，增强刺激强度，激发消费者的购买欲望。

灯光照明是对商场的"软包装"，体现着商家在一定时期内销售主体的诉求意向，也是向消费者传递购物信息的媒介。店内的照明光源一般分两大类，一类是为了保持整个商店空间亮度的基本照明光源，又称总照明。另一类是以装饰功能为主兼做照明的装饰光源，又称附加照明，包括特别照明和装饰照明。前者是为增加柜台光度配置的，多采用聚光灯和探照灯等照明设备定向照射；后者的配置一般要视主要产品的特性而定，大多采用彩灯、壁灯、吊灯、落地灯和霓虹灯等照明设备。不同光线、不同光源能使环境拥有不同气氛。

店内的灯光照明应与消费者通过视觉所反映的心理感受相适应，这样才能增强感官刺激强度，渲染店内气氛，激发消费者的购物情绪。店内灯光照明的科学化和艺术化可以渲染烘托整个商店的气氛，突出商店的格调和产品的特性，对消费者产生强烈的诱惑，同时给消费者带来舒适和愉悦的心理感受。

针对经营产品的不同，在灯光的应用上也应采取不同的方案。为吸引消费者的注意力，对消费者挑选性强的产品，如妇女用品、结婚用品和各式服装等，照明度要强一些；对消费者挑选性不强的产品，如日用杂品和化学用品等，照明光度可以弱些。珠宝首饰、工艺美术品、钟表眼镜等贵重、制作精密的产品，可用定向光束直射，显示出产品的灵秀、华贵和精细，使消费者产生稀有、珍贵的心理感受。

（四）音响设计心理

音响也是商店气氛的重要组成部分，用来促进销售，可以说是古老的经商艺术。早在传统商业时期，中唱或敲击竹梆、金属器物等就成为小商小贩招揽生意的独特形式。心理学研究表明，人的听觉器官一旦接受某种适宜音响，传入大脑中枢神经，便会极大地调动听者的情绪，造成一种必要的意境。在此基础上，人们会萌发某种欲望，并受到欲望驱使而采取行动。但是，并不是任何音响都能唤起消费者的购买欲望。相反，一些不合时宜的音响会使人产生不适感。店内的各种声响一旦超过一定限度，不仅使消费者心情烦乱，注意力分散，还会使消费者反感。一些轻松柔和、优美动听的乐曲能抑制噪声并创造欢愉、轻松和悠闲的浪漫气氛，使消费者产生一种舒适的心情，放慢节奏，甚至流连忘返。一项调查结果显示，有77%的调查对象在其购物活动中偏爱有背景音乐的伴随。

购物场所的音响内容主要有 3 个方面：一是经营单位播放的语音信息，这里主要包括产品广告信息、各种通知和寻人启事等；二是播放的背景音乐，主要是调节购物环境和气氛，调动消费者的购物情绪；三是一些柜台营业员为消费者演示产品性能而发出的各种声音。

1. 语音信息播放心理

语音信息的音色比较柔和，使人有亲切舒适的感觉。由于语音较容易受到周围噪声的干扰和掩盖，会影响人们对所含信息的接收，因此要求清晰度高，音量略大于背景音乐。

人们对语音信息的敏感度要高于音乐信息，接收时需要更多的注意力，时间长了容易产生疲劳的感觉。因此播放的时间长度要掌握好，并保持一定的间隔。

2. 背景音乐播放心理

播放适度的背景音乐，可以调节消费者的情绪，活跃购物的气氛，给营业环境增加许多生机，还可以缓解一些消费者紧张的购物心情，所以商业经营单位播放背景音乐已经成为一种普遍的现象。

背景音乐的基本要求是音质清晰，音乐题材适合特定场所的购物环境。若商场销售的产品地方特色明显，可播放一些民族音乐；若商场的现代气息比较浓郁，可播放一些现代轻音乐；若消费对象主要是年轻人，可多播放一些流行音乐。总之，要使消费者的情绪在音乐的映衬下与商场的主体风格产生共鸣。

背景音乐的音量不能太大，过大的音量不仅不能放松消费者的心情，反而会使人心情紧张、头脑发胀，破坏购物兴致，因无法忍受而急于离开。

3. 其他音乐播放心理

一些柜台营业员为消费者演示产品性能，如挑选电视机和组合音响等，供人试听时发出的各种声音难以掌握。假如近处有几人同时挑选不同的产品，这类声音往往会形成严重的噪声。噪声强度若超过60分贝，会严重影响人与人之间的交谈；噪声强度若超过80分贝，会使人产生痛苦的感觉。所以，商家应严格控制此类噪声和其他噪声，尽可能排除噪声声源，降低音量，创造一个相对宁静的消费者购物环境。

（五）气味设计心理

宜人的气味也通常对人体生理有积极的影响。空气污浊有异味的商店使消费者不会久留，无味的商店易使消费者感到疲劳，而清新的、令人心旷神怡的购物环境则使消费者得到美的享受。商店内部如能根据所经营的产品特征适宜地散发一些宜人的气味，就会使消费者在购买活动中精神爽快、心情舒畅。

有的食品零售店利用气味对消费者的影响来诱发消费者的购物动机，以此增加销售。例如，一些糕饼店人为地制造出诱发人食欲的气味，吸引过往行人的注意，并刺激其购买行为；一些出售小装饰品、礼品的精品店使用轻淡的花香型香料，营造店内温馨、雅致的氛围，可以与其陈列的精美产品相呼应，给消费者美的享受，进而激发其购买欲望。

五、产品陈列的心理分析

产品陈列是指产品在货位、货架和柜台内的摆放和排列等。陈列是"不说话的售货员"，它的主要任务是向消费者提供产品的各种信息。

（一）产品陈列的基本方法

不同的零售业态因为其经营特点、出售产品和服务对象的不同，在产品陈列上也表现出不同的形式。总体来说，产品的陈列可采用以下方法。

1. 分类陈列法

分类陈列法是指根据经营产品的性能、品牌、档次、特点或消费对象，将其划分为不同的类别，分别进行展示陈列的方法。例如，家电商场往往按照电视机、电冰箱、洗衣机、摄像机和小家电等不同的产品分类陈列；而化妆品则往往根据品牌的不同分别进行柜台陈列。

2. 主次陈列法

主次陈列法是指根据经营产品品种的重要程度，分别进行陈列的方法。现代商店经营产品种类繁多，少则几千种，多则几十万种。要使全部产品都引人注目是非常困难的。因此，可以将消费者大量需要的产品作为陈列重点，同时附带陈列一些次要的、周转缓慢的产品，使消费者在先对重点产品产生注意后，附带关注大批次要产品。例如，安踏、李宁等服装专卖店，在陈列主体服装时，还会陈列一些体育用品，使消费者在购买服装时，有可能对体育用品产生兴趣，从而产生购买行为。

3. 相关产品陈列法

相关产品陈列法是指根据消费者的消费习惯，将一些具有连带功能的产品根据其种类和特点的相关性进行共同陈列的方法。例如，牙膏和牙刷、照相机和胶卷、领带和衬衫等共同陈列，都会起到促进连带销售的作用。

4. 季节陈列法

季节陈列法是指针对不同季节消费的产品，按照季节的变化进行陈列的方法。该方法主要用于季节性较强的产品。随着季节的变化应及时调整陈列的方式和色调，从而使消费者产生新鲜感。例如，服装都是根据春、夏、秋、冬四季来进行陈列的；家用电器夏天时陈列冰箱、空调等，冬天陈列取暖气等。

5. 专题陈列法

专题陈列法是指企业结合特定事件、时期或节日，集中陈列应时适销的连带性产品的方法，或根据产品的用途在一特定环境中陈列某系列产品的方法。例如，在2010年上海世博会期间，上海设有上海世博会特许产品专卖店，共有两家分店，分为中国馆模型、世博纪念章、海宝玩偶、饰品、陶瓷、文具、日用品、家纺、水壶、竹木、水晶和邮票等29个大类。除了中国馆模型、海宝玩偶，还有各种饰品（如传统婚嫁徽章套装）、各种陶瓷（如东方茶韵东方之冠茶具）等。

6. 艺术陈列法

艺术陈列法是通过产品组合的艺术造型进行摆放的方法，各种产品都有其独特的审美性。在陈列中，应在保持产品独立美感的前提下，通过艺术造型使各种产品巧妙布局，相映生辉，达到整体美的艺术效果。

（二）产品陈列心理

产品陈列必须适合消费者的购买心理、习惯心理，并努力满足其求新、求美的心理要求，才能引起注意，激发消费者的购买欲望。因此，产品陈列时应注意以下3个方面。

1. 层次清楚，高度适宜

消费者进入商场后，无论是否有意购买特定产品，大多要对陈列的产品进行环视扫描，以做出判断。当发现自己感兴趣的产品时，就会停下来观察和挑选。因此，产品的陈列要有层次感，同类产品应尽可能地陈设在邻近的位置上，以减少消费者寻找的时间。

产品陈设的高度要能使产品比较容易地进入人们的视线。心理学研究表明，人眼的视场与距离成正比，而视觉清晰度与距离成反比。通常，消费者在店内无意注意的展望高度是 0.7~1.7 米，同视线轴大约 30°角上的产品最容易为人们清晰感知。在 1 米的距离内，视场的平均宽度为 1.64 米；在 2 米的距离内，视场的平均宽度达 3.3 米；在 5 米的距离内，视场的平均宽度达 8.2 米；在 8 米的距离内，视场的平均宽度就扩大到 16.4 米。产品摆放高度要根据产品的大小和消费者的视线、视角来综合考虑。一般来说，摆放高度应以 1~1.7 米为宜，与消费者的距离为 2~5 米，视场的平均宽度应保持在 3.3~8.2 米。

2. 适应习惯，便于选购

对品种繁多的产品实行分组摆布时，应按照消费者的购买习惯，并相对固定下来，以便他们寻找、选购。一般可将产品分成三大类，并根据消费者的购买特点进行不同的陈列。

（1）方便产品

方便产品又称低值易耗产品。这类产品在人们日常生活中消费量大，供求弹性小，价格比较低廉，一般没有明显的消费层次，如饮料、调味品和清洁用品等。消费者对这类产品的购买要求主要是方便、快速，而不愿花较长时间进行比较、研究。因此，对这类产品摆放位置要明显，如在超市，往往把口香糖、冷饮和巧克力等摆放在付款处附近。

（2）选购产品

例如，时装、家具和自行车等产品，供求弹性较大，交易次数不多，挑选性较强，使用期较长。大多数消费者在购买这类产品时，都希望获得更多的选择机会，以便对产品的质量、功能、式样、色彩和价格等方面进行认真、细致的比较。因此，应将这类产品摆放在店里较宽敞、光线较充足的位置，便于消费者接触或接近产品，进行比较和思考，从容地进行决策。

（3）特殊产品

如空调、彩电、照相机和古董文物之类的高档产品，选购的时间长，有些需要售后服务。消费者在购买这类产品时，一般在购买前会反复思考，对产品、商标和商店都要进行选择，有明确目标后方采取行动，购买中愿意花费较多的时间进行评价、比较。因此，可将这类产品摆放在商店的里部或顶层较僻静之处，设立专门的销售地点，环境布置应结合产品特征，显示出高雅、名贵或独特，更能满足消费者的某些心理需求。

3. 清洁整齐，疏密有致

产品的陈列不仅要讲究层次和部位，而且要给人干净和整洁之感。货物上如有积灰应随时清除，否则会让人"倒胃口"。

要注意产品陈列与货架的疏密得体、错落有致。货架上产品的陈列必须丰满，随时填补货物销售后留出的空间，给人丰富、充实的感觉，但也不能塞得严严实实，以免使人感觉沉闷、压抑。货架之间的通道应畅通，宽窄要适宜，以给人留下思索的余地、想象的空间。据分析，自由市场中 2/3 的购买决定是在通道里做出的。如果产品陈列合理，可以增加 10%的冲动型购物。

学习反馈

一、名词解释

批发商　终端营销

二、简答题

1. 简述批发商的购买行为特点及批发商的购买心理。
2. 如何根据消费者心理做好终端营销？
3. 招牌命名的心理方法有哪些？
4. 橱窗设计的心理方法有哪些？
5. 简述商店内部设计的心理分析。
6. 产品陈列时应注意哪些方面？

三、分析题

观察一家商店，分析探讨该商店在产品定位、选址、招牌和橱窗等外观设计，产品陈列、音响、照明和色彩等内部设计的某一方面或某几方面对消费者产生了什么样的心理影响。

四、案例分析题

江苏春兰集团的受控代理制为渠道合作提供了范例。

首先，所谓受控代理制，是指代理商要进货必须提前将货款以入股方式先交春兰公司，然后按全国规定，提走货物。这一高明的市场营销战术，有效地稳固了销售网络，加快了资金周转，大大提高了工作效率。当一些同行被"互相拖欠"拖得精疲力竭时，春兰公司却没有拖欠一分钱，几十亿元流动资金运转自如。当时，春兰公司已在全国建立了 13 个销售分公司，同时还有 2 000 多家经销商与春兰公司建立了直接代理关系，二级批发、三级批发，加上零售商，销售大军已达 10 万人之多。春兰公司的成功并非单纯地靠预付货款，更重要的是，靠质量、价格与服务。春兰空调的质量，不仅在全国同行中首屈一指，而且可以同国际上最先进的同类产品媲美。

其次，无论是代理商还是零售商，都从销售中获得了理想的效益。而质量一流的春兰公司没有忘记给中间商更多的实惠，公司给代理商大幅度让利，有时甚至高达售价的 30%，年末还给予奖励。这一点，许多企业都难以做到。有的产品稍有点"名气"就轮番提价，想把几年的利润在一个早晨就全部赚出来，根本不考虑代理商和经销商的实际利益。这种见利忘义的做法，把许多中间商都吓跑了。

最后，是售后服务。空调买回去如何装？出了毛病找谁？春兰公司为了免除 10 万个中间商的后顾之忧，专门建立了一支近万人的安装、调试和维修队伍。他们实行 24 小时全天候服务。消费者在任何地方购买了春兰空调，都能就近享受到一流的售后服务。春兰公司正是靠这些良好的信誉与中间商密切合作的。10 万个中间商也给了春兰公司优厚的回报：他们使春兰空调在国内市场上的占有率达到 40%，在同行中遥遥领先。

请问：
1. 什么是受控代理制？
2. 春兰公司是如何调动中间商的积极性的？
3. 企业与中间商的密切合作有何意义？

实务操作

联想的渠道策略

分销渠道如今已成为个人计算机（PC）企业间竞争的一个重要砝码。畅通的分销渠道意味着成本的降低、效率的提高和利润的增加，这一点在飞速发展的计算机行业中表现得尤为明显。

像大多数行业一样，计算机市场的分销渠道主要由制造商（供应商）、分销商、（各级）代理商、经销商及用户等组成。其中，分销商的主要任务是进行实体分销，如储存和运输等，将商流和物流有机地结合起来。

而代理商与经销商则更倾向于消费市场的开拓和运营，以及更好地满足消费者的需求。两者也有一定的区别，如对产品所有权的拥有与否，这里便不再赘述。保证渠道畅通的关键是要协调好各渠道成员之间的关系，当然在 PC 行业的分销渠道建设中也不例外。

联想集团成立于 1984 年，是由中科院计算机所投资 20 万元人民币、11 名科技人员创办起来的国有民营企业。在发展战略上有一个十分清晰的脉络：由联想汉卡解决西文汉化，再由联想汉卡促进外国品牌计算机的分销，继而推出联想计算机，逐步形成国内计算机整体产销，在海外则通过做配套制造业进入国际市场。

几十年来，联想就是沿着这样的思路，学习国外一些先进的企业如何做市场，如何做渠道，一步步走到今天的。尤其是在 1988 年，联想在完全有能力推出自己品牌的计算机时，却毅然选择了代理美国的 AST 产品，原因就在于他们清醒地认识到，联想当时还很幼稚，它的资本和分销渠道的动作能力还远远不够，仍需要进一步学习。在历时 10 年的学习过程中，他们积累的经验教训为联想的渠道管理打下了良好的基础。

联想计算机推出自己的 PC 品牌机后，开始采用的销售方式主要是传统的直销模式。但当利润下降、规模效应起来后，联想与其代理商之间的矛盾越来越明朗化。为了解决这个问题，联想最终决定彻底改变销售方式，彻底落实分销策略，通过大幅度让利、价格保护、联合宣传做广告及重点培训等一系列优惠措施，全力发展和支持代理商。在原有基础上，又选择培育了 200 家有一定技术力量和销售能力的代理商。其中，包括年销售量在 500 台以上的代理商 50 家，最终目标是建立一个由分公司、行业代理和地区代理组成的遍布全国的经销网络。据此，建立了一条与当时国际模式相似的渠道。其商用机的分销渠道模式如图 7.1 所示。

厂商 → 一级代理 → 二级代理 → 用户

图 7.1 联想商用机的分销渠道模式

这是当时中国 PC 行业一种主流的渠道模式，其特点在于区域的划分，一级代理相当于地区经销商，只负责本地区的销售，这样使每个地区的分销都有其相对独立的发展区域。这种渠道模式的优势在于可以较为有效地避免渠道间的冲突和地区间代理商的恶性竞争。其不足之处在于存在信息沟通相对较弱的问题。为了适应市场竞争的规模化需要，联想于 1998 年推出了"大联想"渠道策略，其核心理念是制造商、分销商、代理商和最终用户的四赢。强调作为厂商的联想集团与代理商及其他合作伙伴共同发展、共同成长。这种大市场大渠道的模式增加了渠道的扩张力和扩展机会，并确保了整个分销渠道的畅通。

据互联网数据中心（Internet Data Center，IDC）统计，至 2003 年 3 月底，联想集团已连续 12 个季度获得亚太市场（除日本外）第一；2002 年第二季度，联想台式计算机销售量首次进入全球前 5 位，其中消费计算机世界排名第三。作为当时中国最大的计算机分销商，联想与多家国外著名企业有着不同层次的合作关系，同时代理 10 多个国外著名品牌的信息产品，有 2 000 多家二级代理商队伍，拥有雄厚的分销实力。

对于所取得的巨大成就，联想人较为冷静并客观地评价：几年来，联想最大的成就不是卖了多少台 PC，也不是在中国 IT 行业中排名第一，而是摸索了一套在中国如何做企业、如何做高科技企业的经验，那就是"产品是立命之本，渠道是立身之本"。

请问：
1. 联想是怎样建立和经销商、代理商之间的关系的？
2. 联想对渠道策略是如何认识的？

延伸阅读：肯德基的选址

店址是饭店经营的首要因素，餐饮连锁经营也是如此。连锁店的正确选址，不仅是其成功的先决条件，也是实现连锁经营标准化、简单化、专业化的前提条件和基础。因此，肯德基对快餐店选址是非常重视的，选址决策一般是两级审批制，通过地方公司和总部两个委员会的同意。其选址成功率几乎是百分之百，是肯德基的核心竞争力之一。

肯德基选址按以下两个步骤进行。

1. 商圈的划分与选择

（1）划分商圈

肯德基计划进入某城市，就先通过有关部门或专业调查公司收集这个地区的资料。有些资料是免费的，有些资料需要花钱去买。把资料收集齐了，就开始规划商圈。

商圈规划采取的是计分的方法，例如，这个地区有一个大型商场，商场营业额为 1 000 万元算 1 分，5 000 万元算 5 分，有一条公交线路加多少分，有一条地铁线路加多少分。这些分值标准是多年平均下来的一个较准确的经验值。

通过打分把商圈分成好几大类，以北京为例，有市级商业型（西单、王府井等）、区级商业型、定点（目标）消费型，还有社区型和旅游型等。

（2）选择商圈

选择商圈即确定目前重点在哪个商圈开店，主要目标是哪些。在商圈选择的标准上，一方面要考虑餐馆自身的市场定位，另一方面要考虑商圈的稳定度和成熟度。餐馆的市场定位不同，吸引的消费者群不一样，商圈的选择也就不同。

肯德基与麦当劳市场定位相似，消费者群基本上重合，所以在商圈选择方面也是一样的。可以看到，有些地方同一条街的两边，一边是麦当劳，另一边是肯德基。

商圈的成熟度和稳定度也非常重要。例如，规划局宣布要开通某条路，在什么地方设立地址，那么将来这里有可能成为成熟商圈，但肯德基一定要等到商圈成熟稳定后才进入。

2. 聚客点的测算与选择

（1）要确定在这个商圈内的最主要聚客点

例如，上海的淮海路是很成熟的商圈，但不可能淮海路上任何位置都是聚客点，肯定有最主要的聚集客人的位置。肯德基开店的原则是：努力争取在最聚客的地方和其附近开店。

古语说："一步差三市。"开店地址差一步就有可能差 3 成的买卖，这与人流流动线（人流活动的线路）有关，可能有人走到这儿，该拐弯了，则这个地方就是客人到不了的地方，差不了几步路，但生意差很多，这些在选址时都要考虑进去。

人流流动线是怎么样的，在这个区域里人从地铁出来后是往哪个方向走等，这些都应去测量，等有一套完整的数据之后才能据此确定地址。

（2）选址时一定要考虑人流的主要流动线不会被竞争对手拦截

例如，某个社区的马路边有一家肯德基店，客流主要自东向西走。如果往西 100 米，竞争对手再开一家西式快餐店就不妥当了，因为主要客流是从东边过来的，再在西边开，大量客流就被肯德基拦截，效益就不会好。

（3）聚客点选择影响商圈选择

聚客点的选择也影响商圈的选择。因为一个商圈有没有主要聚客点是这个商圈成熟度的重要标志。例如，北京某新兴的居民小区，居民非常多，人口素质也很高，但据调查显示，找不到该小区的主要聚客点，这时就可能先不去开店，当什么时候这个社区成熟了或比较成熟了，知道其中某个地方确实是主要聚客点才会开店。

促销组合与心理分析

学习目标

知识目标：通过本任务的学习，掌握促销的分类和基本形式；了解各种促销方式的基本特征；掌握在各种促销方式中消费者不同的心理反应，并能分析这些心理反应，做出不同的决策。

技能目标：能够分析企业各种促销手段的意图，并能与消费者进行良好的沟通。

CASE 实际案例

中美史克天津制药有限公司是一家现代化合资制药企业。自 20 世纪 80 年代投资建厂以来，年生产能力 23 亿片（粒、支）。其代表产品肠虫清、泰胃美、康泰克、芬必得、康得和百多邦等在中国已家喻户晓，其中，康泰克为支柱性产品，年销售额在 6 亿元人民币左右。美国一项研究表明，PPA 即苯丙醇胺，会增加人们患出血性中风的危险。2000 年 11 月 6 日，美国食品与药物监督管理局（FDA）发出公共健康公告，要求美国生产厂商主动停止销售含 PPA 的产品。中国国家医药监督管理局（SDA）于 2000 年 11 月 16 日发布了《关于暂停使用和销售含苯丙醇胺药品制剂的通知》，与美国 FDA 所发健康公告仅隔 10 天，并且是以中国红头文件的形式发至中国各大媒体的。在 15 种被暂停使用和销售的含 PPA 的药品当中，包含了中美史克天津制药有限公司生产的康泰克和康得两种产品。康泰克进入中国市场已有 11 年历史，由于其独特的缓释技术和显著的疗效，在国内抗感冒药市场具有极高的知名度，可谓家喻户晓。中国 SDA 通告一出，顿时引起社会各界的极大关注。媒体争相报道，经销商纷纷来电，康泰克多年来在消费者心目中的优秀品牌地位陷入危机。中国环球公关公司受中美史克天津制药有限公司的委托，迅速启动危机管理工作系统，通过实施危机期间的媒体关系管理方案，有效控制并处理了由 PPA 事件引发的重大危机，有效保护了品牌，更为中美史克重返感冒药市场奠定了良好的舆论基础。PPA 事件 289 天之后，即 2001 年 9 月 3 日，中国环球公共关系公司又鼎力协助中美史克公司紧紧把握市场商机，充分利用康泰克原有品牌效应，成功地将新康泰克推向市场。

资料来源：中华广告网。

❓ 思考

中美史克天津制药有限公司通过什么方式化解了危机？面对公关危机，都有哪些化解方式？

📖 学习档案

情境一　促销及其组合策略

> 【导读案例】2017 年 11 月 11 日零点刚过，在世博中心第 5 层金厅的大屏幕上，代表着销售额的数字就开始像上了马达一般开始滚动。天猫将来自全球各地的媒体聚集在这里，见证接下来不眠的一天一夜。开场不到 1 分钟，在现场媒体都还没来得及敲下"本报讯"的时候，海澜之家和耐克几乎同时实现销售破亿元，成为 2017 年首批"天猫'双十一'亿元俱乐部"成员。疯狂的还不止这些，在开场后的一小时内，包括优衣库、太平鸟、李宁、百雀羚、新百伦、海尔、美的、夏普、西门子、格力等，有 62 家品牌实现销售过亿元。
>
> 从 2012 年"双十一"首次有品牌实现单日销售过亿元，到 2017 年众多品牌一小时内加入"亿元俱乐部"。"亿元俱乐部"的成功不仅是品牌商的成功，更是全球商业大协同力量的标尺。这背后是电商、品牌商和阿里经济体所有成员共同完成的对品牌体系、营销渠道、供应网络和产业格局的全面重构。
>
> 时间继续一分一秒过去，1 小时 00 分 49 秒，天猫"双十一"全球狂欢节成交额突破 571 亿元，超过 2014 年全年；1 小时 06 分 09 秒，2017 天猫"双十一"超过 100 亿美元。
>
> 请问：是什么促成了"双十一"的巨额交易量？

一、促销的概念

促销就是营销人员向消费者传递有关本企业及产品的各种信息，说服或吸引消费者购买其产品，以达到扩大销售的目的。

促销实质上是一种沟通活动，即营销人员（信息提供者或发送者）发出作为刺激物的各种信息，把信息传递到一个或更多的目标对象（信息接收者，如听众、观众、读者、消费者或用户等），以影响其态度和行为。营销人员为了有效地与消费者沟通信息，可采用多种方式加强与消费者的信息沟通，以促进产品的销售。常用的促销手段有广告促销、人员推销、营业推广和公共关系。企业可根据实际情况及市场、产品等因素选择一种或多种促销手段的组合。

二、促销的市场作用

1. 缩短产品入市的进程

使用促销手段旨在对消费者或经销商提供短程激励。在一段时间内调动人们的购买热情，培养消费者的兴趣和使用爱好，使消费者尽快地了解产品。

2. 激励消费者初次购买，达到使用目的

消费者一般对新产品具有抗拒心理。由于使用新产品的初次消费成本可能是使用老产品的两倍（对新产品一旦不满意，还要花同样的价钱去购买老产品，这等于花了两份钱才得到了一个满意的产品，所以许多消费者在心理上认为购买新产品代价高），消费者就不愿冒风险对新产品进行尝试。但是，促销可以使消费者降低这种风险意识，降低初次消费成本，而去接受新产品。

3. 激励使用者再次购买，建立消费习惯

当消费者试用了产品以后，如果是基本满意的，可能会产生重复使用的意愿。但这种消费意愿在初期一定是不强烈的、不可靠的，促销却可以帮助他实现这种意愿。如果有一个持续的促销计划，可以使消费群基本固定下来。

4. 提高销售业绩

毫无疑问，促销是一种竞争，它可以改变一些消费者的使用习惯及品牌忠诚度。因受利益驱动，经销商和消费者都可能大量进货与购买。因此，在促销阶段，常常会增加消费，提高销售量。

5. 侵略与反侵略竞争

无论是企业发动市场侵略，还是市场的先入者发动反侵略，促销都是有效的应用手段。市场的侵略者可以运用促销强化市场渗透，加速市场占有。市场的反侵略者也可以运用促销针锋相对，来达到阻击竞争对手的目的。

6. 带动相关产品市场

促销的第一目标是完成促销产品的销售。但是，在甲产品的促销过程中，却可以带动相关的乙产品的销售。

7. 节庆酬谢

促销可以使产品在节庆期间或企业庆日期间锦上添花。每当例行节日到来时，或企业有重大喜庆时，开展促销可以表达市场主体对广大消费者的一种酬谢和联庆。

三、促销组合

促销策略是市场营销组合的基本策略之一。促销策略是指企业如何通过人员推销、广告、公共关系和营业推广等促销方式，向消费者或用户传递产品信息，引起他们的注意和兴趣，激发他们的购买欲望和购买行为，以达到扩大销售的目的。

企业将合适的产品，在适当的地点，以适当的价格出售的信息传递到目标市场，一般是通过两种方式：一是人员推销，即推销员和消费者面对面地进行推销；二是非人员推销，即通过大众传播媒体在同一时间向大量消费者传递信息，主要包括广告促销、公共关系和营业推广等方式。

1）人员推销是指企业派出推销人员或委托推销人员，直接与消费者接触，向目标消费

者进行产品介绍、推广，促进销售的沟通活动。

2）广告促销是指企业按照一定的预算方式，支付一定数额的费用，通过不同的媒体对产品进行广泛宣传，促进产品销售的传播活动。

3）营业推广是指企业为刺激消费者购买，由一系列具有短期诱导性的营业方法组成的沟通活动。

4）公共关系是指企业通过开展公共关系活动或通过第三方在各种传播媒体上宣传企业形象，促进与内部员工、外部公众良好关系的沟通活动。

所谓促销组合，是指企业在指定时期内运用人员推销、广告促销、营业推广和公共关系 4 种基本促销方式混合运用，激励和诱导目标市场消费者购买行为的策略。

促销组合体现了现代市场营销理论的核心思想——整体营销。促销组合是一种系统化的整体策略，4 种基本促销方式则构成了这一整体策略的 4 个子系统。每个子系统都包括一些可变因素，即具体的促销手段或工具，某一因素的改变意味着组合关系的变化，也就意味着一个新的促销策略。

情境二　广告心理策略

> 【导读案例】红牛饮料平面广告文案如下。
>
> 　　广告语：轻松能量，来自红牛
>
> 　　标题：还在用这种方法提神？
>
> 　　正文：都新世纪了，还在用这一杯苦咖啡来提神？你知道吗？还有更好的方式来帮助你唤起精神：全新上市的强化型红牛功能饮料富含氨基酸、维生素等多种营养成分，更添加了 8 倍牛磺酸，能有效激活脑细胞，缓解视觉疲劳，不仅可以提神醒脑，更能加倍呵护你的身体，令你随时拥有敏锐的判断力，提高工作效率。
>
> 　　醒题：迅速抗疲劳，激活脑细胞
>
> 　　**请问**：这则广告最吸引你的是什么？

一、广告的心理功能

（一）广告的定义

广告是为了某种特定的需求，通过一定形式的媒体，公开而广泛地向公众传递信息的宣传手段。

广告有广义和狭义之分，广义广告包括非经济广告和经济广告。非经济广告是指不以营利为目的的广告，又称效应广告，如政府行政部门、社会事业单位乃至个人的各种公告、启事和声明等，主要目的是推广；狭义广告仅指经济广告，又称商业广告，是指以营利为目的的广告，通常是产品生产者、经营者和消费者之间沟通信息的重要手段，或企业占领市场、推销产品、提供劳务的重要形式，其主要目的是扩大经济效益。

（二）广告的心理功能

1. 认知功能

商业广告的基本功能是通过具体的文字和声像等向消费者传递明确的产品信息和市场情报。

　　商业广告所传递的信息包括产品的品质、性能、商标、企业经营理念，以及一些与产品有关的新的生活观念、价值观念和生活方式等，这些信息对消费者来讲是一种心理刺激，能够吸引他们的注意力并产生心理加工过程。

　　认知功能的影响力主要表现在商业广告对消费者的知觉过程中选择性机制方面的作用。

　　（1）提供了明确的知觉线索

　　面对市场上众多的产品，消费者往往感到无所适从，这时消费者确实需要一种指向。商业广告的作用就在于缩短消费者和产品之间的距离，为消费者的购买需求提供一个可供选择的范围，满足他们由于购买欲望日趋强烈而产生的认知要求，帮助和促使消费者完成从寻找产品到选择产品再到购买产品的转化过程。

　　（2）提供了对整个产品市场进行选择性反应的知觉线索

　　广告对消费者的影响作用不仅来自广告内容，同时也与它的表现形式有关。人们总是首先会关注那些有特殊之处的信息。根据心理学的研究，优先进入消费者视野的是一些达到相当的刺激强度、与众不同、能引起消费者兴趣的广告。这类广告较容易引起消费者的注意，并通过知觉加工将这一形象留在脑海中，为未来的购买行为提供参考依据。正是由于这一点，现代广告大量吸收了艺术的成分，迎合了消费者的广告心理，吸引和促使消费者对广告自身和传播信息产生深度的认知加工。

　　2．唤醒和强化消费者需求的功能

　　消费行为的动力来源是消费需求。商业广告对消费者需求的影响作用集中在以下两个方面。

　　（1）刺激和唤醒消费者的潜在需求

　　从消费者需求的表现程度看，可以分为两类：一类是潜在的需求，另一类是现实的需求。

　　潜在的需求是消费者实际需要的，但是消费者还没有意识到的需求。现实的需求是消费者已经意识到的需求，并且这种需求能够转化为购买行为。现实的需求能产生购买行为，而潜在的需求则需加以唤醒，使其从模糊转为凸显和清晰。

　　商业广告对消费者的潜在需求的唤醒主要是通过广告的提示、示范、诱导和说服完成的。具体的操作手法包括提出新的生活观念、增加消费者需求的强度；提供可供选择的产品，使其需求获得可满足的对象；通过示范效应，使消费者的需求向广告目标靠拢，产生消费动机等。目前，市场上属于生活资料消费的广告大多运用这类手法唤醒消费者的潜在需求。

　　广告为消费者划定了消费的范围，引导他们确立了生活中消费的重心。这一功能在目前市场低迷的情况下应该得到重视。作为刺激消费者需求的有效手段之一，商业广告应尽其所能把消费者的需求逐层地唤醒，开辟出更大、更广泛的市场空间。

　　（2）引导消费者的选择性需求

　　选择性需求是指对特定产品品牌的需求，这是消费者的潜在需求明朗化之后的进一步具体化和对象化过程，其心理机制是选择性反应。在市场上，存在着大量同类不同品牌的产品广告，它们都是通过宣传自己不同于其他品牌的独特之处和高于其他品牌的优势之处来诱导消费者的，目的是促使消费者对自己的产品产生选择性购买意向。

在此情况下，消费者的心理加工有两个层面：一是他们要对众多的广告刺激进行自然过滤，对大多数广告不进行反应，这是消费者的防御性心理机制在起作用；二是消费者要进行积极的选择性加工，寻找出能够满足自身需求的产品对象。

二、广告创意的心理策略

商业广告定位的心理策略包括以下两个方面。

一是认知心理策略：包括"树立第一"、跟随"第一"和"非可乐型"的定位策略。这些策略有利于吸引消费者的注意，促使其对广告展开心理加工过程。

二是需求心理策略：包括对准消费者的优势需求进行定位；根据消费者需求的动态性进行定位；根据目标消费者的需求特点进行定位及根据消费者的深层需求进行定位等。其目的是扩大需求，刺激消费，使自己拥有更广阔的市场空间。

（一）商业广告定位的认知心理策略

1. "树立第一"的定位策略

在日常生活中，人们对任何堪称"第一"的事物都具有浓厚的认知兴趣，并能产生良好的记忆效果。消费者是以产品或品牌在市场中的顺序和位置为知觉线索来进行心理加工并启动记忆系统的。消费者总是能够记住某类产品中"最早的"和"最好的"品牌，而提供市场评价标准的就有来自广告的因素。许多产品通过广告想树立自己"第一""最好"的市场形象，主要与它所蕴含的市场份额有关。据研究，最先进入消费者心中被认为是第一的品牌，比处于第二位品牌的市场占有率要多一倍以上，而第二位又比第三位多一倍以上。"树立第一"的定位策略对开拓市场作用很大。

2. 跟随"第一"的定位策略

如果不能在消费者心中占据"第一"的位置，那么广告宣传又该如何定位呢？依据对消费者认知心理的进一步分析，最有效的定位策略之一就是紧挨着"第一"，借水行舟，借船出海，这同样可以取得令人满意的广告效果。这一广告策略依据的心理学原理是人们在社会认知过程中经常产生的"定式效应"和"晕轮效应"。从积极的意义讲，这两种效应会帮助消费者简化对广告信息的认知过程，促使人们从提供的广告信息中"自然而然"地推理出某种结论。跟随"第一"的定位策略就是利用这一心理特点引导消费者产生有利于自己的心理活动的。

3. "非可乐型"的定位策略

在某类发育已渐成熟的市场上，后来者要想跻身其中，获取一份市场利润，非出奇招不可。"非可乐型"的定位策略就是针对这种市场状况而制定的心理策略。它的操作手法是提供给消费者一个全新的、与竞争产品迥然不同的产品概念，引起消费者的注意，诱使其展开新的心理加工过程，产生和形成新的消费欲望和购买行为。

"非可乐型"的定位策略源于美国的七喜饮料的广告定位。当时，美国的饮料市场早已被可口可乐、百事可乐等饮料所垄断，七喜饮料厂家进行了缜密的市场调查和分析后，创造性地提出了一个新的经营理念，即把饮料市场分为"可乐型"和"非可乐型"。七喜汽水则以"非可乐型"饮料的代表出面，其广告词是："七喜，非可乐。"这句话的高明之处是重新区隔了市场，确定了自己产品的市场地位，七喜饮料以市场黑马的形象给消费者留下了极大的想象空间。同时，这句广告词艺术地说服消费者把七喜汽水看作可乐饮料之外的第一种选择："不是可乐，就是七喜。""如果想换口味，请首选七喜。"七喜汽水通过准确的广告定位，打破了可乐型饮料在市场上一统天下的局面，成功地站稳了脚跟。这一例子可以说是此种心理策略运用的经典之作。

（二）商业广告定位的需求心理策略

消费者的需求是产生消费行为的内在动力，广告宣传的主要目的就是要唤醒消费者的需求，并促使其转化为购买动机，为消费活动提供动力。

1. 对准消费者的优势需求进行定位

消费者的需求具有结构性和系统性，其中必然存在一个优势需求，它决定消费者活动的方向和力度。优势需求能否得到满足，将直接影响消费者对产品的态度和购买行为。

2. 根据消费者需求的动态性进行定位

动态性是消费者需求的时间性特征，它表现为周期性和发展性。周期性是指消费者的需求具有周而复始的循环特点，发展性则是指消费者的需求不会停止在某一个水平或层次上，总是要向前发展的。

按照消费者需求的动态性特征进行定位，它要求的是系列广告，有以下两种操作方式。

1）广告的诉求重点要随着某些产品的季节性、社会生活习惯和消费淡旺季等时间特征而有不同的侧重，不可自始至终都是一副面孔。

2）根据消费需求从低级到高级、从追求数量到追求质量、从追求质量到追求享受这一心理轨迹设计动态广告，使广告定位的层次始终与消费者需求的层次相对应。

3. 根据目标消费者的需求特点进行定位

目标消费者是现代营销理论中的一个重要概念，是指那些对某个企业的产品具有态度一致性和需求共同性的消费者。市场营销理论提出的要求是，任何企业或产品都必须明确地"锁定"自己的目标消费者群体，深刻地研究他们的年龄、性别、经济收入、地域、社会地位和文化程度等背景材料，以此辨清对消费行为具有动力功能的需求特点，有针对性地提出广告诉求主题。广告诉求主题与目标消费者的需求特点之间的匹配程度，将会增强广告说服的效果。

4. 根据消费者的深层需求进行定位

只是简单地去分析消费者的需求还不够，还需要去分析消费者深层次的需求。例如，涉及洗衣机、洗碗机、洗衣粉和尿不湿的广告多以女性形象出现，诚然肯定了女性在这些方面的优势，但是女性认为，有优势不一定自始至终要承担这种义务。如果在相关产品的广告方面，选择一些男性形象，既能将男性的"坚强面"和"温柔面"合二为一，又能博得女性消费者的好感。

三、广告心理效果的测定

广告心理效果是指广告目标经过特定的媒介传播后，对消费者心理活动的影响程度。广告心理效果的测定是以广告的收视率，兴趣与欲望、产品知名度等间接促进销售的因素为依据，测定接收人对广告的印象，以及引起的心理效果。

（一）广告心理效果的测定内容

广告心理效果测定主要是测评广告对消费者的影响程度，这种影响程度除了体现在销售额上，更主要地体现在消费者的认识、情感和意志等心理因素的影响程度上。因此，广告心理效果测定主要就是对消费者因广告作用而引起的一系列心理反应的测定和评价，具体包括以下内容。

1. 感知程度的测定

广告只有通过人的感知，才能让消费者了解某个产品或企业的存在，达到影响购买的目的。在广告活动中，利用人们的感觉形象形成的规律，引起消费者的注意，以激发兴趣、创造欲求，是一种重要的心理手段。因此，测定消费者对广告内容的感知程度的深浅，是衡量商业广告是否有成效的标准之一。

测定消费者对广告内容的感知程度，一般应在广告发布的同时或在其后不久进行，以求其测定的准确性，不致受遗忘的干扰。测定的方法主要有机械调查法、日记式调查法和访问法等。测定的内容主要是电视收视率、广播收听率和报纸、杂志的阅读率的高低，以及播出广告后广告企业或产品在消费者中知名度的大小。

2. 记忆效率的测定

所谓记忆效率，是指消费者对广告内容的重点诉求的保持和回忆水平。广告媒介、广告内容、广告技巧和广告时间等因素，以及消费者的年龄、个性等，都会对广告诉求的记忆效率发挥作用。记忆对刺激潜在的消费者的购买行为极有价值。当他们产生需求时，往往会无意识地回忆起值得信赖或有好感的产品，由此而影响购买决策。所以，消费者对广告内容记忆效率的高低，对具体广告的经济效益有很大的和很长远的影响。

仅仅感知到广告而没有进行记忆就谈不上广告的效果。广告的累积刺激，对消费者的消费行为也能发挥很大影响。其作用原理则是累积刺激的作用，有赖于消费者对广告内容的记忆效率。

3. 思维状态的测定

消费者在对广告的内容发生感性认识后，往往会进入对广告内容的思维阶段。消费者对广告内容的思维，主要表现为对广告观念的理解。因此，对消费者的思维状态进行测定，事实上是在调查消费者对广告观念的理解程度。

思维状态的测定，一般按广告的诉求重点或心理目标，以及广告创作的有关组织部分，调查消费者对其理解的程度。一般采用询问调查法，对问题采取"剥笋式"的分析。

4. 情感激发调查

有意义的广告信息，往往对被宣传者产生信息刺激，容易激发消费者的感情反应，尤其是一些暗示性的广告在这方面的功效更显著。广告只有激发消费者的积极情感，才能更好地促进购买欲望。因此，情感激发的测定，也是判断广告效果必不可少的依据。情感激发的测定，一般通过对比试验或询问来进行。

5. 态度转变的测定

广告的功效，归根结底是一种旨在改变消费者对某个企业、某个商标或某项产品的态度倾向，增强其购买信心并促进其购买行为的手段。因此，测定一个广告的功效发挥如何、测定态度的转变，也是很重要的。

态度转变的测定，一般通过对消费者消费动机的调查来达到。通过了解消费者在受广告刺激后所发生的心理反应，测定广告对消费者态度转变的影响。

（二）广告心理效应测定的方法

1. 等级评分法

等级评分法就是让消费者打分，主要有两种形式：一是积分计算法，二是配对比较法。其优点是简便易行，缺点是不能充分反映消费者的意见。

积分计算法是把一系列的广告展示给消费者，让他对这一系列广告分别打分并按标准进行排列。然后把调查结果的分数累计，评判优劣。

配对比较法是每次只测试两个广告，一一对比，从而评判出不同广告的优劣。

2. 直接提问法

直接提问法就是向消费者直接提出有关涉及广告内容的问题，征询意见。这种方式可以排除相互干扰，不仅可以用来了解人们对广告的反应，而且可以为改善广告宣传寻找最佳策略。

3. 态度测定法

一个人的态度很难直接观察，只能从其所表现的言辞或行动去推测。因此，要想了解一个人的态度，最好的办法是向他提出许多问题，并附上多种答案，请他选择。态度测定法主要有洽谈法和投射法两种。

4. 深入洽谈法和投射法

为了了解消费者的真实态度，克服直接提问法的偏窄，有时必须应用深入洽谈法和投射法。

深入洽谈法是让被调查者在看了广告资料之后自由发表意见。投射法即用引导的手段，诱发对象发表意见，不加限制，让被测试者的真正想法自然流露。因此，投射法的成败在于主持人引导技巧的好坏。

5. 认知法

测试认知的途径，是让被测试者看一份广告，问他有没有见过。这种工作一般在广告发布一定期限后定期进行。根据实际情况，可将认知分为 3 种：见过、关心过、注意过。对读者进行分类，并计算百分比。测定百分比后，再用公式计算出广告阅读效率。

$$广告阅读效率=杂志销数×每类读者的百分比$$

使用认知法可以为广告主提供很多资料，从而可以考察其广告阅读率和潜在市场效果。

6. 认知实验法

认知程度是衡量广告认知与记忆的一项标准。在这方面，有许多科学的测试方法，其目的是对广告的外在特征，如设计、版式、颜色和印刷技术的不同，求得所产生的不同视觉效果。这些方法大多是采取不同的距离、亮度和时间的变化，将广告向被测试者发布，试探它所产生的认知程度的大小，从而可以在广告活动中灵活掌握广告的发布方式。

7. 回忆法

从广告发布之后到消费者采取购买行为，中间会经历一段时间。因此，为促成消费者的购买行为，广告必须能给消费者留下记忆。广告的目的是让消费者获取信息，因此，广告能否被认知和记忆，是广告心理效应测定的另一项内容。从广告意义上说，记忆比认知更重要。

这些方法，大多是根据有关心理学的原理进行设计的。其测定结果各有所长，也各有所短，但总体来说，心理测试只是一种参考，在一定程度上只能说明广告的效力。对于提高广告效力手段来说，最根本的还是产品的质量和使用价值。对于验证广告宣传效率来说，主要看销售量增减情况。

情境三 营业推广心理策略

> **【导读案例】** 宝洁公司每年花 3 亿多美元的资金用于广告，但平摊到每瓶洗发水的广告费却只有 0.8 美分，因为宝洁公司懂得如何让每一分广告费都发挥最大的效用。在促销时间的选择上，也同样坚持了这一原则。本次活动的时间选在 9 月 21 日至 1 月 27 日的周末，每个周末 16 小时。为了最大限度地利用资源并达到最好的推广效果，根据超市周末、下午和晚上人流量较大的特点，公司选择了商场内人流量最大的时间段——周五（18：00—20：00）、周六（11：30—20：30）和周日（11：30—20：30）。
>
> **请问：**
> 1. 你经常在什么时间外出购物？
> 2. 宝洁公司选择推广的时间段和你的购物时间冲突吗？

营业推广是一种适用于短期推销的促销方法，是企业为鼓励购买、销售产品和劳务而采取的除广告、公共关系和人员推销之外的所有企业营销活动的总称。

一、营业推广的特点与功能

（一）营业推广的特点

1. 直观的表现形式

许多营业推广工具具有吸引注意力的特点，可以打破消费者购买某一特殊产品的惰性。它们告诉消费者这是永不再来的一次机会。这种吸引力，尤其是对于那些精打细算的人来说是一种很强的吸引力，但这类人对于任何一种品牌的产品都不会永远购买，他们是品牌转换者，而不是品牌忠实者。

2. 灵活多样，适应性强

可根据消费者心理和市场营销环境等因素，采取针对性很强的营业推广方法，向消费者提供特殊的购买机会，具有强烈的吸引力和诱惑力，能够唤起消费者的广泛关注，立即促成购买行为，在较大范围内收到立竿见影的功效。

3. 有一定的局限性和副作用

有些方式显现卖者急于出售的意图，容易造成消费者的逆反心理。如果使用太多或使用不当，消费者会怀疑此产品的品质，以及产品的品牌或产品的价格是否合理，给人以"推销的是水货"的错觉。

（二）营业推广的作用

1. 吸引消费者购买

吸引消费者购买是营业推广的首要目的，尤其是在推出新产品或吸引新消费者方面，由于营业推广的刺激比较强，较容易吸引消费者的注意力，使消费者在了解产品的基础上采取购买行为，也可能使消费者追求某些方面的优惠而使用产品。

2. 奖励品牌忠实者

因为营业推广的很多手段，如销售奖励和赠券等通常都附带价格上的让步，其直接受惠者大多是经常使用本品牌产品的消费者，从而使他们更乐于购买和使用本企业产品，以巩固企业的市场占有率。

3. 实现企业营销目标

营销目标是企业的最终目的。营业推广实际上是企业让利于购买者，它可以使广告宣传的效果得到有力的增强，破坏消费者对其他企业产品的品牌忠实度，从而达到促进本企业产品销售的目的。

二、营业推广的具体心理策略

（一）面向消费者的营业推广方式

1. 赠送促销

向消费者赠送样品或试用品，赠送样品是介绍新产品最有效的方法，缺点是费用高。样品可以选择在商店或闹市区散发，或在其他产品中附送，也可以公开广告赠送，或入户派送。

2. 折价券

在购买某种产品时，持券可以免付一定金额的钱。折价券可以通过广告或直邮的方式发送。

3. 包装促销

以较优惠的价格提供组合包装和搭配包装的产品。

4. 抽奖促销

消费者购买一定的产品之后可获得抽奖券，凭券进行抽奖获得奖品或奖金，抽奖可以有多种形式。

5. 现场演示

企业派促销员在销售现场演示本企业的产品，向消费者介绍产品的特点、用途和使用方法等。

6. 联合推广

企业与零售商联合促销，将一些能显示企业优势和特征的产品在商场集中陈列，边展览边销售。

7. 参与促销

通过消费者参与各种促销活动，如技能竞赛和知识比赛等活动，使其获取企业的奖励。

8. 会议促销

各类展销会、博览会和业务洽谈会期间的现场产品介绍、推广和销售活动。

（二）面向中间商的营业推广方式

1. 批发回扣

企业为争取批发商或零售商多购进自己的产品，在某一时期内给经销本企业产品的批发商或零售商加大回扣比例。

2. 推广津贴

企业为促使中间商购进企业产品并帮助企业推销产品，可以支付给中间商一定的推广津贴。

3. 销售竞赛

根据各个中间商销售本企业产品的实绩，分别给予优胜者不同的奖励，如现金奖、实物奖、免费旅游和度假奖等，以起到激励的作用。

4. 扶持零售商

生产商对零售商专柜的装潢予以资助，提供在购物场所能促进销售的广告（Point of Purchase Ad., POP），以强化零售网络，促使销售额增加；可派遣厂方信息员或代培销售人员。生产商这样做的目的是提高中间商推销本企业产品的积极性和能力。

三、营业推广的实施过程

一个公司在运用营业推广时，必须确定目标，选择工具，制定方案，方案试验，实施和控制方案，以及评价结果，这些统称为营业推广的实施过程。

（一）确定目标

就消费者而言，目标包括鼓励消费者更多地使用产品和促进大批量购买；争取未使用者试用，吸引竞争对手品牌的使用者。就零售商而言，目标包括吸引零售商们经营新的产品品目和维持较高水平的存货，鼓励他们购买落令产品，储存相关品目，抵消各种竞争性的促销影响，建立零售商的品牌忠诚度和获得进入新的零售网点的机会。就销售队伍而言，目标包括鼓励他们支持一种新产品或新型号，激励他们寻找更多的潜在消费者和刺激他们推销落令产品。

（二）选择工具

1. 赠送

向消费者赠送样品或试用样品，样品可以挨户赠送，在商店或闹市区散发，在其他产品中附送，也可以公开广告赠送。赠送样品是介绍一种新产品最有效的方法，费用也最高。

2. 优惠券

给持有人一个证明，证明他在购买某种产品时可以免付一定金额的钱。

3. 廉价包装

廉价包装是在产品包装或招贴上注明，比通常包装减价若干，它可以是一种产品单装，也可以把几件产品包装在一起。

4．奖励

可以凭奖励券购买一种低价出售的产品，或凭券免费以示鼓励，或凭券购买某种产品时给予一定优惠，各种抽奖也属此类。

5．现场示范

企业派人将自己的产品在销售现场进行使用示范表演，把一些技术性较强的产品的使用方法介绍给消费者。

6．组织展销

企业将一些能显示企业优势和特征的产品集中陈列，边展边销。

（三）制订方案

营业推广方案应该包括以下 5 个因素。

1）费用：营销人员必须决定准备拿出多少费用进行刺激。

2）参加者的条件：刺激可以提供给任何人，或选择出来的一部分人。

3）营业推广措施的分配途径：营销人员必须确定怎样去促销和分发促销方案。

4）营业推广时间：调查表示最佳的推广频率是每季有 3 周的促销活动，最佳持续时间是产品平均购买周期的长度。

5）营业推广的总预算。

（四）方案试验

面向消费者市场的营业推广能轻易地进行预试，可邀请消费者对几种不同的、可能的优惠办法做出评价和分等，也可以在有限的地区进行试用性测试。

（五）实施和控制方案

实施的期限包括前置时间和销售延续时间。前置时间是从开始实施这种方案前所必需的准备时间。它包括最初的计划工作、设计工作，以及包装修改的批准或材料的邮寄或分送到家；配合广告的准备工作和销售点材料；通知现场推销人员，为个别的分店建立地区的配额，购买或印刷特别赠品或包装材料，预期存货的生产，存放到分配中心准备在特定的日期发放。销售延续时间是指从开始实施到大约 95% 的采取此促销办法的产品已经在消费者手里所经历的时间。

（六）评价结果

对营业推广方案进行评价是一件很重要的事，但从西方企业的实践来看，我国企业的这一环节尚未引起足够的重视。

评价方法最常见的一种是将营业推广前、推广中和推广后 3 个时期的销售额进行比较。例如，一种产品在营业推广前的市场份额为 6%，营业推广中为 10%，营业推广后马上降为 5%，过了一段时间又回升到 7%。这些数据表明，企业的营业推广方案在实施期间吸引了一批新的消费者，并促使原有的消费者增加了购买量。营业推广后马上降为 5%，说明消费者尚未用完前一段多购的产品。回升到 7%，说明这项营业推广方案终于使一批新消费者成为老消费者。如果过一段时间市场份额不是 7% 而仍旧是 6%，那就说明这项营业推广方案只是改变了需求的时间，并未增加该产品的需求量。

情境四 公共关系心理策略

【导读案例】"超级女生"的推出将我国的草根明星选秀推向了新高潮。成为新世纪中国演出市场上最引人注目的现象，轰动了全国。"超女"何以取得如此巨大的成功，让多台中国家庭的电视机同时集中到一个电视台，让多家媒体跟踪报道，成为全国百姓街谈巷议的话题，这和他们所从事的公共关系活动是密切相关的。

对于"超女""快男"这类选秀节目而言，公众的支持与否直接决定了他们的命运。作为公共关系工作的对象，公众是以某个特定组织为核心而形成的特殊的利益共同体。以"蒙牛"为例，"蒙牛"以"超女"为平台，把公共关系工作的对象集中在年轻人身上，"蒙牛"获得"超女"的冠名费为 2 000 万元，加上 15 秒的插播广告及现场广告牌等，其投入总额在 2 800 万元左右。当然，"蒙牛"为"超女"贡献的远不止于此，在许多公交车体、户外灯箱和平面媒体广告上，都留下了"超女"们的倩影，而这笔投放费用则高达 8 000 多万元。前后两者数字相加，"蒙牛"的投入已达 1.08 亿元。

随着湖南卫视收视率和社会声望的急剧上升，"蒙牛"也获得了巨大的利益，成为时下年轻人的时尚饮品，一提到"超女"马上就想到蒙牛酸酸乳，喜欢"超女"的人也会"不可救药"地喜欢上蒙牛酸酸乳。由此可见，在"超女"的影响下，"蒙牛"将对象重点圈在年轻人这个时尚一族是极其明智的，它适应了年轻人对时尚疯狂追求的时势，可谓顺意公众，从而取得了巨大的成功。

请问：

1. 蒙牛酸酸乳在你心中是什么样的形象？
2. 为什么会有这样的印象？

一、公共关系概述

（一）公共关系的含义

公共关系又称公众关系，是指企业在从事市场营销活动中正确处理企业与社会公众的关系，以便树立良好的企业形象，从而促进产品销售的一种活动。

（二）公共关系的特征

公共关系是社会关系的一种表现形态，科学形态的公共关系与其他任何关系都不同，有其独特的性质，了解这些特征有助于人们加深对公共关系概念的理解。

1. 情感性

公共关系是一种创造美好形象的艺术，它强调的是人在工作中的主观能动性，强调社会舆论，以赢得社会各界的了解、信任、好感与合作。公共关系就是要追求"人和"的境界，为组织的生存、发展或个人的活动创造最佳的软环境。

2. 双向性

公共关系是以真实为基础的双向沟通，而不是单向的公众传达或对公众舆论进行调查、监控，它是主体与公众之间的双向信息系统。组织一方面要吸取外界的观点、意见以调整决策和改善自身；另一方面又要对外传播，使公众认识和了解自己，达成有效的双向意见沟通。

3．广泛性

公共关系的广泛性包含两层意思：一层是公共关系无处不在、无时不有，贯穿于主体的整个生存和发展过程中；另一层是公众的广泛性，因为公共关系的对象可以是任何个人、群体和组织，既可以是已经与主体发生关系的任何公众，也可以是将要或有可能发生关系的任何暂时无关的人们。

4．整体性

公共关系的宗旨是使公众全面地了解自己，从而建立自己的声誉和知名度。它侧重于一个组织机构或个人在社会中的竞争地位和整体形象，以使人们对自己产生整体性的认识。它并不是要单纯地传递信息，宣传自己的地位和社会威望，而是要使人们对自己各方面都要有所了解。

5．长期性

公共关系的实践告诉人们，公共关系人员岗位不是在紧急情况下设置的岗位，并且公共关系活动是经常性的活动。公共关系的管理职能应该是经常性与计划性的，它是一种长期性的工作。

（三）公共关系的作用

公共关系是现代社会组织或个人为自身与公众之间相互了解、相互合作而进行的传播活动、采取的沟通手段及遵循的行为规范。其核心是社会组织及个人创新精神与实践能力的培养，其主要内容是树立以公众为对象、以形象为目标、以互惠为原则、以传播为手段、以真诚为信条和以长远为方针的思想，促进社会主义和谐社会的建设。其作用主要表现在以下3个方面。

1．对社会组织的作用

公共关系是社会组织倡导和发展起来的，对组织的作用主要表现在以下5个方面。

（1）收集信息，检测环境

社会组织要运行得当，就必须准确地了解自己、了解自己运行的现实环境，尤其是现实环境中的公众。而通过公关获取大量信息，是了解自己与环境及其关系的最有效手段。组织的环境信息主要包括政府的法律信息及决策信息、公众需求信息、公众对产品形象评价的信息、公众对组织形象评价的信息及其他社会信息，这些信息起到了组织"环境监测器"的作用。

（2）输出信息，扬名立万

现代社会中尽管社会组织的目标各不相同，但在目标的实现过程中有一点是相同的，就是公众了解自己。公众越了解自己，目标就越容易实现。而公众了解自己的最好途径就是输出信息，提高组织的知名度和美誉度。

（3）协调关系，增进合作

公共关系是"内求团结、外求发展"的一门艺术。其重要职能就是通过协调使一个组织中的所有部门的活动和谐化，使组织与环境相适应。协调就是"协"和"调"的统一。协是协商，即遇事不能自己一方说了算，要双方坐下来协商讨论，寻得利益的一致；调是调和，即坚持互利互惠的原则，求得双方利益的统一。

（4）咨询建议，参与决策

社会组织的运行是在决策的指导下进行的，决策的可行与否及可行度的大小，均取决于决策者的选择，而选择的根据则在于对信息量的掌握程度。公共关系部是公众向组织反馈信息的中间环节，收集的信息都是来自社会各方面的与组织有关的真实信息，将信息有选择、有分析地传递给组织的决策者，为决策者的选择提供服务。

（5）危机管理，处理突发事件

组织所处的环境可分为已知和未知两部分，而未知部分又必然会带来组织运营、发展中的某种不确定性。当这种不确定性在短时间内变为现实时，就会发生管理人员未曾预料到的事件，即所谓"突发事件"。由于这类事件具有突然性、变化快、影响大、处理难度大和余波长等特点，所以，组织的管理者时刻都要有危机管理意识。公共关系在危机管理中的作用体现在：事先预报，避免发生；提前准备，减少损失；紧急关头，稳定人心；做好善后，挽回损失。

2. 对社会的作用

公共关系对社会组织起作用的同时，也促使了社会环境的优化，促进了社会的和谐，主要表现在以下 4 个方面。

（1）促使社会互动环境的优化

社会互动是指社会上人与人、群体与群体之间的交往和相互作用。公共关系涉及群体与群体、群体与个人及社会人际间的互动，它通过沟通社会信息、协调社会行为和净化社会风气来实现对社会互动环境的优化。

（2）促使社会心理环境的优化

公共关系提倡人们通过交往摆脱孤独和隔阂、恐惧和忧虑，从而促使社会心理环境优化。

（3）促使社会经济环境优化

公共关系倡导公平竞争，使营利性组织争取最好的经济效益，从而带动整个社会的经济繁荣。

（4）促使社会政治环境优化

通过建立民主政治，树立"民本位"思想，增强社会管理人员的公仆意识和人民群众的主人翁意识，满足人民群众参与社会公共事务决策和管理的愿望。

3. 对个人的作用

公共关系对个人的作用主要体现在以下两个方面。

（1）促使个人观念的更新

公共关系是塑造组织形象的艺术，组织的形象与个人的形象是分不开的。它灌输给每个人有关形象的意识，在注重组织形象的同时也必须注重个人形象；公共关系强调"顾客第一""公众至上"；公共关系工作广结人缘，沟通信息，带给人们一种现代交际观念；公共关系谋求组织与公众之间的合作，表现出强烈的合作意识，并把这种合作意识灌输给每个人。

（2）促使个人能力的提高

为了树立组织的形象，公共关系部常以独特新颖、出奇制胜的专题活动吸引公众，这种创造性的活动需要富有创造能力的人来胜任，在工作中培养了人的创造能力；公共关系活动常要和各种人、各种矛盾、冲突打交道，要处理各种突发事件，要适应不断变化的公众和环境，因而促使个人交际能力、自我调节能力和应变能力的提高。

二、公共关系的心理策略

（一）确定公共关系的原则

1）企业要在公众心目中树立良好的形象，关键在于诚实。只有诚实才能获得公众的信任和回报。如果企业以欺骗的方法吹嘘自己，必然会失去公众的信任。

2）企业的生存和发展离不开社会的支持，如劳动力、资金、生产资料的提供及政府的宏观调控等。因此，当企业为社会公众提供优质产品、进行公共关系活动时必须将公众利益与企业利益结合起来。

（二）选择公共关系的方法

搞好公共关系的方法很多，如周年庆祝活动、艺术展览会、拍卖会、义演晚会、在不寻常地方举行聚会及舞会等。

（三）公共关系实施的步骤

1．调查研究

企业通过调研，一方面，了解企业实施政策的有关公众的意见和反应，反馈给高层管理者，使企业决策有的放矢。另一方面，将企业领导者的意图及企业决策传递给公众，使公众加强对企业的认识。

2．确定目标

一般来说，企业公关目标是促使公众了解企业形象，改变公众对企业的态度。具体来说，公共关系目标是通过企业传播信息，转变公众态度，即唤起企业需求。必须注意，不同的企业在发展时期或同一个企业在不同的发展时期，其公共关系具体目标是不同的。

3．交流信息

企业通过大众传播媒体及交流信息的方式传播信息。可见，公共关系过程就是信息交流的过程。

（四）评估公共关系结果

评估的指标可以包括以下 3 个方面。

1）曝光频率：衡量公共关系效果的最简易方法是计算出现在媒体上的曝光次数。企业同时希望报上有字、广播有声、电视有影。

2）反响：分析由公共关系活动而引起公众对产品的知名度、理解和态度方面的变化，调查这些变动前后的变化程度。

3）统计方便：销售额和利润的影响是最令人满意的一种衡量方法。

情境五　人员推销心理策略

【导读案例】乔·吉拉德在 15 年的时间内卖出了 13 001 辆汽车，并创下了一年卖出 1 425 辆、平均每天 4 辆的纪录，被人们誉为世界上最伟大的推销员。有一次，一位中年妇女走进雪佛莱的展销厅，说她想在这儿看看车，打发一会儿时间。闲谈中，她告诉乔·吉拉德，她想买一辆白色的福特车，就像她表姐开的那辆，但对面福特车行的营销人员让她过一小时后再去，所以她就来这儿看看。她还说，这是她送给自己的生日礼物，"今天是我 55 岁的生日"。

"生日快乐！夫人。"乔·吉拉德一边说，一边请她进来随便看看，接着出去交代了一下，然后回来对她说，"夫人，您喜欢白色车，既然您现在有时间，我给您介绍一下我们的双门式轿车——也是白色的。"

女秘书走了进来，递给乔·吉拉德一打玫瑰花。乔·吉拉德把花送给那位妇女："祝您长寿！尊敬的夫人。"

显然，她很受感动，眼眶都湿润了。"已经很久没人给我送礼物了。"她说，"刚才那位福特营销人员一定是看我开了部旧车，以为我买不起新车。我刚要看车，他却说要去收一笔款。于是，我就上这儿来等他。其实，我只是想要一辆白色车而已，只不过表姐的车是福特的，所以我也想买辆福特车。现在想想，不买福特车也一样。"

最后，她在乔·吉拉德这儿买了一辆雪佛莱，并开了一张全额支票。其实，从头到尾乔·吉拉德的言语中都没有劝她放弃福特而买雪佛莱的词语。只是因为她在这里感到受了重视，于是放弃了原来的打算，转而选择乔·吉拉德的营销产品。

请问：作为一位出色的推销员，乔·吉拉德最大的闪光点是什么？

一、人员推销的含义与特点

（一）人员推销的含义

人员推销是指企业通过派出销售人员与一个或一个以上可能成为购买者的人交谈，做口头陈述，以推销产品，促进和扩大销售。人员销售是销售人员帮助和说服购买者购买某种产品或服务的过程。

人员推销的基本要素为推销员、推销产品和推销对象。

（二）人员推销的特点

1. 针对性强

人员推销可满足推销员和潜在消费者的特定需求，针对不同类型的消费者，推销员可采取不同的、有针对性的推销手段和策略。

2. 及时有效

人员推销往往可在推销后立即成交。在推销现场使消费者进行购买决策，完成购买行为。

3. 双向信息传递

推销员可直接从消费者处得到信息反馈，如消费者对推销员的态度、对推销产品和企业的看法和要求等。

4. 人员推销成本高

人员推销所需人力、物力、财力和时间量大。

二、人员推销的具体心理策略

（一）消费者心理活动过程

普通心理学原理认为，人的心理是客观现实的反映，由于客观世界纷繁多样，决定了人的心理活动方式的错综复杂，但任何心理活动都有其产生、发展和完成的过程。这一过程是客观存在的，包括认知、情感和意志过程。

1. 消费者的认知过程

消费者的认知过程包括感觉、知觉、记忆、想象和思维过程。

（1）感觉

感觉是人脑对直接作用于感觉器官的客观事物个别属性的反映，是消费者认识事物的起点，消费者一般借助触觉、视觉、听觉、嗅觉和味觉 5 种感觉来接收有关产品的各种信息，企业在设计和宣传自己的产品时，应千方百计地突出其与众不同的特点，增强产品的吸引力，刺激消费者的感觉，加深消费者对产品的第一印象，使消费者产生"先入为主""一见钟情"的感觉。

（2）知觉

知觉是人脑对直接作用于感觉器官的客观事物各种属性的整体反映，知觉过程受消费者的需求、期望、知识和经验等因素的影响。人对客观事物的知觉会产生各种错觉现象。错觉是人对客观事物不正确的知觉。常见的错觉有大小错觉、图形错觉、空间错觉、视听错觉和垂直、水平错觉等。掌握错觉对客观事物的影响，可以在广告宣传、包装设计、橱窗布置及货架排列等市场营销活动中加以运用，会产生意想不到的效果。

（3）记忆

记忆是在头脑中积累和保存个体经验的心理过程，是人脑对外界输入的信息进行编码、存储和提取的过程，包括印象、情感、逻辑和程序记忆。企业在产品设计和包装上应注意引起消费者的形象记忆；产品的排列和柜台的布置要便于逻辑记忆；营销人员的服务态度要诱发消费者的情感记忆；产品在大规模推向市场前让消费者体验和演练便于消费者的程序记忆。

（4）想象

想象是人脑对通过感知获得的并通过记忆保持的客观事物形象进行加工改造而形成新形象的过程。想象具有奇妙的作用，企业在产品设计、命名、广告设计和产品介绍时可以用多种方法来丰富消费者的想象力以达到宣传和推销产品的目的。

（5）思维

思维是人脑对客观事物本质特点的间接和概括的反映，包括形象思维和逻辑思维。由于受社会经验、个人经历和行为偏好等方面的不同，在思维的广度、深度、独立性和灵活性等方面存在差异。例如，有些思维敏捷的消费者往往当机立断；有些消费者思想不独立，容易受广告宣传所影响。

2. 消费者的情感过程

消费者对于客观事物是否符合自己的需求而产生的一种主观体验，就是消费者的情感过程。

消费者的情感过程包括情绪和情感两个方面。

（1）情绪

情绪一般是指短时间内的与生理需求相联系的一种体验，如喜欢、气愤和忧愁等情绪形式。情感是长时间内与社会性需求（社交的需求、精神文化生活的需求等）相联系的一种稳定的体验，如道德感、理智感和美感等。情绪一般有较明显的外部表现，不太稳定。

（2）情感

情感比较稳定、冲动性少，情感的外部表现很不明显。但是情绪的各种变化一般都受已形成的情感所制约，而人们的情感又总是在变化着的情绪中得到体现。

3. 消费者的意志过程

意志过程是指人们在社会实践中，为达到既定目的而采取的自觉行动，包括自觉地确定行动的目的、有意识地支配和调节其行动以实现预定目的的心理现象。意志受情感的影响，也是认识过程进一步发展的结果，对人们的社会实践具有积极的促进作用。

消费者的意志过程就是消费者在购买活动中有目的地、自觉地支配和调节自己的行动，克服各种困难，实现既定的购买目标的心理过程。

在消费者意志过程中具有两个主要特征：一是有目的的心理活动，二是有克服困难的心理活动。

（二）推销中的消费者类型

不同的消费者对待推销和产品购买有着不同的心态，这种心态在推销方格理论中，依据他们对待推销人员和采购产品的重视程度而划分成不同的类型。

从消费者推销时的心理状态看，至少存在两种想法：一是希望购买到称心如意的产品；二是希望得到推销人员诚恳热情而又周到的服务。但是不同的消费者对这方面的重视程度是不同的。有的消费者可能更注重购买产品本身，而有的消费者则可能更注重推销员的态度和服务质量。布莱克与蒙斯依据消费者对这方面问题的关心程度不同，建立了消费者方格图。横坐标表示消费者对自己完成购买任务的关心程度，纵坐标表示消费者对待推销人员的关心程度，都是从低到高依次划分为 9 个等级，其中 5 个典型类别如图 8.1 所示。

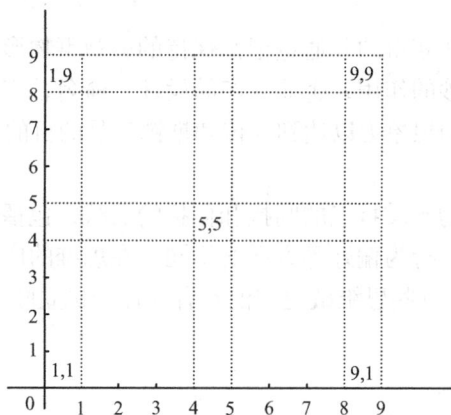

图 8.1　用消费者方格图表示的 5 个典型类别

1.	"漠不关心"型（1,1）

"漠不关心"型消费者既不关心推销人员，也不关心产品购买本身。多数情况下受人委托购买，而且不愿意承担责任，往往把购买决策推给别人，而自己愿意做些询问价格、了解情况的事务性工作。对待推销员的态度不是尽量躲避，就是敷衍了事。

2.	"软心肠"型（1,9）

存在这种心态的消费者不能有效地处理人情与交易两者的关系，他们更侧重关心推销员对他们的态度。只要推销员对他们热情，表示好感时，便感到盛情难却，即便是一时不需要的产品，也可能购买。这是由于他们对所采购产品本身重视不够，这种消费者较容易被说服。

3.	"防卫"型（9,1）

他们对所购买的产品非常重视，百般挑剔，但对推销员本身的态度并不重视。大多不相信推销员的话，任凭你花言巧语，他们只相信自己对产品的判断，甚至对推销员怀有较强的防范心态，怕由此上当受骗。这种消费者一般比较固执，不易被说服。

4.	"干练"型（5,5）

这种消费者采购产品时，既注重产品本身，又重视推销员的态度和服务。他们常常凭借自己的知识和经验来选择产品，对购买决策深思熟虑。同时，他们也愿意听取推销员的经验介绍而选择厂牌和商标。这种消费者一般较为理智，又兼重感情，但对推销员缺乏诚意的合作，一般比较自信，做出购买决策时考虑产品实用性与人际关系的结合。

5.	"寻求答案"型（9,9）

其特点是注意推销与产品的完美统一，既关心购买，又明确知道自己的需求；既能和推销员保持良好关系，又能与其进行真诚合作。在购买产品之前，已经设计了自己的需求数量和需求标准，在购买中愿意接受推销员帮助与参谋，而且主动与推销员合作，寻找解决困难的途径，一般不提出无理要求。

（三）推销的心理策略

在企业的推销实践中，推销人员通常采用的推销策略主要有以下4种。

1.	"刺激—反应"策略

"刺激—反应"策略的理论依据是"刺激—反应"模式。根据这种行为的科学理论，正在做购买决策的个人，在特定刺激下将给予一定的回答——买或不买。采用这种策略时，推销人员要不断进行探索性交谈，以便在尚未了解消费者的情况下，观察消费者的反应，然后根据所了解的消费者反应，及时运用一系列常用的刺激需求的方法，对消费者进行宣传说服，促使消费者购买。这种通过一系列刺激的方法去引发购买欲望，产生购买动机，并诱导其采取购买行为的策略，可以长期地、反复地对潜在消费者施加影响，促使其转变为现实消费者，达到推销成功的目的。

2.	"需求—满足"策略

采用"需求—满足"策略时，要求推销人员在推销前对消费者的需求情况有很好的了解。开始时推销人员说话很少，提出一些问题尽量引导消费者多说话，以便弄清消费者的需求。推销人员也可以通过市场需求调查和分析，掌握消费者需求的具体情况。在现场推销洽谈中，推销人员只有对消费者的需求有了把握之后，才插入较多话题加以介绍，帮助消费者更清楚地认识自己的需求。在双方有了基本共识之后，才努力证明推销产品如何适合消费者需求。

"需求—满足"策略对推销人员的要求很高。要求推销人员熟悉所推销产品的详细情况，具有丰富的专业知识；要善于体察消费者心理和复杂的交易环境；要求推销人员具有较高的推销技术技巧。

3. "公式化"策略

推销人员采用"公式化"策略的前提是：设想消费者在进行产品购买之前，要经过注意、兴趣、产生购买动机和决定购买4个阶段。如果具备这个基本前提，推销人员可针对不同推销阶段，精心设计选择一套公式化的语言，引导消费者逐一越过这些阶段，最后实现对产品的购买。一般来说，这种公式化地介绍产品，比起随意性介绍产品更精确，也更有权威性。

4. "诱发—满足"策略

推销人员运用能刺激"公式化"某种需求的方法，诱导消费者采取购买行为的推销策略是"诱发—满足"策略。这种策略的要点是，先引起消费者的需求兴趣，促使消费者想满足这种需求，再说明推销产品如何能满足这种需求。这是一种"创造性推销"策略，如果推销人员推销技术高明，诱导消费者得当，则能够获得较好的推销效果。

学习反馈

一、名词解释

促销　　广告　　公共关系　　人员推销　　营业推广

二、简答题

1. 促销具有哪些作用？
2. 广告的心理功能有哪些？
3. 公共关系有哪些作用？
4. 营业推广包括哪些形式？

三、案例分析题

2009年11月24日，海口市工商局发布产品消费警示，称农夫山泉、统一等品牌9种饮料、食品总砷或二氧化硫超标，不能食用。两大知名饮料企业陷于危机之中，事件引发媒体报道与消费者关注，"砒霜门"事件由此触发。

2009年11月26日，统一公司回应称涉案产品异地检验合格；次日农夫山泉方面回应称尚未收到任何官方机构的关于此次检测的检测报告，并称农夫果园与水溶C100多次抽查合格。11月30日，农夫山泉召开新闻发布会质疑"砒霜门"事件，认为海口工商的消费警示是一个极端错误，董事长称"这是针对农夫蓄意策划和操纵的恶性事件"。

2009年12月1日，海口市工商局发布复检结果，称经权威部门复检，农夫山泉、统一企业 3 种抽检产品全部合格。海口市工商局以自我否定的方式，还原了事实真相，为两品牌涉案产品平反。虽然事件已得到平息，但却因此使农夫山泉蒙受了 10 亿元的巨额销售亏损。

请问：如果你是相关企业的公共关系人员，准备如何应对这种情况？

实务操作

"瘦"是大多数女性追求的目标，但是太瘦或太胖都不是美，太瘦会导致人体出现营养不足、低血糖等症状。现在有一种"增肥茶"产品能补充体瘦者所需的各种维生素和矿物质并把体重增加到合理的重量。请你作为此茶的一位推销人员在本班推销这种产品。

实训目的：通过实训掌握推销的过程及推销的策略。

实训要点：

1. 消费者的选择；
2. 产品的介绍；
3. 回答异议。

延伸阅读：广告中的黄金白银法则

广告，即广而告之。作为市场营销信息沟通最广泛、最有效的方式，广告已成为现代企业竞争的最有力武器。品牌的创建、新产品的上市、购买的诱惑、销售的促进，无一不需要广告的明示暗示。可以说，广告与企业同在。

商业广告的目的在于吸引消费者、劝说消费者、诱导消费者，这就要求广告思维创新、追求新颖、与众不同，才能引起消费者的注意。而在纷繁的广告天地中，成功的广告都有一个重要特征，就是始终如一地将产品的功能和消费者的需求连接起来，使消费者通过广告感觉到——这就是我所要的！从这一重要特征中，广告大师们发现了两项最流行且屡试不爽的法则：黄金法则和白银法则。黄金法则即 3B 法则，是指 Beauty（美女）、Beast（动物）、Baby（婴儿）；而白银法则是指名人效应。另外，现代是以情感消费为主流的时代，因而广告人也把两项广告法则与消费者的情感联系起来，打出双保险广告战。

Beauty+爱情

3B 法则中运用最多的无疑是美女。爱美之心，人皆有之。美女广告利于操作，又最能引发人们的注意——吸引眼球就等于成功了一半。只要稍加注意，就能发现，广告中 50%以上都是美女的面孔。根据不同的产品定位，广告的定位美女也是不同的。不同定位的产品需要不同层次的美女来代言。名贵、华丽的世界名表浪琴的形象代言者就是有高贵、典雅、天使般的美丽，保持唯一全人类偶像地位的大美女奥黛丽·赫本。而占中国内地洗发水市场 60%的世界行销巨人宝洁公司，则根据其产品定位在大众接受的高品质、高价位的品牌形象聘请不同的美女做广告。这些美女的大众化就是对准了大众消费者的心理暗示——用这种产品你也可以这样美丽！宝洁的成功，可以说，大半功劳在广告上。

"美女+爱情"更是广告的撒手锏。心理学研究表明，人们通常只愿索取而不愿给予，但面对所爱之人，给予则会比索取带来更多的愉悦，因为爱情本身就有自己的道德逻辑：爱无止境。有人发现这样一个有趣的公式：情侣产品价格=普通产品价格+情人因素价格。现在商场里"情侣产品"琳琅满目：情侣装、情侣表、情侣金笔……价格也通常比普通产品贵上一两倍。产品诚可贵，爱情价更高，为博情人一笑，面对价格再高的情侣产品，情侣们也心甘情愿地高唱——没有什么不可以，为你一笑，我愿意。当然，最愿意的还是赚到钵满盆溢的商家。

Beast+情趣

基于人对大自然的亲近渴望，由动物来做广告容易消除受众与广告诉求之间的隔阂，让人产生亲近感，进而加强沟通，达到预期的效果。动物的活泼可爱通常能让人开心一笑，记住它，最后就买它。中国的动物广告不是很多，但也有不少成功的例子，且目前有越来越多的趋势。世界第一的冰激凌集团，在中国推出的两种新产品都分别有动物的加盟。金雪百合中那只可爱的小狗对着小男孩的拙画"喔"的一声晕倒，使不少家庭开心大笑之余，也把金雪百合带回家；脆香棒的大象抢棒记，更是让人印象深刻。《文化月刊》的广告赫然是一条豹子的尾巴从一个西装革履的男人的屁股后面翘了起来！动漫中的动物也越来越多地运用于广告中，效果喜人。

Baby+亲情

世界上最伟大的爱就是母爱，而广告人也抓住这一点，使母爱的伟大一直延伸到产品上。雀巢婴儿食品有限公司在这方面堪称典范。在母亲节那天，所有购买雀巢产品的家庭都会收到一份以婴儿名义寄出的礼品——一束红玫瑰和一张小卡片，卡片上写着："母亲节快乐！妈咪，我是多么爱您哦！虽然我还不知道怎么写字，但我已经拜托小雀巢泰迪熊帮我寄这张卡片给您。您是全世界最美丽的妈咪，我简直爱死您了。我要给您像山一样大的 Kiss！您的小宝贝正逐渐长大呢。"礼轻情义重，一张小卡片使得雀巢的顾客母亲们喜悦万分并"报之以桃"。

父爱的深沉如海也被日本明治人寿保险公司成功地搅起浪花捞到钱。该广告中由一位父亲用手帕为女儿蒙上眼睛打开序幕。天真无邪的小女孩兴高采烈地与父亲捉迷藏。经过几个画面却一直找不到父亲，小女孩脸上的惊慌无依通过主摄影机呈现在人们面前。小女孩大声地呼叫"爸爸"，但没有任何回音。画面是恐慌的静寂，更加深了小女孩的孤独恐惧——整个画面慢慢地打出一行字："父亲是一家之主，也是全家生活的寄托，也应该早日为女儿加入人寿保险！"这则广告使一向把保险联想到生老病死的人们转而联想到儿女亲情而纷纷投保。明治公司利用这一巧妙广告吸引了不少客户。

网络营销心理

二、广告节目合作伙伴也参与进来

2002年12月，Food.com还成功地吸引CBS的电视节目《Everybody Loves Raymond》的加盟，在该节目结构和报道中引入食品站点。同样的故事情节（如《I Love a Special Man》《Quake Broadway》的新闻广告）中也涉及相关Food.com的营销诱导，预计这种营销模式将吸引Food.com的14 000多家餐厅。

📖 学习目标

知识目标：通过本任务的学习，了解中国网络营销的现状，了解消费者在网络购物过程中的心理活动。

技能目标：学生可以根据消费者在网络购物中的心理活动制定相适应的网络营销策略。

CASE ▷▷▷▷ 实际案例

Food.com 的公关部总监戴维·吉尔克里斯特认为："对于所有形式的传统媒体来说，评价是毫无意义的。公司的网上广告的宣传此起彼伏，被过分渲染，以至于每个人对它都已经厌倦甚至讨厌了。"为此，Food.com 只能采用更有新意的方式来吸引消费者的注意力，努力改变他们的定论。他们选用的是网上外卖和递送服务的市场推广战略。

Food.com 除了对于其核心产品保留传统的食品外卖和递送服务外，还建立了专门的食品门户站点。这项举措的目标是通过社区服务内容和特色，如美食家评论、餐厅一览和消费者画像页面，保持消费者对 Food.com 的偏爱。

突出个性化是吸引消费者注意的方式之一。网站运用这个方式，最大限度地达到网幅广告的宣传目的。"不管怎么说，网幅广告并没有完全达到我们预期的目标。"戴纳·内菲西说道。为此，Food.com 也改进了它的品牌战略，选用一些时髦的做法，以唤起消费者行动的渴望。

一、食品新闻是好新闻

根据不同用户的喜好，为其度身定制新闻邮件是个性化的又一体现。在过去的几个月中，Food.com 已经为注册用户寄出了每周一封的销售宣传邮件。虽然这只是基于国内水准，但邮件却恰到好处地切合了用户的喜好和特殊的场所。

"我们能说出街对面的人住在哪里，"戴维·吉尔克里斯特说，"我们可以推断出饮食习惯的发展趋势，如芝加哥人这些日子更喜欢吃比萨，而不是中国菜。"

邮件内独一无二的内容，强调了如食品和娱乐等方面；一些茶余饭后的谈资，如政治和宗教不会出现在新闻邮件中。至今为止，这些文本格式的新闻邮件已经获得了 12% 的点击率。不久的将来，Food.com 还会寄送 HTML 格式的新闻邮件。

二、让餐厅的合作伙伴也参与进来

2002 年 12 月，Food.com 的连锁品牌 CD 在现场音乐俱乐部与 High Frequency 联合举办了活动，之后在洛杉矶、芝加哥和西雅图举行了校园巡回活动。现在，CD 与其他一些知名品牌（如 G Love & Special 酱、Guster 和 Moby）的资料在菜单中一起分发。这些资料，连同 Food.com 连锁餐馆的菜单产生的影响，吸引了 Food.com 的 14 000 个会员餐厅的合伙人与网站进行合作和促销。

1. 目前的促销方式

自从在洛杉矶、芝加哥和西雅图分发了优惠 CD 以来，该地区的订单一下子上升了 80% ~ 90%。Food.com 网站的网幅广告也开展了折扣活动。不久，Food.com 还将开展赠券活动。

通过 ATM 取款收据的背面和 ATM 的显示屏，投放大量吸引注意的广告。

2. 今后的促销方式

Food.com 的超级 Bowl-Spoof 促销活动，是最大的有奖游戏活动，将由 CBS Sportsline 联合赞助。2003 年 1 月 14 日正式推出。该活动将提高比萨合作伙伴和大的电视伙伴的餐饮预订。戴纳·内菲西已经认识到，预先为亚特兰大的活动定好食品远比拿着话筒等待预定传统的油脂食品要好得多。Food.com 将在美国在线和拥有 1 000 万印象数的相关体育网站上安排该活动的网幅广告。

Food.com 的市场策划人员宣布 2 月为爱情月。情人节促销活动都将在 2 月 2 日展开，12 个主要的市场都会将注意力放在浪漫晚餐上。

在学生上课期间，Food.com 会开展为期两周的 300 万次网上测试活动，目的是更多地宣传网幅广告和别的一些广告。这两周的宣传活动将在以下这些网站进行：

- Flycast
- VarsityBooks
- Sony
- TVMV
99 音乐盛典被推迟到 3 月，但届时会有知名乐队出席。

资料来源：新浪网。

?　思考
本案例中 Food.com 公司在销售方面利用了消费者的什么心理？

学习档案

情境一 网络购物概述

【导读案例】赵薇及主创、主演等一众明星及其亲朋好友（如黄晓明等）高调地在社交网络上互动，在把所有阵容亮点呈现出来的同时，客观上也让微博用户产生"被包围、转发即参与"的感觉，营销传播方式的结果就是对电影先入为主的初步认知。

宣传方充分利用了以下三种效应来将影片的信息铺天盖地地传播出去：

明星效应——王菲献唱主题曲，为电影迅速预热；赵薇借助好友黄晓明制造话题，呼应"青春"主题。网络上的经典段子有："有一种感情叫赵薇黄晓明……"甚至"你神经病啊"这句台词都无心插柳地成了新浪微博几天内的热点话题。

粉丝效应——《致青春》借助明星做宣传取得的成功是其他新导演不可复制的，这些明星拥有很多粉丝，他们在微博上与赵薇的互动，对电影带来的宣传力度无法估量。

共鸣反应——电影上映后掀起的怀旧风也助票房的"大火"烧得更旺，一时间怀念青春成了网络热门话题。看《致青春》，感觉那个时代，那一段记忆扑面而来，每个人的青春、每个人在青春的位置，似乎都能找到影子。

随着中国经济的高速发展，越来越多的商家开始揣摩消费者心理，想充分把握消费者对产品的购买心理的活动，通过满足消费者的消费心理，吸引大量消费者，最终形成品牌忠诚。同时网络营销在网络时代也开始参与到消费竞争中，由于网络营销的特殊性，导致对网络营销的心理研究尤为重要。

请问：在网络购物飞速发展的社会中，作为网络营销人员应该避免哪些问题？

一、中国网络购物发展现状及问题

经过十几年的摸索，国内的网络营销虽然有很大的发展，取得了一定成就，但总体水平较低，仍停留在发展的初级阶段。

总体来说，中国企业的网络营销还存在以下一些问题。

（一）信息不对称导致信誉度问题

造成信誉度问题的一个重要原因就是信息的不对称，一方面商家发布虚假商品信息、销售信息，另一方面网络购物者提交订单之后无故取消，即买家忠诚度问题。目前网上诈骗是商家信誉度的杀手。明明没有商品，却引诱网民去购买，这种事情虽然少有发生，但影响巨大。商家的信誉问题需要有个规则来解决，但谁来制定规则是一个值得思考的问题。

（二）搜索功能解决信息流的问题

互联网为网络购物的信息流提供了很好的平台。目前，网络商店在网上有自己商品的分类、图片展示、资料介绍等信息，还提供了商品搜索功能。虽有了很大进步，但仍不能满足日益发展的需要。对于网络商店而言，问题主要集中在供货方面，缺货往往是目前购买者提出的主要问题。这就需要商家根据客户对商品的搜索，分析出购买者的商品需求信息。根据这些信息，网络购物网站的工作人员再进行商品的采购、补充。通过这种方式，达到供求双方的信息畅通，提高交易的成功率。

（三）引导人们接受网络购物，培养人们的网络购物习惯

网络购物毕竟是一个新事物，对于习惯了传统购物的消费者来说，完全接受网络购物还需要时间，也需要媒体的宣传和引导，培养人们进行网络购物的习惯。目前很多购物网站最忠诚的用户都是具有网络购物习惯的网民，他们不但自身为网络购物网站带来交易额，同时会把生活中的很多传统购物方式转换成网络购物。

人才是网络营销中最重要的资源，而中国的中小型企业在开展网络营销活动中缺乏懂得计算机和网络技术的营销人才，绝大多数企业还不了解网络营销，不懂得如何利用互联网来帮助企业创造价值。其实，中小型企业主可以找一些有经验的专业人士做顾问，这样可以最大限度地避免企业在网络营销过程中出现的种种问题，帮助企业快速通过网络创造价值。

二、网络营销与传统营销相比的优势与劣势

组织和个人之间进行商业信息的传播和交换，是市场营销的本质。然而，网络营销也具有营销所要求的某些特性，这使得网络营销呈现低成本、跨时空、多媒体、互动式和个性化等特点。

（一）传播的超时空性

互联网可以超越时间和空间的限制进行信息交换，在网络上，一条信息几秒钟便可以传遍全世界，上亿的人可以在最短的时间内了解到这条消息，这使得公司与消费者之间可以脱离时空限制，并拥有更多的时间和更大的空间进行交易。而这一点正是其他任何一种营销方式都不可能做到的。传统的媒体传播方式都只能在一定的范围内传播产品，进行营销，而网络却可以在全球范围内寻找目标客户。同样，全球的消费者也可以在网络上寻找自己中意的产品。

（二）交流的便捷性

互联网不仅是一个产品的展示平台，还是一个沟通平台。通过互联网络，企业可以适时地了解消费者的反馈和意见，并且对自己的服务和产品做出针对性的改进，同时，消费者在企业的网站可以随时寻找企业的产品改进信息和新产品的发布信息。

网络营销的媒体信息与传统的媒体信息的区别之一便是互动性。众所周知，传统媒体的信息交流是单向的，信息的接收者无法对信息的发出者提出自己的意见和看法，而网络营销的信息传递具有相互性。在网络上，消费者通过厂商的相关节点，了解产品和供应商的相关信息，同时消费者也可以进行相关的回复，提出自己的意见，使企业在最短的时间内得到消费者的反馈意见，做出针对性的改进，减小消费者与企业之间的信息距离。

除此之外，消费者之间也可以通过网络营销的网络进行沟通。有共同购买需求的消费者在网络上发表各自的感受，方便了消费者之间的联系，同样对产品也有相对比较客观的评价。

（三）运作的低成本性

网络的开放性和广泛性，同时也决定了网络营销的低成本性。

网络广告制作周期短，可以根据客户的需求快速投放；而传统广告制作成本高，投放周期固定。传统媒体广告不易修改，一旦修改，需要很长的时间才能被客户群体接受，而

且修改成本比较高。网络广告却恰恰相反。网络广告可以随时随地地修改，可以根据目标市场的要求和宏观经济环境的变化进行修改。这使得消费者的购买决策有了更多的选择。

（四）媒介的多维性

传统的媒体广告采用最多的是文字和声像，使用介质的有限性，限制了广告人员的创造性和能动性。网络广告除了使用传统媒体的介质之外还可以使用流媒体，用多种形式展现产品的各种信息，打动消费者，使消费者产生消费的欲望。

网络营销则是多维的，它能将文字、图像和声音有机地组合在一起，传递多感官的信息，让消费者如身临其境般感受产品或服务。网络营销的载体可以是多媒体或超文本格式的文件，广大接收者可以对其感兴趣的产品信息进行更详细的了解，从而亲身体验产品和服务的真实情况。这种图、文、声、像结合的广告形式，可以大大增强网络营销的效果。

（五）效果的可监测性

利用传统媒体做营销，很难准确了解有多少人接收到了该营销信息，而在互联网上可以通过流量统计系统精确统计出每个广告被多少个用户看过，以及这些用户查阅的时间分布和地域分布，从而帮助客商正确地评估营销效果，审定营销投放策略，通过对点击率的监测和注册信息综合分析，还可以确定描绘出企业产品的目标消费人群，帮助企业确定正确的目标市场及针对目标市场所采取的销售策略。

（六）投放的针对性

通过提供众多的免费服务，网站一般都能建立完整的用户数据库，包括用户的地域分布、年龄、性别、收入、职业、婚姻状况和爱好等。这些资料可以帮助企业分析市场与接受者，根据广告接受者的特点，有针对性地投放广告，并根据用户的特点进行定点投放和跟踪分析，对广告效果做出客观准确的评价。另外，网络营销可以提供有针对性的内容环境。不同的网站或同一网站的频道所提供的服务是不同的，甚至具有很强的类别性，这为迎合广告目标群的兴趣提供了可能，也为目标接受者的划分提供了依据。

（七）可重复性和可检索性

网络营销可以将文字、声音和画面完美地结合之后供用户主动检索，重复观看，而与之相比，传统广告是让广告受众被动地接受广告内容；并且如果用户错过了广告时间，就再也得不到广告信息了。此外，网络营销广告的接收者还可以将相应的广告内容进行进一步的传播，让更多的人接触到此条广告。这些都是传统的广告媒体所不具备的优势。

情境二　网络购物心理

【导读案例】金利来领带一上市就定位于优质和高价。对有质量问题的金利来领带，公司绝不上市销售，更不会降价处理。给消费者的信息是，金利来领带绝不会有质量问题，低价销售的金利来绝非真正的金利来产品，从而极好地维护了金利来的形象和地位。例如，德国的奔驰轿车，售价20万马克；瑞士莱克司手表，价格为5位数；巴黎里约时装中心的服装，一般售价2 000法郎；中国的一些国产精品也多采用这种定价方式。当然，采用这种定价法必须慎重，一般商店、一般产品若滥用此法，操作不好便会失去市场。

请问：采用高价位、高品质的策略应该注意哪些问题？

一、网络购物的一般过程

消费者的购买决策过程实际上是一个收集相关信息与分析评价、实施行动的过程。网络消费者的购买过程与传统消费者的购买过程所经过的步骤是相同的，分为确认需求、收集信息、比较信息、实施购买和购买后评价 5 个阶段。但是，由于网络环境与传统购物环境具有不同的特点，所以，网络消费者在购买决策过程中遇到的问题和传统消费者有所不同。

（一）确认需求

确认需求即是否有购买某种产品的必须性或必要性。网络购买过程的起点是需求。只有在有需求存在的情况下，购买行为才有可能实施。消费者自身的内在需求和受到的外部刺激都可以唤起消费者的需求。当消费者认为缺少此产品或已有产品不能满足需求时，就会产生购买产品的欲望。确认需求是消费者购买行为中不可缺少的第一步。

在消费者网络购物过程中，由于信息传递的诸多特点，如范围无限和双向互动等，使得消费者互相影响的范围扩大，消费的主动性和互动能力提高。企业应该正确认识消费者的这种变化，研究和了解引起消费者内在需求的环境，采用相应的策略为消费者构建一种"触发诱因"，唤起消费者的需求。

此外，由于众多已购买相应产品的消费者在相关网络的论坛中发表自己的使用体会，一是对企业的产品提出意见和问题，二是对潜在消费者产生一定的影响。有些潜在消费者正是由于受到这种信息的影响，没有购买欲望的人员可能变成有一定的购买需求的潜在消费者，同样，有购买欲望的消费者也可能改变初衷。所以，需求不一定完全出自购买者自身，也会受到已购买者或使用者的影响。

（二）收集信息

针对被确认的需求，每个消费者都希望自己的需求得到很好的满足。为此，他们运用各种手段去寻找能够满足其需求的产品和获得产品的途径。所以与传统消费者购物过程相同，收集信息、了解情况也是网络消费者购买行为的第二个环节。

消费者在收集信息、了解情况时，首先会在自己的记忆中搜寻可能与所需产品相关的知识和经验；如果没有足够的信息用于决策，则会到外部环境中寻找与此相关的信息。因此，消费者收集信息一般会通过两种途径：一是消费者自己以往了解、存储、保留的市场信息被重新调用，包括以前购买产品的实际经验、对市场的观察、个人购买活动的记忆等；二是从外界收集现有的各种信息，包括通过个人渠道、商业渠道和公共渠道等收集到的信息。

与传统购买过程中收集信息不同的是，网络消费者收集信息的外部环境发生了变化，互联网强大的信息传递和沟通能力为网络消费者提供了更便利的信息收集条件；在互联网上消费者可以通过一系列的交流与沟通，和产品的使用者、销售者，甚至准备购买者对产品的特性进行交流，便于消费者做出购买的决定。同时，随着网络信息的提供者日益提高的信息服务质量，网络消费者面对网上信息来源越来越多、信息数量越来越大、信息内容更加详细具体，便于消费者更好地做出决策。

（三）比较信息

消费者为了使自己的需求与购买能力相匹配，就要对各种渠道汇集而来的信息进行比较、分析和研究，根据产品的功能、可靠性、性能、模式、价格和售后服务等，从中选择一种或几种与自己的需求符合程度最高的产品作为备选产品。

通常情况下，首先，网络消费者都会采取比较选择的办法对要网购的产品进行分析。常见的获取信息的渠道有行业门户网站、相关产品或企业网站、网上专卖店和综合性信息网站等。但是，面对巨量的网络信息，消费者对其进行整理、分析和比较将是一项巨大的工作。有消费者抱怨说："网络上的信息让我看花了眼，怎么办？"也有消费者抱怨说："网络上都宣传这种产品如何好、如何受消费者的欢迎，可是如此多的功能我不能完全用到，我只想买一个适合我用的，却一直找不到相关信息。"

其次，对专业技术含量比较高的产品，如计算机等，一般消费者收集的资料中有大量的专业性术语和数据，由于消费者缺乏专业技术知识，不能将自己需要的基本功能与相关的专业知识结合在一起，所以很难根据收集到的信息做出正确的消费决策。有些年轻人在购买此类产品时，一味地追求时尚，购买价格昂贵的产品，但在使用上仍然停留在最基本的使用上。例如，一些消费者购买笔记本电脑时，追求时尚、性能的卓越性，但是在使用过程中绝大部分是用于最基本的文字处理。

最后，由于网络购物不能直接接触实物，所以，消费者在选购某些产品如服装和饰物等时，需要浏览大量的产品图片和文字描述，即便如此，有些消费者还是不能做出购买决策。中国有句古话"百闻不如一见"，在网络上看到的毕竟都是虚拟的，有些消费者始终对网络营销抱有怀疑态度——"实物与宣传的不同怎么办？"这样导致一些消费者仍然对传统营销购物方式情有独钟。

（四）实施购买

消费者网络购买决策一般包括以下5个方面的内容。

1．购买动机

消费者的购买动机是多种多样的。同样购买一套产品房，有人为了居住，有人为了保值，有人为了孝敬父母，也有人为了获得利润。

2．购买对象

购买对象是购买决策的核心和首要问题。具体购买目标要确定具体的对象及具体的内容，包括购买者对产品品牌、产地、价格、材质及实际购买的偏好。

3．购买数量

购买数量一般取决于实际需求、支付能力及市场的供应情况。如果市场供应充裕，消费者不急于购买，一般是以够用为原则，买的数量就不会太多，如日常必需品的购买；如果市场供应紧张，买的数量就多，如2010年3月的大蒜和部分豆类市场。如果产品在市场中处于价格上升的阶段，那么消费者可能会购买，在能力允许的情况下，消费者甚至会负债购买，如商品房的买卖、2008年的股市。

4．购买地点

购买地点是由多种因素决定的，如路途远近，可挑选的品种数量、价格、服务态度及购买后的待遇等。它既和消费者的动机有关，也与消费者的求廉动机、求速动机有关。一些与北京接壤的城市，居民在购买车辆时往往选择到北京去购买车辆，一方面，因为北京市场可供消费者挑选的汽车类型和数量比较多，价格相对有一定的优惠；另一方面，在北京购买汽车的同时可以办理北京牌照，对于那些经常去北京或路过北京的车辆无疑方便了很多。

5. 购买时间

购买时间与主导购买动机的迫切性有关。在消费者的众多动机之中，往往由需求强度高的动机来决定购买时间的先后缓急；同时，购买时间也和市场供应状况、营业时间、交通情况和消费者可供支配的空闲时间和收入有关。

一旦消费者做出购买决策，则可以通过网络或现实实施购买。目前，网络购买可以通过多种方式进行付款，包括网上银行、支付宝、邮寄和货到付款等。多种的付款方式为消费者实施网上交易提供了多种选择，能够满足各类消费者的需求。

（五）购买后评价

为了提高企业竞争能力，最大限度地占领市场，企业必须虚心听取消费者的反馈意见和建议。传统营销中，收集消费者购买后的意见和建议是一项费时费力的事情，但网络的信息沟通能力为企业了解消费者购买后的意见和建议，与消费者进行沟通提供了便利条件。企业不仅能够利用网络技术与消费者进行一对一的售前、售中沟通，还能够在售后进行建议和反馈的收集，这对于重新营造企业和消费之间的客户关系具有非常重要的意义。

二、网络购物心理活动

网络购物者一般需要具备两个基本条件：一是文化层次高，具有一定的网络知识；二是具备一定的经济基础，购买力强。通过调查和相关资料研究表明，消费者网络购物的心理特征主要表现在以下4个方面。

（一）追求时尚和个性

从网民构成来看，80%以上的网民年龄在35岁以下，这类网民有激情，渴望变化，容易受广告宣传和流行趋势影响，追求时尚和新颖，选购产品特别重视产品的造型和款式的时尚程度，而网络销售的产品数量极其丰富、种类繁多，应有尽有。网店应当专注这一消费心理，跟踪最新的消费潮流，适时提供最直接的购买渠道，满足消费者追求时尚的心理。

（二）追求方便、省时省力

在传统的购物方式中，消费者可能因为离商家太远，或没有时间上街购物，或所购产品不易搬运，或营业时间与工作时间冲突等原因，无法或不愿意到商场购物。网络购物在只要有互联网的地方就可以购物，极大地方便了由于某种原因无法到商场购物的消费者的购物需求，满足消费者对购物方便性的需求。

（三）追求物美价廉、货比三家

价格对于网络购物的消费者来说是一个非常重要的参考依据，在其他条件大致相同的情况下，价格往往成为左右消费者取舍的关键因素。"货比三家不吃亏"是人们在购物时采用的技巧，在网上挑选产品，可以"货比多家"，它能使消费者在购物时与更多的商家进行产品各个方面的比较，从而选择更加实惠的产品。

（四）追求自主、独立

现代消费者更加注重精神的愉悦、个性的实现，希望在购物中能随便看、随便选，保持心理状态的轻松、自由、不受他人干扰。但传统店铺中商家提供的销售服务却常常对消费者构成干扰和妨碍，有时过于热情的服务甚至吓跑了消费者。而在网上购物，消费者无须与商家见面，就可以得到大量产品信息，并得到在各种传统商店没有的乐趣，如可以轻松、自由地完成浏览、选择、砍价和购买等过程。

三、网络群体对购物行为的影响

（一）群体的概念

群体并不是个体的简单集合，几个人偶然坐在火车上的邻近座位上，几十个人在海滨游泳戏水，都不能称为群体。群体是指在共同目标的基础上，由两个以上的人所组成的相互依存、相互作用的有机组合体。群体一般具有以下特征：有一定数量的人，成员们的目标共同性、群体自身相对独立性、群体成员具有一定的群体意识性、群体的有机组合性。

（二）网络群体对购物行为的影响

网络群体对消费者行为的影响是通过各种信息的交往来实现的。如果依据信息交往的直接性与群体对消费者行为的关系，主要有所属群体的影响和参照群体的影响。

1. 所属群体的影响

每个消费者所隶属的群体就是他的所属群体。群体成员长期相处在一起，相互交往、频繁接触，耳濡目染，常常会使群体内的各成员具有相似的消费观念和行为习惯。所属群体往往与社会团体联系在一起，因而，所属群体的影响又可分为群体的规范化影响和非规范化影响。

群体的规范化影响是指社会群体借助行政手段，要求所属成员务必遵守有关规定，从而形成对个体消费行为的影响。群体的规范化影响具有一定的强制性，如商店规定营业人员必须统一着装、采用规范化的文明用语等。群体规范化影响的另一方式是，通过提倡鼓励某种趋向来影响群体成员的消费习惯。例如，日本的索尼公司为了使其在美国的分公司能尽快得到美国社会的认可，就大力提倡在美国的日本职工深入到美国社会中去采取美国人的生活方式和消费习惯。

任何个体消费者都生活在一定的群体之中，其群体的非规范化影响往往使消费者产生以下相应的行为。

（1）从众行为

众多的人在一起生活、工作和学习，时刻在相互交往，传递各种意见、看法和观点。当个体消费者感到群体内多数成员的消费行为趋向一致时，也会采取这类消费行为。这种现象，在心理学上称为从众行为，即个体在群体的压力下改变个人意见而与多数人取得一致认识的行为倾向，是社会生活中普遍存在的一种社会心理和行为现象。从众行为是个体在群体的影响下，改变个人意见而与大多数人取得一致的认识和行为。在社会生活中，从众行为相当普遍。例如，如一个单位分上新房的大多数职工都对新房进行重新装修，就可能促使那些原本不准备装修的人改变初衷，也把新房装修一番。从众行为的社会普遍性，会在人们的生活中形成某一时期的消费时尚和社会流行色彩。

（2）抗拒心理

当消费者认为，大多数人员的一致性行为是因为某种强制性原因或非正当的诱因造成时，往往会产生一种心理抵制，除非万不得已，否则会拒绝采取购买行为。这种现象在心理学上属于抗拒心理。抗拒心理是个体对群体的影响采取不遵从，甚至逆反的心理趋向。在多数情况下，消费者表现出从众心理，但当个体感觉到群体的影响对他有明显的诱导企图时，会产生一种逆反心理，而拒绝采取群体的消费行为。

2. 参照群体的影响

对参照群体可以从两个角度来看。一是某些人想进入某一群体，那么目标群体对潜在进入者就具有很大的召唤力。潜在进入者对该群体充满向往，自觉地把该群体的价值取向、行为规范和消费习惯视为自己做出价值判断、形成对产品的某种态度及采取某种行为的衡量标准。例如，一位想跻身于知识分子群体的老板，就会有意识地使自己谈吐文雅，着装大方得体，并且希望与知识分子交往。近年来中国市场经济发展迅速，希望当老板是一部分消费者的愿望，因而市面上就流行起老板桌和老板椅。从消费心理学的角度看，这就是参照群体的影响结果。二是参照群体可能代表了某种时尚或他们的行为具有某种意义，如追星。

情境三　网络营销制胜的要素

【导读案例】联邦快递公司（FedEx 或 FDX），是一家全球快运业巨擘。它仅用 25 年时间，从零起步，在联合包裹服务公司（UPS）和美国运通公司等同行巨头的前后夹击下迅速成长壮大起来，发展为现在拥有 130 多亿美元资产，在小件包裹速递、普通递送、非整车运输和集成化调运管理系统等领域占据大量市场份额的行业领袖，并跃入世界 500 强。

公司网站于 1995 年开通，其在 1998 年度提交股东的报告页面上，以 "FDX=新的领先者品牌" 为题，自豪地宣称：联邦快递公司开创了快递产业中的 "基地源泉"，史无前例地将智能化系统引入该行业中。

请问：联邦快递公司的网络营销的制胜要素有哪些？

一、网络营销策略及实施

详细地分析消费者网络购物过程，分析其特点，目的是使营销人员能够认识网络购物中不同阶段消费者的购买特点，并针对消费者在不同购买阶段的需求和行为给予不同层次和内容的服务。

（一）确认需求阶段网上营销策略

通过市场调查和分析，发现消费者对某种产品提供的某一效能需求，通过多种形式和途径，如广告宣传，试用、使用寿命，对能源的消耗，激发消费者的潜在需求。

（二）收集信息阶段网上营销策略

了解消费者获得信息的途径，通过这些途径，主动提供消费者所需的消费信息，并注意消息的可靠性和时效性。

（三）比较信息阶段的网上营销策略

在提供信息的同时，提供较贴切具体的信息比较服务，方便消费者做出相关的决策。

（四）实施购买阶段的网络营销策略

信息比较后消费者会做出购买决策，决策包括产品种类、型号和购买地点等。在消费者实施购买的过程中，销售人员应通过网络积极与其信息互动，注意自身的服务态度、服务水平，避免给消费者造成负面影响。

（五）购买后评价阶段的网上营销策略

营销人员利用电子邮件、论坛和留言板等途径了解消费者的建议和意见，并注意及时回复；在论坛和网络社区中，营销人员可以定期设置与产品相关的讨论问题引导消费者提供自己的看法，从中获得有价值的创新思路。

二、强化的客服意识

在网络经济发展迅猛的时代，企业发展有非常多的机会，如何把握市场、把握机会是企业的首要任务。把握市场、把握机会就必须了解市场、了解消费者需求。俗话说"顾客就是上帝"，谁了解消费者的需求谁就获得了市场，企业才有可能占领市场，企业就有发展的机会。可以从两个方面来了解客户需求：一是对国家给出的消费者消费数据进行分析，这种方法的时效性不强，得到的信息往往是过时信息；二是利用企业自身的客户管理和客户服务网络来了解消费者的需求。因此，提高客户服务质量是一个非常重要的销售任务。应从以下 3 个方面做起。

（一）规范服务标准

在服务策略中，规范化服务是最基本的服务手段，也是能够带给客户良好感觉、给客户留下美好印象、提高客户对公司忠诚度、在社会上形成"口碑"效应的有效措施。企业将通过对客户服务标准、流程等软、硬件的统一规范，使员工的客户意识进一步得到强化，为全面推进客户满意工程打下良好基础。只要企业树立客户第一的经营思想，以客户满意度作为衡量员工工作的唯一标准，站在客户的立场，在现有业务流程的基础上逐步细化和规范，以达到真正为客户提供优质、高效服务的目的，才能全面提高业务运营的效率和企业核心竞争力，才能充分站在客户满意、创造服务优势的战略高度，才能将"客户第一"的企业经营理念充分体现到公司工作的各个环节中。

（二）提供个性化服务

个性化服务就是在规范化服务的基础上通过一些超值、特质的服务内容吸引、留住客户。要实现服务的个性化，首先要分析和研究客户，对客户的了解要胜过对自己的了解，对客户的期望值要超过对自己的期望值。要通过对客户的细分对不同业务类型和特点的客户提供有针对性的服务内容，只有找出和发现个性化，才能创造价值，才能提高客户对公司的忠诚度，才能达到稳定和吸引客户的目的。

（三）学会研究客户

开展规范化或个性化服务工作，都必须有一个前提，那就是要研究客户，要真正走进客户的内心深处，切实了解客户的需求是什么，要不断收集和分析客户的信息，要不断创造并满足客户需求，充分利用公司资源提供丰富的个性化服务来锁定客户，提升客户价值，使企业的价值得到充分体现，使客户的满意度有更大的提高。

三、网络购物环境的建设

（一）加强法律法规和政策的建设

如果不以立法对网络营销参加者加强管理，势必造成市场的严重混乱。经营者的无序竞争、交易安全的极端脆弱、产品和服务质量的低下、交易双方的信用度等问题必将大大降低社会对网络营销的信心，进而给网络营销的发展带来极为不利的影响。为了使企业传统的营销方式加快向网络营销转型，就必须要创造一个良好的法律环境，这是网络营销快速发展的必备前提。

（二）加强商业伦理道德教育

商业伦理道德是维系市场经济健康有序发展的精神动力，是连接现代文明的纽带，是关乎改革进程和社会协调发展的根本理念之一。商业伦理建设是一项十分紧迫的工作，它对于目前中国市场经济的规范化运作起着至关重要的作用。在中国由计划经济向市场经济的转型中，伦理价值的失范现象十分严重，一些企业家认为市场经济就只要讲钱，为了赚钱可以不择手段。因此，加强商业伦理的教育和新的伦理道德的建设非常迫切。在这方面，大学的商学院、行业协会和政府有关部门都需要做大量基础性的工作，重建符合市场经济的、积极向上的新经济状态下的商业伦理。

道德的缺失损害中国企业的国际形象，不利于与国际接轨。而目前中国企业存在的诸多不道德行为，不但无法提高自身在国际上的竞争力，而且会因为缺失道德而付出沉重代价。市场经济需要遵守道德，WTO 游戏规则强调道德，以法治国需要道德经营。当然，竞争有序的电子商务行业也需要道德，因此，在网络营销领域重新构筑道德"万里长城"，是行业业内人士们的共同心声。要在信息技术的发展中注入人文关怀，防止网络空间的符号异化。要把科学精神和人文精神有机结合起来，自觉发展充满人文关怀的科学技术，同时自觉发展有科学精神的人类道德，以避免和制止信息异化和符号异化。

（三）加强信用体系建设

网络经济是信用经济，而市场经济是契约经济，信用是一切经济活动的基础，到了互联网时代，信用几乎是网络营销的灵魂。消费者感知风险的存在，其中一个很重要的原因是缺乏规范信用的机制。在长期以来的计划经济体制下，中国的信用体系很不完善，企业的信用评估、个人的资信状况都不甚了了。这种情况体现在电子商务活动中，使得鱼龙混杂、良莠不分，严重制约了网络营销活动的有效开展。因此，急需建立个人和企业完善的信用体系和规定信用查询制度，以实现在具体化、可靠性基础上所进行的"虚拟化"交易。而一旦发现商业信用严重不良的企业和个人，则可考虑依照一定的法律，在网络上予以披露，使网络营销活动中的交易环境得到净化。

市场经济的发展需要有与之相适应的商业信用。中国已经加入了 WTO，这意味着中国要敞开国门参与世界范围内的经济竞争，商业信用将直接影响商事活动主体在经济全球化条件下的生存和发展。随着中国全社会对商业信用问题的关注及制度的不断完善，良好的商业风气和社会经济秩序必定能够建立起来。

（四）发展技术手段

互联网最初只是尽可能地包容异构网络，为全球计算机之间的通信提供最基本的平台。它注重的是全球性、开放性、无缝连通性、共享性和动态性，并未考虑太多的安全问题，这也导致了网络营销中一系列难以解决的纠纷和伦理问题。因此，要发展网络营销，安全技术也是其中重要的一环。国家非常重视有关网络营销发展的安全问题。

随着网络营销的发展，安全问题更加重要和突出，要想解决好这个问题，必须由安全技术和标准做保障。安全是一个"相对的"词汇，网络营销的发展促使对安全技术进行不断探索研究和开发应用，以建立一个安全的商务环境。

（五）构建良好的网络营销文化

网络时代催生了网络营销，互联网的迅速发展使新时期的网络营销成为现实，网络营销文化也因此越来越为业界所重视。但在现实中，文化因素常常被忽视。文化是客观存在的，并且总伴随着消费者客观存在，它必然渗透且影响着市场的每个因素，营销活动的每个环节。文化绝不是空洞的口号，必须有一些看得见摸得着的东西为载体，才能发挥相应的影响力，在网络营销过程中融入文化因素，并将之贯彻到网络营销活动的每个环节，网络营销活动才能达到事半功倍的效果。无论对开展网络营销的企业，还是对这种营销方式本身而言，营造良好的网络营销文化都有着深远的意义。

总之，构建良好的网络购物环境，是一项艰苦而复杂的系统工程，既需要政府的参与与支持，更需要企业自身与时俱进，从一点一滴、细微之处做起。只有相关组织和个人齐心协力，才能营造一种良好的网络购物环境。可以相信，随着互联网络的进一步发展，必将有更多的企业涉足网络营销，届时网络营销必将呈现勃勃生机，得到广泛的实践与应用。

✎ 学习反馈

一、名词解释

网络营销　　群体　　网络群体

二、简答题

1. 网络营销的哪些优势是传统营销不可比拟的？
2. 请结合实际情况，谈一谈如何更好地利用网络营销制胜的因素。
3. 请结合实际情况，谈一谈如何分析网络购物者的心理。

三、案例分析题

大众汽车网络营销

大众汽车在产品推广方面有个好主意，它要在网上发布最新两款甲壳虫系列——亮黄和水蓝。总共出售 2 000 辆新车，而且均是在网上销售的。公司花了数百万美元在电视和印刷媒体大做广告，推广活动的广告语为"只有 2 000，只有在线"。大众汽车 E-Business

经理阿拉冈斯认为："大众汽车的用户中有很多人经常上网，我们这次市场活动不仅推广了新车型，而且支持了整个在线购车的过程。我们将使之成为一次独特的品牌宣传，大约 60% 的客户通过互联网来购买我们的产品和服务。"

这是大众汽车第一次在自己的网站上销售产品，推广活动从 5 月 4 日延续到 6 月 30 日。根据阿拉冈斯的报道，网站采用 Flash 技术来推广两款车型，建立虚拟的网上试用驾车。

阿拉冈斯解释道："采用 Flash 技术，将动作和声音融入活动中，让用户觉得他们实际上是整个广告的部分。用户可以选择网上试用驾车的不同场景，如在城市中、在高速公路上，在乡间田野或其他地方。"

网上试用驾车使得网站流量迅速上升。阿拉冈斯指出网站的每月平均流量为 100 万人。在推广的第一天，就有超过 8 万人的访问量。在活动期间，每天独立用户平均为 47 000 人，每个用户的花费时间翻倍了，达到 19 分钟，每页平均浏览为 1.25 分钟。

网上试用驾车同时完成了主要目标——得到更多的注册用户。用户能够在网上建立名为"我的大众"的个人网页。阿拉冈斯指出在推广期间，超过 9 500 人建立了自己的网页。他们能够更多地了解自己需求的汽车性能，通过大众的销售系统检查汽车的库存情况，选择一个经销商，建立自己的买车计划，安排产品配送时间。

阿拉冈斯说："用户能够根据自己的需求，通过互联网、BBS 或电话与经销商取得联系。一旦交易成功，用户能直接确定新车型的发送时间。"

阿拉冈斯还说："推广活动产生了 2 500 份在线订单，其中 60% 的用户选择了水蓝车型。由于水蓝车型有更多的价格选择，所以它卖得较好；亮黄则只有一种型号且较贵。"

这次市场活动对于美国国内大众汽车经销商来说是成功的。超过 90% 的经销商参与了活动，虽然阿拉冈斯拒绝透露销售的具体情况，但还是指出销售量非常高。

她说："这次活动达到了我们的预期目标。我们向消费者证明了在线买车为他们提供了更多的选择余地。活动也向经销商证明了电子商务的力量所在，让他们为汽车行业在线销售的高速增长做好了准备。"

请问：

1. 作为第一次采用网络营销方式的大众汽车，需要注意的问题有哪些？
2. 如果你是网络营销的负责人，结合大众汽车的实际情况，如何解决网络安全问题？
3. 分析参与网络销售的消费者，其心理活动是如何支配购买行为的。

实务操作

在网络中模拟营销某品牌女装，请分析购买者的心理活动，帮助网络营销人员制订网络营销计划。

实训目的：根据不同的购买者确定不同购买者在购买时的心理活动。

实训要点：

1. 了解购买者的购买心理活动；
2. 营销人员分析购买者心理活动的方式和途径。

延伸阅读：ALS 冰桶挑战

ALS 冰桶挑战由国外传入，并经国内最大的社交微博不断发酵。率先接受挑战的是科技界类似于雷军、李彦宏这样的大佬们。而后，娱乐圈的各路明显也纷纷加入活动，使冰桶挑战的温度持续升温。围观群众表示虽然自己被点到名的可能性非常小，但看着平日里高高在上的名人们发如此好玩又亲民的视频乃是一大乐趣。

ALS 中文全称是"肌萎缩侧索硬化症"，患有此病的波士顿学院著名棒球运动员彼得·弗拉特斯希望更多的人能够关注这一疾病，于是发起了冰桶挑战。活动规则如下：被点名的人要么在 24 小时内完成冰桶挑战，并将相应视频传上社交网站；要么为对抗ALS 捐出 100 美元。因挑战的规则比较简单，故活动得到了病毒般的传播，并在短短一个月内集得了 2.57 亿美元的捐款。

ALS 冰桶挑战是一次公益与营销十分有效的结合，可能彼得·弗拉特斯在发起这项活动时都没有想到会有如此疯狂的传播，这也算是无心插柳柳成荫。不少品牌也纷纷依靠此活动借势营销，较有名的就是三星向苹果发起了"冰桶挑战"。总体来说，冰桶挑战成功的因素可以总结如下：① 低门槛的活动参与机制。② 社会心理学成功应用。挑战的信息公布于透明的社交平台，相当于参与者间接地公开承诺，在公众的监督下，活动完成与延续的可能性会更高。③ 名人传播效应。事实上，这种大范围的公众人物参与活动可以算互动营销历史上的第一次。

参考文献

[1] 陆剑清. 营销心理学[M]. 北京：清华大学出版社，2016.

[2] 刘永芳. 管理心理学[M]. 北京：清华大学出版社，2015.

[3] 程正方. 现代管理心理学[M]. 北京：北京师范大学出版社，2015.

[4] 葛蕾. 营销心理学[M]. 北京：科学出版社，2013.

[5] 菲利普. 营销管理[M]. 上海：格致出版社，2016.

[6] 杨小红. 市场营销学[M]. 北京：中国纺织出版社，2016

[7] 宋璐璐. 销售心理学[M]. 北京：民主与建设出版社，2016.

[8] 韩海月. 顾客心理学[M]. 佛山：南海出版公司，2015.

[9] 墨墨. 营销心理学[M]. 北京：北京理工大学出版社，2014.

[10] 鸿雁. 商用心理学[M]. 长春：吉林文史出版社，2014.

[11] 李纲，张天俊. 网络营销教程[M]. 武汉：武汉大学出版社，2005.

[12] 梁冬梅. 网络营销及案例分析[M]. 北京：清华大学出版社，2008.

[13] 凌燕，李发庆. 市场营销中"4P""4R""4S"策略的分析与举例[J]. 广告直通车，2007.

[14] Louis E. Boone, David L. Kurtz. 当代市场营销学[M]. 赵银德，等译. 北京：机械工业出版社，2003.

[15] 徐萍. 消费心理学教程（第 2 版）[M]. 上海：上海财经大学出版社，2005.

[16] 钱明霞. 管理心理学[M]. 北京：机械工业出版社，2005.

[17] 连淑芳. 营销心理学[M]. 北京：立信会计出版社，2008.

[18] 肖兴政. 营销心理学[M]. 重庆：重庆大学出版社，2003.

[19] 杜丛新. 体育产品定价策略的研究[J]. 西安体育学院学报，2002，19（1）.

[20] 陆信礼，梁漱溟. "人类心理学"及其理论意义[J]. 心理学探新，2002，22（4）.

[21] 樊文娟. 消费心理学[M/OL]. 悠扬 TXT 电子书，2010.

[22] 单凤儒. 营销心理学[M]. 北京：高等教育出版社，2005.

[23] 黄煜峰，荣晓华. 管理学原理[M]，大连：东北财经大学出版社，2002.

[24] 周修亭，孙恒有. 市场营销学[M]. 郑州：郑州大学出版社，2009.

[25] 吴健安. 市场营销学[M]. 北京：高等教育出版社，2000.

[26] 龚振. 消费者行为学[M]. 广州：广东高等教育出版社，2004.

[27] 江林. 消费者行为学[M]. 北京：首都经济贸易大学出版社，2002.

[28] 王曼. 现代营销心理学[M]. 北京：中国物资出版社，2002.

[29] 孙庆群. 营销心理学[M]. 北京：科学出版社，2008.

[30] 张晓其，柳欣. 营销心理学[M]. 北京：中国财政经济出版社，2007.

[31] 黄希庭. 消费心理学[M]. 上海：华东师范大学出版社，2007.

[32] 王海斌. 市场营销管理[M]. 武汉：武汉大学出版社，2002.

[33] 卢泰宏. 消费者行为学[M]. 北京：高等教育出版社，2005.

[34] 单凤儒. 营销心理学[M]. 北京：高等教育出版社，2001.

[35] 冯丽华. 消费心理学[M]. 北京：电子工业出版社，2009.

[36] 张学敏. 义务教育实施"一费制"的经济学分析[J]. 中国教育学刊，2005（4）.

[37] 刘臣. 宏微观经济学学习辅导[J]. 当代电大，2001（9）.

[38] 吴剑. 浙江省体育彩票消费行为的调查分析[J]. 中国体育科技，2002，36（8）.

[39] 薛长青. 营销心理学[M]. 广州：广东高等教育出版社，2005.

[40] 肖涧松. 消费心理学[M]. 北京：高等教育出版社，2010.

[41] 谢玉清. 批发商使用手册[M]. 北京：中国商业出版社，2009.

[42] 童明. 营销心理学[M]. 合肥：中国科学技术大学出版社，2009.

[43] 曹刚，等. 国内外营销案例集[M]. 武汉：武汉大学出版社，2003.

[44] 荣晓华，孙喜林. 消费者行为学[M]. 大连：东北财经大学出版社，2001.

[45] 李东进. 消费者行为学[M]. 北京：机械工业出版社，2007.

[46] 李晓霞，刘进. 消费心理学[M]. 北京：清华大学出版社，2006.

[47] 陆剑清. 现代营销心理学[M]. 北京：首都经济贸易大学出版社，2010.

[48] 童明. 营销心理学[M]. 北京：中国科学技术大学出版社，2009.

[49] 李志，时虹光. 销售心理学基础[M]. 北京：高等教育出版社，2002.

[50] 田玲. 网络营销理论与实践[M]. 北京：清华大学出版社，2009.

[51] 王彤彤. 消费者行为分析[M]. 上海：复旦大学出版社，2008.

[52] Dave Chaffey, Fiona Ellis-Chadwick, Richard Mayer, Kevin Johnston. 网络营销战略、实施与实践（原书第3版）[M]. 马车福，译. 北京：机械工业出版社，2008.

[53] 段建，王雁. 网络营销技术基础[M]. 北京：机械工业出版社，2006.

[54] 钱旭潮. 网络营销与管理[M]. 北京：北京大学出版社，2006.

[55] 闫建华. 网络营销与策划[M]. 北京：人民邮电出版社，2006.

[56] 王学东. 消费者逆反心理及其行为探微[J]. 市场营销，2010（5）.

反侵权盗版声明

电子工业出版社依法对本作品享有专有出版权。任何未经权利人书面许可，复制、销售或通过信息网络传播本作品的行为；歪曲、篡改、剽窃本作品的行为，均违反《中华人民共和国著作权法》，其行为人应承担相应的民事责任和行政责任，构成犯罪的，将被依法追究刑事责任。

为了维护市场秩序，保护权利人的合法权益，我社将依法查处和打击侵权盗版的单位和个人。欢迎社会各界人士积极举报侵权盗版行为，本社将奖励举报有功人员，并保证举报人的信息不被泄露。

举报电话：（010）88254396；（010）88258888

传　　真：（010）88254397

E-mail：　dbqq@phei.com.cn

通信地址：北京市万寿路 173 信箱

　　　　　电子工业出版社总编办公室

邮　　编：100036